버킷리스트 15

이 책을 소중한

_____님에게 선물합니다.

_____ 드림

• 운명을 바꾸는 종이 위의 기적 •

버킷리스트15

기획 · **김태광**

허갑재 서동범 이선범 이경진 김민지 안서현
김희량 이은정 이인해 박은지 김소정

위닝북스

당신도 가슴속에
버킷리스트를 품어라!

누구나 가슴 속에 버킷리스트를 간직하고 있을 것이다. 버킷리스트에는 저마다 이루고 싶은 꿈과 소망이 담겨 있다. 이는 하루를 살아갈 원동력이 되기도 한다. 하지만 우리는 현실 앞에 그저 오늘을 사는 데만 급급해한다. 꿈을 좇다가 남들보다 뒤처지지는 않을까, 걱정만 하면서 말이다. 그렇게 꿈 대신 차가운 현실에 물들여지는 동안 마음속에 품었던 버킷리스트는 어느새 뒷전으로 밀려나게 된다. 혹 잊지는 않았더라도 철없는 어린아이의 그림일기쯤으로 치부하기도 한다.

우리는 내면의 목소리에 귀를 기울이기보다는 주변의 시선, 당장 부딪힌 현실에만 집중한다. 도전이 아닌 안주를, 그리고 포기를 먼저 받아들이면서. 가슴속 버킷리스트의 목소리를 외면한 채로 말이다.

하지만 모두가 그런 것은 아니다. 이상을 현실로 만들어 낸 사람들도 있다. 이 책은 꿈을 이루기 위해 현실과 타협하지 않고 끊임없이 도전하는 사람들의 이야기를 담고 있다. 저마다 가슴속의 뜨거운 열정과 소망을 간절한 마음으로 써 내려갔다.

버킷리스트를 가진 사람들은 절대 지치지 않는다. 꿈을 실현하는 날까지 앞만 보며 달려나간다. 이루어지기를 소망하는 꿈이 있는가? 그렇다면 지금 당장 당신만의 버킷리스트를 작성해 보라. 당신이 진정으로 무엇을 원하는지 머리가 아닌 가슴과 대화하라. 이제는 당신의 차례다.

2018년 5월
허갑재

CONTENTS

PART 1

억대
연봉 받는
수학 강사 되기

- 허 갑 재 -

허갑재 '갑수학' 대표, 학원강사 코칭 전문가, 수학강사, 동기부여 강연가

남들이 선망하던 대기업에 입사했으나, 자신은 수학을 가르칠 때 가장 행복하다는 것을 깨닫고 주저없이 사표를 던졌다. 현재 '갑수학'의 대표로서 활발한 활동을 펼치고 있다. 또한 초보 수학강사들을 위한 개인저서를 집필 중이다.

Email huhkapjae@daum.net
C·P 010.5540.0311
Facebook nasca99

Blog blog.naver.com/lawyerhuh/
Instagram kappyhuh

성공 마인드를 장착한
억대 연봉 수학 강사 되기

나는 대학생 시절 수학 과외를 참 많이 했다. 넉넉지 않은 가정 형편 탓에 등록금을 벌어야한다는 부담도 있었다. 하지만 그보다는 수학을 가르치는 것이 재미있었기 때문이었다. 내가 설명하는 내용을 듣고 학생들이 눈을 반짝이며 고개를 끄덕여 줄 때 큰 희열과 보람을 느꼈다. 난 수학 강사를 '평생의 업'으로 삼아야겠다고 마음먹었다.

대학교 4학년 때는 운이 좋게도 서울 압구정의 C모 학원에 면접을 거쳐 합격했다. 그 학원의 원장님께서는 당시 우리나라에서 가장 유명한 인터넷 강의 업체의 강사 출신이셨다. 그분께 배우며 성장할 생각을 하니 장밋빛 미래에 대한 기대감으로 가슴이 떨리기도 했다. 그러나 상황은 생각처럼 간단하지 않았다. 가족과 지인들은 어째서 대기업에 지원하지 않고, 수학 강사 따위를 하려고 하느냐며 극구 반대했다. 안정적인 대기업으로 가라는 부모님의 말씀을 거역하지 못하고, 나는 보통의 학생들처럼 대기업의 공채 시즌에 대비했다. 결국 2014년 1월, 코오롱 그룹에 입사했다.

　내가 하고 싶던 일은 아니었다. 하지만 번듯한 직장에 항상 정돈된 양복을 입고 출근하는 기분은 썩 나쁘지 않았다. 부모님께서는 내색은 하지 않으셨지만, 항상 '자랑스러운 우리 아들'을 소재 삼아 지인들과 통화하셨다.

　나는 워낙 남들 앞에서 말하기를 좋아한다. 그러한 나의 성격 덕에 신입사원 교육을 마무리하는 입문식에서는 그룹의 회장님을 앞에 두고 경과보고를 진행했다. 영광스러운 자리였다. 대기업 회장님을 앞에 두고 발표하려니, 속으로 벌벌 떨렸다. 하지만 나름의 유머 코드를 적절히 섞어 가며 무사히 마무리할 수 있었다. 입문식에서 마이크를 잡은 덕에 나는 입사 이후에도 회식 자리마다 마이크를 잡고 사회를 보게 되었다. 이로 인해 회사를 다니던 3년 내내 '단체 회식 공식 MC 허갑재'라는 타이틀이 붙게 되었다.

　회사생활은 정해진 규율과 패턴의 반복이었다. 정해진 업무를 정해진 시간까지 해내면 그만이었다. 친절한 사수 덕에 대략 1년 정도가 지나자 대부분의 업무에 익숙해질 수 있었다. 여느 회사와 마찬가지로 회식 자리도 종종 있었다. 그럴 때마다 차장, 부장급 선배들은 자신들의 회사생활 일대기를 늘어놓았다. 그중에는 물론 피가 되고 살이 되는 조언도 있었다. 하지만 항상 결론은 '잘리고 싶지 않으면 무조건 하라는 대로 해라'라는 것이었다.

문득 크게 고민이 되었다. '그토록 꿈 많던 내가 지금까지 달려온 길의 종착지가 바로 여기일까?'라는 생각이 나를 괴롭혔다. 선배들은 그저 부장이 될 때까지 가늘고 길게 다녀야 한다. 그런 다음에, 50대가 되면 전관예우를 받으며 하청업체의 간부로 가는 것이 최선의 생존 방법이라며 자조 섞인 농담을 주고받았다. 이런 대화는 회식 자리의 고정 레퍼토리였다.

겉으로는 고개를 끄덕이며 선배들의 장단에 맞춰줬지만 그들의 생각을 납득할 수 없었다. 아니, 납득하고 싶지 않았다. 20년 넘게 회사에 충성한 대가가 그 정도란 말인가? 이 회사를 다니며 그릴 수 있는 종착지는 내가 원하던 모습이 전혀 아니었다. 그렇다. 회사는 나에게 아무것도 보장해 주지 않는다.

서른 살의 허갑재, 이제는 내가 내 뜻대로 결정해야 했다. 그저 흘러가는 대로 회사의 부품이 될 것인가, 아니면 진정으로 원하는 사람이 될 것인가 결정해야 했다. 답은 이미 정해져 있었다. 더 늦어 버리면 후회와 미련만 남을 것이 분명했다. 가장 시급한 일은 수학 공부였다. 회사를 다니며 잊어버린 수학 개념과 공식을 되살리기 위해, 퇴근 후엔 독서실로 직행해 수학 문제를 풀었다.

《수학의 정석》을 풀기보다는 유명 인터넷 강사들의 강의를 수강했다.

인터넷 강의는 문제의 트렌드를 익히는 데도 좋았지만, 무엇보다도 최고의 강사들의 강의 스킬을 익히기에 적합했다. 무엇보다 유명 강사들의 모습에 나를 대입하며 나의 미래 모습을 구체적으로 상상할 수 있었다. 그렇게 수험생 시절보다 더 수학 공부를 열심히 하며 퇴사를 준비해 나갔다. 하지만 막상 퇴사하기로 마음먹으니 두려움이 따랐다. 안정적으로 들어오는 월급과 성과급의 유혹은 마치 마약과도 같았다. 나도 모르게 '한 달만 더 다니지 뭐'라고 생각하며 스스로와 타협했다.

그러던 중 김홍석 작가의 《나는 삼성맨에서 억대 연봉 수학 강사가 되었다》라는 책을 보게 되었다. 그 책은 머뭇거리던 나에게 큰 용기를 주었다. 나와 같이 평범한 회사원이었던 김홍석 작가. 그가 억대 연봉의 성공한 수학 강사가 된 이야기는 나에게 이상적인 미래 모습을 구체적으로 그릴 수 있게 해 주었다.

결국 회사생활 3년 만에 아버지와 술자리를 가지고 퇴사 계획을 말씀드렸다. 3년 전, 내가 수학 강사가 되는 것을 극구 반대하셨던 아버지께서 이번에는 아무 말씀이 없으셨다. 계속해서 비워지는 나의 잔에 술만 가득히 따라 주시던 아버지께서는 한참의 침묵 끝에 말씀하셨다.

"그래, 내가 말린다고 네가 안 할 것도 아니고…"

그 한마디로 나의 뜻을 허락해 주셨다. 그렇게 퇴사 후 단 일주일의 휴식기를 가진 후, 바로 수원의 수학 학원에 출근하게 되었다.

3년 만에 다시 시작한 수학 강사 생활은 순탄치만은 않았다. 주로 일대일 과외 위주로만 학생들을 가르친 탓에 여러 명의 학생들이 동시에 질문하는 상황에서는 식은땀이 나곤 했다. 내가 처음으로 맡은 반은 중·하위권 성적대의 아이들이었다. 그런데 수업이 조금이라도 지루해지면 아이들의 집중력이 깨지는 탓에 '어떻게 하면 학생들의 집중도를 높일까'란 고민이 밤낮으로 나를 괴롭혔다.

그러던 와중에 김홍석 작가와 연락이 닿았다. 김홍석 작가는 나의 컨설팅 요청에 흔쾌히 응해 주셨다. 수업 준비부터 판서하는 노하우, 학생별 관리 방안, 상담 기법 그리고 일등 강사로서 지녀야 할 마인드까지 모든 점을 세세히 조언해 주셨다. 여러 기법들에 대한 내용도 좋았지만, 일등 강사를 눈앞에서 보며 '최고의 마인드'가 무엇인지 가슴 깊이 새길 수 있었다.

나는 이러한 조언들을 토대로 변화된 수업을 준비했다. 점차 수업 분위기가 좋아지는 것을 확인할 수 있었다. 그중 한 학생이 했던 이야기는 아직도 잊히지 않는다. "선생님! 저는 갑재 선생님 반에서 다른 반으로 옮기게 되면 학원 그만둘 거예요!"라고. 그런 말은 함부로 하는 게 아니라고 웃으며 학생을 타일렀지만, 속으로는 최고의 찬사를 받은 느낌이 들었다. 나만의 팬이 생긴 기분이 들어 자신감을 얻었다.

주변의 기준에 따라 목적 없이 하는 일이 아니라, 스스로 하고 싶어 시작한 학원 강사 일은 회사생활을 할 때보다 더 바쁘고 힘들지만 행복하다. 강의 준비를 위해 제각기 스타일이 다른 유명 강사들의 인터넷 강의를 비교 분석한다. 어떤 내용을 옮겨 판서할지 그리고 어떻게 학생들에게 전달할 것인지 구상하는 것이다. 학생들에게 내준 숙제는 반드시 노트에 풀게 하여 전부 다 걷는다. 숙제를 다 해 오지 않았을지라도 마찬가지다. 노트에는 학생들의 문제 풀이 과정이 빼곡히 적혀 있다. 그것들을 하나하나 검토하며 풀이 과정을 첨삭해 준다. 그리고 숙제 말미에는 반드시 격려의 코멘트를 달아 준다. 나름의 손편지를 작성하는 셈이다.

하루는 매번 수업시간에 졸기만 하는 학생의 노트에 응원과 격려의 코멘트를 한 페이지 가득 채워 준 일이 있다. 사실 코멘트의 수준을 넘어 러브레터를 작성하는 것 같아 애틋한 기분마저 들었다. 그렇게 정성 들여 첨삭하고 장문의 코멘트를 단 노트를 학생에게 돌려주자 신기한 일이 벌어졌다. 매번 졸기만 하던 학생이 그 후로는 3시간의 수업시간 내내 똘망똘망한 눈으로 나를 쳐다보는 것이 아닌가? 그날 수업을 떠올리면 아직도 감격스럽고 가슴이 벅차다.

　수학을 가르치는 것보다 더 어려운 것은 누군가의 마음을 움직이는 것이다. 늘 졸던 학생이 스스로 집중하기 위해 필요했던 것은 '제발 공부 좀 하라'라는 다그침이 아니라 한마디의 격려와 관심이 아니었을까? 그러한 격려와 관심이 학생들에게 스스로 공부할 마음을 먹게 한다면, 그리고 더 나아가 주도적인 인생을 살게 한다면 그것이 바로 가장 훌륭한 지도 방식이 아닐까?

　수학 강사는 단순히 수학을 가르치는 일에만 머물러서는 안된다. 강사를 넘어서 학생들의 멘토 역할을 하는 롤 모델이 되어야 한다. 얼마 전 내가 맡은 반에 신입으로 들어온 한 학생이 있다. 성적이 40점을 겨우 넘는 하위권 학생이었다. 입학 상담을 할때부터 심상치 않은 분위기가 감지되었다. 학생은 부모님과의 말다툼이 심했고, 부모님께서는 대놓고 학생에게 '공부할 의지가 없다'며 불신에 가득 찬 모습을 보이셨다.

　하지만 나의 생각은 달랐다. 학생의 이야기를 듣는 게 먼저라고 생각해, 그 학생에게 이유를 물어봤다. 그러자 학생은 집에만 가면 '왜 공부를 안 하냐'라는 부모님의 다그침에 오히려 반발심이 생겨 공부를 하지 않는다고 했다. 그 학생에게 미래의 꿈과 진로에 대해 물어봤다. 그러자 꽤 구체적인 답변이 나왔다. 스스로 공부가 필요하다는 것을 누구보다 더 잘 알고 있었던 것이다.

나는 그 학생과 수학 공부에 관한 이야기뿐만 아니라 대학 캠퍼스 라이프, 내가 대기업을 다니다가 학원 강사를 하게 된 계기 등 공부 외적인 이야기도 많이 나눴다. 그럴 때마다 학생의 눈은 반짝거렸다. 성실하게 수업을 받는 것은 물론 숙제도 꼬박꼬박 해 오며 나에게 소소한 감동을 안겨 주었다.

공부 외적인 이야기를 한 데는 다 이유가 있다. 학생과 소통하거나 수업에 재미를 더하기 위함도 있었다. 하지만 무엇보다 학생 스스로가 미래의 모습을 상상하고 그려 낼 수 있어야 한다는 나의 믿음 때문이었다. 내가 김홍석 작가를 만나고 억대 연봉 수학 강사로서의 모습을 그려 냈듯이 말이다. 그 학생은 결국 나와 함께 공부한 후 치른 첫 시험에서 무려 30점 이상의 성적 향상을 이루어 냈다. 그 학생의 어머니도 가능성을 보셨는지 나에게 진심 어린 감사 문자를 보내 오셨다.

나는 이제 〈한국 책쓰기 성공학 코칭협회〉를 만나 더 큰 꿈을 펼쳐 보려 한다. 학생들에게 최고의 동기부여를 해 주는 억대 연봉 수학 강사를 넘어서 나와 같은 꿈을 가진 청년들에게 내가 경험한, 그리고 경험할 기적들에 대해 얘기해 주고 싶다. 기적은 이제 본격적으로 시작될 것이다.

초보 강사들의 롤 모델이자
최강 코치로 성장하기

　나는 내가 잘하는 분야에 대해서 남들에게 코칭하는 것을 좋아한다. 수학을 좋아하고 잘했기에 수학 강사가 되었지만, 수학 강사가 되지 않았더라도 다른 분야의 강사나 코치가 되었을 것 같다. 내가 어떤 분야를 먼저 겪고 고민한 내용에 대한 나만의 비법을 전수해 주고 난 뒤 상대방이 나에게 감사함을 표할 때 행복함을 느낀다.

　대학생 시절에는 전공 분야가 아님에도 다양한 분야의 주제로 강의를 기획했다. 이를테면 영어 말하기 시험인 'OPIC'의 단기완성 방법부터 소개팅에 나갈 모태 솔로 친구의 행동지침, 심지어는 스포츠 복권에 배팅하는 방법까지, 알아 두면 쓸 만한 내용들은 모두 나에게 즐거운 강의 소재였다. 하지만 내가 직업으로 선택한 수학은 실전이었다. 단순히 강사 혼자 즐거워서는 소용이 없었다. 학생들이 원하는 수업을 해야 했다.

나는 첫 수업에서 중등반 하나와 고등반 하나를 맡게 되었다. 고등부 수업은 전체 학생을 대상으로 칠판에 판서를 하며 가르치는 방식이었지만, 중등부 수업 방식은 완전히 달랐다. 학생 개인별로 개념을 설명해 주고, 문제 풀이를 첨삭하는 방식이었다. 학생들마다 이해하는 수준이 달랐고 진도도 제각각이었기 때문이었다. 개별적인 첨삭지도를 하는 상황에서 학생들이 적게는 1~2명부터 많게는 8명까지 수업에 들어왔다. 그간 일대일 과외 위주의 수업만 해 온 나로서는 첫 수업부터 '멘탈 붕괴' 상황 직전이었다. 식은땀이 흘렀다.

1~2명을 가르치는 것은 어렵지 않지만, 어떻게 8명을 케어할 수 있단 말인가? 개념 설명이 필요한 상황에서 다른 학생이 문제 풀이를 요청하는 상황, 동시에 케어가 필요한 상황 등 익숙하지 않은 상황들뿐이었다. 망망대해에 있는 느낌이었다. 모든 상황을 통제할 수 있는 '컨트롤 타워'가 필요했다. 고등부 수업도 상황은 크게 다르지 않았다.

3년 만에 다시 수업을 시작한 첫날, 나의 수업 역시 완전히 엉망이었다. 내 마음 같지 않았다. 판서는 이리저리 어지러웠고, 자신만만했던 개념 설명은 스스로 생각해도 불만족스러웠다. 설상

가상으로 아이들의 수준은 제각각이었다. 어느 아이의 속도에 맞추어야 할지 고민이 컸다. 내가 맡은 반은 중하위권 성적대의 반이었다. 반 배치고사를 통해 비슷한 성적대를 모아 놨다고는 했지만 실상은 그렇지 않았다.

나는 하나의 개념을 설명하고 예제를 풀어 준 후에 유제를 풀도록 학생들을 지도했다. 1~2명의 아이들은 비슷한 유형의 문제를 곧잘 풀었다. 하지만 나머지 아이들은 그렇지 못했다. 처음 배운 내용을 그대로 적용하기 어려웠던 것이다. 문제를 다 푼 아이들은 지루하다는 표정을 지으며 나를 쳐다보고 있는데, 개념을 이해 못한 아이는 한 문제도 풀지 못하고 있으니 기가 막힐 노릇이었다.

돌파구가 필요했다. 여러 학원 강사 관련 카페를 뒤적이며 해법을 찾아봤지만 뾰족한 수는 없었다. 《삼국지》의 제갈량과 같은 전략가가 절실했다. 이때 앞서 언급했던 《나는 삼성맨에서 억대 연봉 수학 강사가 되었다》의 김홍석 작가에게 연락해 자문했다. 컨설팅을 통해 많은 점이 명쾌해졌지만, 짧은 시간인 탓에 무언가 부족한 느낌을 지울 수 없었다. 이대로 간다면 몇 년이 지나서야 비로소 경험이 쌓일 것 같았다.

나는 최대한 빠르게 승부를 보고 싶었다. 그러던 와중에 김홍석 작가가 운영하는 '학원 강사 양성 프로그램'에 대해 알게 되었다. 수강료는 생각보다 많이 비쌌다. 하지만 "최고가 되고 싶다면 최고에게 배우라!"라는 말처럼 최고가 되고 싶으니 반드시 수강해야겠다는 생각이 들었다. 좋아서 시작한 일인데 어설프게 시작하고 싶지 않았다.

인생에 있어서 가장 중요한 것은 시간이다. '그래, 이왕이면 추월차선으로 달리자'라는 생각으로 고액의 수강료를 지불하고 강의를 수강했다. 무슨 수를 써서라도 최고의 위치에 있는 사람으로부터 배워야 한다는 생각이었다. 4주간의 강의에는 개념 강의의 준비부터 문제 풀이 지도, 학생들의 복습 관리, 학부모 상담 그리고 강사가 지녀야 할 성공 마인드까지 내가 알고 싶었던 모든 것이 담겨 있었다.

강사 양성 프로그램에서 특이했던 점은 매주 한 권씩의 독서 과제가 있었다는 것이다. 자기계발서를 읽는 것이 수학 강의와 무슨 관련이 있다는 건지 처음에는 의구심이 들었다. 평소 책을 많이 읽는 습관은 가지지 않았지만, 선생님의 지시 사항을 거역하기엔 수강료가 너무 아까웠다.

추천도서에는 성공하는 사람이 갖추어야 할 마인드부터 성공한 사람들이 어떻게 살아왔는지에 관한 일화까지 방대한 이야기들이 담겨 있었다. 이 내용을 매 수업시간마다 수강생들과 공유했다. 수업을 들으며 점차 왜 독서를 해야 했는지에 대한 의문이 풀렸다.

최고의 수학 강사가 되기 위해 가장 먼저 버려야 할 것은 걱정과 두려움이었다. 최고의 강의 실력과 유창한 상담 능력을 지녔더라도 자신을 의심하는 강사는 절대로 성공할 수 없다. 선생님께서는 나를 포함한 수강생들에게 자신의 성공을 상상하는 과제를 내주었다. 나는 이러한 과정을 통해서 그 어느 때보다 나에 대해 확신을 가질 수 있었다.

강사로서 가장 중요한 것은 '자기 확신'이다. 강사 스스로 '내가 최고다'라는 마음이 있어야 최고의 강의를 할 수 있다. 그런 마음으로 학생들을 가르치면 아이들도 결국 강사를 최고의 선생님으로 믿고 따라오게 된다. 끊임없이 불안해하는 학생들에게 미래에 대한 확신을 줘야 한다. 시험에 대한 공포도 불식시켜야 한다. 자신을 가르치는 선생님을 믿으면 두려울 게 없다는 믿음을 주어야 한다.

"성공은 자취를 남긴다."라는 말이 있다. 성공한 사람의 길을 그대로 따라가면 성공할 수 있다는 뜻이다. 내가 사용하는 교습법은 성공한 강사가 사용하는 검증된 방식이다. 그렇기에 나 또한 성공할 것이라는 확신이 있다. 나의 교습법이 성적을 올려 주는 방법인지 검증이 안 되어 있다면 당연히 자기 확신도 없을 것이다. 자기 확신이 없는 강의를 어떻게 학생들에게 전달한단 말인가?

학생들의 성적을 담보로 검증되지 않은 방식의 수업을 하는 것은 의사가 면허 없이 수술하는 것과 같다. 내가 지금 진행하고 있는 수업 방식, 상담 방식들은 대부분 검증된 것들이다. 물론 독자적으로 개발한 교습법도 있다. 하지만 이미 최고의 경지에 오른 사람이 검증한 방식이라면 더 이상 의심할 필요가 없지 않을까? 이러한 이유로 나는 다양한 유형의 학생, 학부모들을 접하면서도 흔들리지 않았다.

나는 이제 최고의 강의를 할 수 있는 시스템과 마인드를 장착했다. 나는 초보 강사들에게 내가 알고 있는 지식과 경험과 지혜를 전수해주어 그들이 최고의 강사로 나아가도록 돕고 싶다. 그리고 성공한 사람으로 나아가는 추월차선이 무엇인지 느끼게 해 주고 싶다.

누구보다 대화가 많은 행복한 가정의 가장 되기

나는 대학생 시절 많은 학생들과 과외 수업을 했다. 그 덕에 자유분방한 분위기의 가정부터 매우 엄격하고 보수적인 분위기의 가정까지 여러 가정을 접할 수 있었다. 그러다 보니 어느 시점부터는 거실의 모습만 보아도 대강 그 가정의 분위기를 가늠할 수 있었다.

그중 한 가정이 유독 기억에 남는다. 그 집에서는 늘 대화가 끊이지 않았다. 그 가정의 학생은 공부에 썩 소질이 있는 편은 아니었다. 매번 가르쳐 준 내용을 실수하며 나의 인내심을 시험하곤 했다. 하지만 그 학생은 수업 중간의 쉬는 시간마다 자신의 관심사에 대한 이야기를 늘어놓으며 나를 즐겁게 했다. 때로는 유럽 축구에 대해, 때로는 프로야구에 대해 재잘거리며 분위기를 밝게 만들었다. 학생의 공부 습관은 마음에 들지 않았지만, 그 학생은 항상 웃음을 머금고 있었다. 미워할 수 없는 녀석이었다.

과외 수업을 했지만 사실 공부보다 더 기억에 남는 것은 그 가정의 식탁이었다. 학생의 부모님은 종종 "말을 하려면 밥심이 있어야 한다."라고 하셨다. 수업시간 중간마다 그 가족의 저녁 식탁에 나를 초대하시곤 했다. 4명의 가족이 옹기종기 둘러앉은 식탁에서 구성원들의 대화가 오갔다. 나는 옆에서 숟가락을 하나 더 얹은 채로 그들의 대화에 귀를 기울였다. 아옹다옹하기도 했지만 따뜻하고 정감이 넘쳤다. 그리고 왠지 모를 부러움도 느껴졌다.

나는 경기도 수원에서 두 형제의 막내아들로 태어났다. 형과는 여섯 살이나 나이 차가 나는 탓에 많이 어울리진 못했다. 정확하게는 형이 나와 놀아 주지 않았다고 보는 게 맞다. 하긴 형의 입장도 이해는 간다. 여섯 살이나 어린 동생 녀석에게서 무슨 공통의 재미를 찾겠는가? 그러다 보니 어릴 적 나는 형보다 부모님과 노는 것이 더 좋았다. 먹고사는 문제로 바쁘신 와중에도 부모님께서는 나에게 많은 노력을 기울이셨다.

내가 초등학교에 입학하기 전, 유원지에 갔던 기억은 아직도 잊지 못할 추억으로 남아 있다. 지금 생각하면 유치하고 낡아 빠진 청룡열차를 부모님과 함께 탔었다. 당시에는 너무 무서웠지만 그 와중에도 '부모님과 함께 있다'고 생각하니 큰 안정감이 느껴졌다. 집에 돌아오는 길에도 너무 즐거워서 "다음 주에 또 오자." 라고 부모님을 졸랐다. 부모님께서는 "매주 오는 건 못 쓴다."라고 나를 타이르셨다. 아무래도 놀이기구 이용권이 비쌌기 때문에 부담이 되셨던 것 같다. 철이 없던 나는 그때 부모님의 눈 밑의 그늘을 읽어 내지 못했다.

내가 초등학생이던 시절, 운동회 때마다 부모님 두 분께서 바쁘게 움직이던 것이 기억난다. 어머니가 새벽부터 일어나 김밥을 말고 계시면, 아버지는 좋은 자리를 맡아야 한다며 돗자리를 들고 학교로 출동하셨다. 나는 부모님의 정성에 화답이라도 하듯 달리기 종목을 휩쓸었다. 선천적으로 달리기를 잘했던 덕에 항상 팔뚝에는 '1등' 도장을 찍고 위풍당당하게 부모님께 돌아갔다. 부모님께서는 "역시 우리 아들이야."라며 좋아해 주셨다. 이것이 내가 느꼈던 따뜻한 가정의 모습이었다.

그런 우리 집 분위기가 급격하게 어두워진 것은 내가 고등학생이 되면서부터였다. 부모님께서는 경제적인 문제로 자주 다투셨다. 당시 사춘기였던 나는 부모님을 원망하기도 했다. 점차 나와 부모님 사이의 대화도 줄어들었다.

나는 중학교 성적이 좋은 덕에 과천에 있는 외국어고등학교에 진학했다. 중학교 친구들은 대부분 평범한 학생들이었지만 외고는 상황이 달랐다. 그동안의 나는 우물 안의 개구리였던 것이었다는 것을 깨달았다. 나의 성적은 순식간에 곤두박질쳤다. 위에서 세는 것이 빨랐던 나의 중학교 등수는 아래에서 세는 것이 빠를 만큼 초라한 등수가 되어 있었다.

하루는 학교 도서관에서 공부를 하고 있는데, 한 학생이 나에게 이렇게 말했다. "야. 네가 도서관에 갈 성적은 아니지 않니?"라고. 자존심이 와르르 무너지는 순간이었다.

나는 그 당시 통학거리가 멀어 과천의 반 평짜리 고시원에서 유학생활을 하고 있었다. 학교생활에 자신감을 잃은 나는 결국 열등감을 이겨 내지 못했다. 일반고로 전학을 가고 싶었지만 특별한 사유가 없이는 불가능하다는 사실만 확인했다. 나는 결국 자퇴를 선택했다. 부모님께서는 나와 대화를 하고 싶어하셨지만 그때 우리는 이미 대화가 단절되어 있었다.

나는 고등학교를 자퇴하고 폐인과 같은 1년을 보냈다. 부모님께서는 결국 갈라서셨고 나는 아버지와 함께 살게 되었다. 나는 점점 어두워져 갔다. 아침이면 어두컴컴한 독서실에 혼자 들어가 공부하는 시늉을 했다. 자연스럽게 나와 아버지와의 대화도 줄어들었다. 나는 그 이후로 아버지와 나의 일상이나 고민을 전혀 공유하지 않았다. 대학원서조차 한마디 상의도 없이 내 뜻대로 냈다. 자율적으로 모든 것을 꾸려 갈 수는 있었다. 하지만 어느 것 하나 챙겨 주지 않는다는 마음에 아버지에게 서운한 감정도 들었다.

그렇게 우여곡절 끝에 나도 대학생이 되었다. 인천에 있는 대학에 다닌 탓에 아버지의 얼굴은 많아야 1~2주에 한 번, 시험 기간이라 바쁘면 한 달에 한 번 정도 보는 것이 전부였다. 그간 통 대화가 없었던 우리에게는 이미 익숙한 상황이었다. 오히려 작은 해방감마저 느껴졌다.

그렇게 몇 년째 대학생활을 하던 중, 아버지께서 갑자기 쓰러지셨다. 위암이라고 했다. 남의 이야기로만 들어 왔던 '암'이라는 병이 나의 아버지에게 찾아오다니. 하늘이 원망스러웠다. 하염없이 눈물만 흘렸다. 정신을 똑바로 차려 보니 아버지가 나와 함께하실 날이 유한하다는 생각이 들었다. 아버지께서는 별일 아니라며 담담한 표정으로 수술을 받고 나오셨다. 하지만 홀로 차디찬 수술실로 들어가실 때 얼마나 무서우셨을까. 지금 생각해도 죄스러운 마음뿐이다.

대학을 졸업한 후 코오롱 그룹에 입사했다. 회사에서는 입사 전 신입사원의 부모님들을 모시는 '웰커밍 파티'를 기획해 주었다. 대부분이 부모님 두 분을 모시고 참석했다. 하지만 나는 아버지만 모시고 약간은 쓸쓸한 분위기로 참석하게 되었다.

그 행사의 중간에는 자신의 부모님께 편지를 읽어 드리는 순서가 있었다. 나는 우연히 낭독자로 선정되었다. 그래서 생전 처음으로 아버지께 편지를 읽어 드리게 되었다. 리허설을 할 때만 해도 매우 담담한 어조로 읽어 내려갔다. 하지만 정작 나에게 마이

크가 주어지자 몇 줄을 넘기지 못하고 말을 잇기가 힘들어졌다.

"초등학생일 적, 어린이날 이후 편지 한 번을 써 본 적 없던 제가 나이 스물여섯이 되어서야 아버지께 다시 이런 글을 씁니다. 아마도 작년이었죠. 아버지께서는 환갑의 연세에 위암이라는 큰 병에 걸리셨습니다. 당신께서는 '요즘엔 암도 그냥 감기 같은 거라 다 낫는다더라'라며 대수롭지 않게 툭 내뱉으시곤 자식들을 안심시키셨습니다."

서문을 채 다 읽기도 전에 고개를 푹 숙인 아버지의 얼굴이 보였다. 나는 가빠진 호흡을 진정하기 힘들었다. 잠깐의 정적은 그렇게 흐느낌이 되었다. 가장 담담한 마음으로 읽어 내려가려던 편지글은 그렇게 아버지에 대한 애틋한 마음과 뒤섞여 버렸다.

사춘기 시절에는 대화가 없는 서먹한 분위기가 오히려 자연스러웠다. 이제껏 나는 아버지가 과묵해서 우리 사이에 대화가 없는 것이라고 생각해 왔다. 하지만 그렇지 않았다. 나는 요즘 집에 돌아오면 아버지께 이런저런 이야기를 털어놓는다. 그러면 아버지께서는 내게 하루 동안 있었던 이야기를 마구 늘어놓으신다. 우리 아버지가 이렇게 수다쟁이인 줄 30년을 사는 동안 처음 알았다. 가끔 나의 조카들이 아버지에게 재롱을 부릴 때면 아버지는 어린 아이가 되시곤 한다. '뽀로로'에 밀려 매번 즐겨 보시던 드라마를 포기하시고도, 조카들을 보며 행복해하시는 그 표정을 잊을 수가 없다.

"밤공기를 느끼며 나누는 대화는 그 어떤 상처라도 낫게 한다."라는 말이 있다. 나는 누구보다 대화가 많은 가정의 가장이 되고 싶다. 내가 잠시 마음의 문을 닫았을 때 부모님과 많은 대화를 나눴더라면 어땠을까? 아마 조금은 서로의 입장을 더 이해할 수 있지 않았을까?

나는 지금 이 글을 쓰면서도 가슴이 계속 요동친다. 지난날의 가슴 아픔과 더불어 행복한 가정에 대한 절실함이 동시에 느껴지기 때문이다. 이 책이 세상에 나오게 되면 먼저 우리 부모님께 읽어 드릴 것이다. 그리고 자랑스러운 당신의 아들에 대해 이야기꽃을 피우고 싶다. 미래에 만나게 될 나의 자녀들에게도 내 책을 읽어 줄 것이다. 그리고 내가 생각하는 행복이 무엇인지 나의 자녀들과 이야기하고 싶다.

매년 한 권 이상 책을 출간하는 베스트셀러 작가 되기

나는 SNS를 즐겨한다. 오래전부터 하던 페이스북부터 요즘은 인스타그램까지, 일상의 소재를 가볍게 공유하는 재미를 쉽사리 놓지 못한다. 가끔은 내 생각에 대한 글도 올리곤 하는데, 시계를 잠시 2012년 12월로 되돌려 볼까 한다.

새로 맡은 수학 과외 학생과 만나던 날, 공부에 대한 학생의 열망이 너무나 마음에 들었다. 하지만 형편이 좋지 못한 탓에 어머니는 나에게 연신 고개를 숙이셨다. 울컥한 마음에 나는 그 학생을 반드시 명문대에 보내겠다는 의지를 담은 글을 페이스북에 포스팅했다. 그런데 놀라운 일이 벌어졌다. 하루 만에 '좋아요'가 5만 개를 돌파하더니, 사흘이 지나자 무려 12만 개를 돌파한 것이다. 어안이 벙벙했다. 나의 생각을 그대로 남긴 것뿐인데 사람들은 나의 글을 수백 건이나 공유한 것이다. 그리고 나에 대한 이야기를 나누며 나를 칭찬해 주었다. 매일 친구 추가 요청 버튼에 불이 났다. 응원의 메시지에 일일이 답하기에도 정신이 없을 정도였다. 불과 며칠 새, 나는 1,000명이 넘는 새로운 '페이스북 친구'를 만들 수 있었다.

더욱 재미있었던 것은 나의 글이 공유되고 전파되자, 10년이 넘게 연락이 끊겼던 초등학교 동창에게서도 연락이 왔다는 것이다. 오랫동안 못 봐 왔는데 그동안 잘 지냈냐는 이야기와 내가 자랑스럽다는 칭찬을 동시에 해 주었다. 또한 당시 KBS의 한 유명 아나운서도 나의 글을 공유하며, 나에 대해 이야기했다. 얼떨떨했지만 소름이 돋을 정도로 기분이 짜릿했다. 글쓰기의 파급력을 처음으로 느꼈던 순간이었다.

하지만 거기까지가 끝이었다. 나라는 사람, 그리고 내가 전문성을 가진 분야가 수학이라는 것을 지속적으로 어필할 수 없었다. 일회성의 콘텐츠였다. 그 이후에 대한 이야기를 하기엔 시스템이 준비되어 있지 않았다. 나는 그저 퍼스널 브랜딩이 되어 있지 않은 '반짝 스타'에 불과했다.

수학 강사로 퍼스널 브랜딩을 하기로 마음먹고 깊은 고민에 빠졌다. '어떻게 하면 유명한 수학 강사가 될 수 있을까'에 대한 고민이었다. 실력 있는 강사가 되는 것은 많은 교재 및 강의 연구를 통해 가능하다. 아이들과 소통하는 강사는 학생들 개개인과의 교감을 통해 될 수 있다. 내가 자신 있는 분야다. 하지만 '유명한 수학 강사'는 다른 이야기였다. 이것은 기본적인 내실의 문제가 아니었다. 바깥으로 나를 표출시켜 줄 수 있는 무언가 필요했다. 작은 동네 안에서 골목대장으로 썩고 싶진 않았다. 나에게 필요한 것은 바로 '책 쓰기'였다. 그렇게 나는 〈한책협〉과 인연을 맺게 되었다.

무언가를 배우고 싶다면 일단 저지르고 봐야 한다. 내 경험상 무언가를 시작하기 위해 지나치게 꼼꼼하게 구상하고 계획하다 보면 계획 단계에서 나가떨어진다. 이미 너무 많은 정신과 에너지를 소비했기 때문이다. 또한 돈을 아끼기 위해 혼자서 끙끙 앓으면서 전부 해결하겠다는 자세를 버려야 한다. 나 또한 그러한 마인드를 가지고 있었다. 하지만 최고가 되기 위해 돈이 아닌 '시간'을 아끼기로 결심했다. 그래서 현재 각 분야 최고의 전문가들이 모인 〈한책협〉에서 '책 쓰기'와 '성공 마인드'에 대해 배우고 있다.

세계적인 유명화가 빈센트 반 고흐는 10년의 활동 기간 동안 2,000점이 넘는 작품을 완성했다고 한다. 하지만 그가 생전에 판매한 그림은 단 한 점에 불과하다. 나는 이 이야기를 들었을 때 큰 충격을 받았다. 작가로서 2,000점이 넘는 작품을 남긴 것은 분명히 나무랄 곳 없이 성실한 모습이다. 그런 작가의 작품이 살아생전 단 한 점밖에 판매가 되지 않았다니, 의아한 노릇이다. "성실하고 꾸준하게 노력하면 반드시 성공한다."라는 말의 반대의 예로 볼 수 있지 않을까? 오히려 그에게 필요했던 것은 성실함이 아니라 자신을 브랜딩하고 자신의 작품을 가치 있게 판매할 수 있는 기술이었을지도 모른다. 나에게도 그것이 부족했다. 그래서 책 쓰기에 도전하게 되었다.

재미있는 것은 책을 쓰기로 마음먹은 순간부터 삶에 대한 내 태도가 완전히 달라졌다는 것이다. 내가 말하고 가르치는 분야를 발전시키겠다는 태도가 나를 지배하기 시작했다. 스스로 나아지고자 하는 마음이 있었기 때문이 아닐까.

태도가 달라지니 자연스레 자존감도 단단해졌다. 예전에는 외부 상황의 변화에 따라 나의 기분과 자존감이 좌우되었다. 하지만 지금은 상황이 다르다. 책을 쓰겠다는 목표와 열망만이 나를 움직인다. 또한 책을 쓴 이후 더욱더 큰 영향력을 가지게 된 나의 모습을 상상하면, 당장의 시련이나 실패는 큰 문제가 되지 않는다. 그것은 그저 순간적인 상황의 변화일 뿐이다. 책 쓰기는 더욱 큰 미래를 상상할 수 있게 해 주었다.

나는 학생들 앞에서 말하는 것이 참 좋다. 사실 수학을 가르치는 것보다 그냥 말하는 것 자체가 좋았는지 모른다. 내가 경험한 내용을 나만의 스토리로 전달하는 것이 그렇게 재미있을 수가 없다. 말로만 표현이 안 되는 것은 나만의 몸짓과 유머로 표현해 낸다. 학생들이 즐거워할 때마다 나는 마치 연극배우가 된 기분이다. 최근에는 학생들에게 곧 출간될 나의 책에 대해 이야기했다. 그러자 학생들은 눈을 반짝이며 신기해한다. "선생님! 제 이름도 넣어 주세요."라고 하는 학생들부터 "선생님, 유명해지면 저희 버리실 거예요?"라고 우스갯소리를 하는 학생들까지, 학생들은 큰 관심을 기울였다. 자연스럽게 학생들의 수업 집중도가 향상된 것은 덤이다.

'작가 선생님'은 학생들에게 미래를 그리게 할 때도 큰 도움이 된다. 하지만 나는 내가 과거에 꿈꿔 왔던 바를 실제로 이루고 있는 과정을 학생들에게 보여 줄 뿐이다. 절대로 강요하지 않는다. 그래도 나의 학생들은 그들의 미래를 현실로 만들 것이다. 내가 학생들 스스로 상상할 수 있도록 만들었기 때문이다. 책을 쓰는 것이 엄청난 시너지를 가져올 수 있다는 것을 시작하기 전에는 몰랐다.

요즘 청년층의 '고용절벽'에 대한 뉴스가 자주 나온다. 학생들은 대기업에 입사하려 목숨 거는데 기업들은 채용 규모를 줄이는 추세라는 것이다. 그러다 보니 정년이 보장된 공무원이 되기 위해 '공시 열풍'이 분다. 안정된 '정규직'의 울타리에서 보장된 인생을 즐기고 싶다는 소망일 것이다. 하지만 나는 그들을 100% 이해하기 힘들다.

나는 앞으로 '완벽한 비정규직'이 될 것이다. 대기업에 재직하며 이미 느꼈다. 회사는 나에게 아무것도 보장해 주지 않는다는 것을. 나에게 필요한 것은 나만의 전문성이지, 정규직이라는 울타리가 아니다. 나는 그 속에서 자유를 속박당한 부속품에 불과하다. 커리어의 종착지가 '치킨집'이나 '과로사'라는 우스갯소리가 더 이상 나와서는 안 된다. 나는 수학을 가르치는 강사다. 덧붙여 올해부터는 매년 책을 출간하는 작가가 될 것이기도 하다. 또한 나의 책을 읽고 나를 필요로 하는 사람들에게 컨설팅과 강연을 해 주는 강연가도 될 것이다. 이렇게 나만의 전문성을 토대로 시행착오를 줄이고 그들의 시산을 빌어 주는 대체 불가능한 인재가 되는 것이 나의 임무다.

앞으로 나는 가치 있는 글을 쓸 것이다. 학생들에게 수학을 가르치며 강사 생활을 하며 책을 쓰며 느낀 점들 그리고 성공의 추월차선으로 달리기 위한 모든 방법들을 책에 담을 것이다. 이를 토대로 다른 사람의 삶을 개선해 주는 메신저가 되고 싶다. 2018년은 '작가 허갑재'의 책이 출간되는 첫해다. 올해를 기점으로 퍼스널 브랜드 '허갑재'는 폭발적으로 성장할 것이다. 올해가 바로 그 꿈이 이루어지는 해다.

1년 안에 벤츠 E클래스 구입하기

어릴 적, 우리 집엔 자가용이 없었다. 주일 미사에 갈 때 옆집 아저씨가 가끔 태워 주던 덜컹거리는 소나타가 내가 타 본 자가용의 전부였다. 우리 부모님과 나는 주로 버스를 타고 이동했다. 나는 '우리에게도 자가용이 있으면 좋을 텐데' 하고 소망했다. 하지만 이내 단념하곤 했다. 자동차는 매우 비싸서 우리 가족이 꿈꾸기 힘들었기 때문이다.

그러던 우리 가족에게 첫 차가 생겼다. 내가 중학생이 막 되었을 때였다. 중고차 '엑셀'이었다. 엑셀의 생김새는 오래된 시대극에서나 보던 촌스럽고 각진 모습이었다. 문짝은 2개가 전부였다. 그래서 뒷좌석에 타려면 앞좌석을 최대한 앞으로 젖힌 후 우스꽝스럽게 몸을 구겨 넣어야 했다. 그럼에도 불구하고 그 차에 타면 너무나도 행복했다. 옆집 아저씨가 아닌 우리 부모님이 운전하는 자동차였기 때문이다. 투박한 배기음 따위는 거슬리지 않았다. 당시 나의 기분은 말로 설명할 수 없었다. 가끔 학교를 마치고 집에 돌아오면, 우리 집 자동차에 흠집이라도 안 났는지 유난을 떨곤 했다.

중고차 엑셀은 오래가지 못했다. 우리에게 오기 전, 이미 많은 거리를 달려서 여기저기 성한 곳이 없었기 때문이었다. 실제로 주행 중에도 자주 시동이 꺼지곤 했다. 지금 생각해 보면 위험천만한 상황이 아닐 수 없다. 처음엔 우리 이미니가 운전에 서투르기 때문이라고 생각했다. 하지만 잔고장이 계속되자 그 차를 폐차 처리할 수밖에 없었다. 우리 가족의 첫 차는 그렇게 쓸쓸히 퇴장했다.

대학을 졸업하고 첫 사회생활을 할 때까지 나는 열심히 '뚜벅이' 생활을 했다. 버스를 타고 수원에 있는 집에서 과천에 있는 회사에 도착하려면 한 시간 반이 넘게 걸렸다. 물론 모든 버스의 배차 시간이 완벽하게 맞아떨어질 때의 이야기였다. 조금이라도 신호가 맞지 않는 날에는 그 시간이 2배로 늘어났다.

하루는 눈이 펑펑 내려 온 세상이 꽁꽁 얼어붙은 적이 있었다. 대로변에 쌓인 눈이 녹지 않아 차들은 거북이 운행을 했다. 그날 배차 간격이 50분인 버스를 타기 위해 전력 질주해 버스 정류장으로 향했다. 야속하게도 버스는 막 출발하고 있었다. 나는 그 찰나에 신호에 걸려 잠시 멈춰 선 버스의 문을 두드렸다. 하지만 기사님은 차가운 눈빛을 보내시며 열어 주지 않으셨다. 당연한 처사였다.

하지만 대차게 승차를 거절당한 기분은 비참했다. 추위보다는 창피함이 더 컸다. 주변에서 키득거리며 나를 비웃는 것 같았다. 결국 3시간이 넘도록 버스와 지하철을 번갈아 타고 겨우 집에 도착했다. 몸이 반쯤 얼어 펭귄이 이런 기분일까 싶었다. 그날 나는 '더러워서 차를 사고 만다'라고 되뇌며, 유치하게 이를 갈았다.

그 후 나는 내 차가 필요하다는 생각에 중고차를 구매했다. 2008년식 구형 'SM3'였다. 처음으로 내 차가 생기자 얼마나 좋았던지 신이 나서 이곳저곳을 일부러 돌아다녔다. 문제는 주차였는데, 목적지에 다 와서 주차에 애를 먹어 주차장만 빙빙 맴돈 적도 많다. 하지만 이내 운전 실력은 늘었고 나의 첫 애마와 많은 추억을 만들었다.

나는 회사생활을 하며 여러 종류의 자동차를 몰아 봤다. 내가 근무하는 영업 부서의 특성상 외근이 많았다. 그래서 차량이 모자랄 땐 다른 부서의 차를 빌려 타기도 했다. 그러다 보니 부서별로 배치된 차량을 종류별로 몰아 볼 수 있었다. 국산 중형차부터 11인승 승합차까지 본의 아니게 체급별로 차량을 석권해 냈다.

우리 부서의 본부장님은 이런 나에게 가끔 운전병 역할을 맡기셨다. 본부장님이 상무 직급일 때는 '그랜저'를 맡기시더니, 전무로 진급하시자 '제네시스'의 운전대를 넘기셨다. 구형 SM3의 운전대만 잡아 오다가 대형 고급차의 운전대를 붙잡자 기분이 묘했다. 그랜저까지는 그래도 적응할 만했는데, 제네시스로 바꿔 타니 느낌이 또 달랐다. 마치 편안한 영화관 소파에 앉아 있는 기분이 들 정도였다. '좋은 차란 이런 느낌이구나'라는 생각을 그때 처음으로 할 수 있었다.

"우린 살면서 언제 벤츠 타 보나?"

회사에 다닐 때 여러 선배들이 자조적으로 내뱉던 말이다. 거리에서 벤츠나 휘황찬란한 차가 지나가면 다들 한숨을 쉬며 자신들의 신세를 한탄했다. 사실 나도 그런 부류 중 하나였다. 선배들이 말하길 사회 초년생은 '아반테'를 타야 하고 5년쯤 지나면 '소나타'가 적당하다고 했다. 그리고 과장 정도로 진급하면 '그랜저'를 사고 혹시 임원이 된다면 외제차를 살 수 있다는 것이다. 그런데 대부분은 임원이 될 확률이 없다고 자기 비하하며 이야기를 마무리하곤 했다. 이게 무슨 말도 안 되는 커리큘럼인가? 그중 한 선배는 이렇게 얘기했다.

"어차피 부장 때까지 받을 월급이 정해져 있는데 우리가 벤츠를 어떻게 타니? 사는 순간 어차피 카 푸어(car poor, 본인의 경제력에 비해 무리하게 비싼 차를 샀다가 경제적으로 궁핍한 생활을 하는 사람)야."

생각해 보니 틀린 얘기는 아니었다. 내가 다니는 직장의 월급은 매년 10원 단위까지 정확히 정해져 있었다. 인정하고 싶진 않았지만 사실이었다. 하지만 들으면 들을수록 '패배주의'에 길들여지는 기분이었다. 회사에 대한 선배들의 조언에는 귀를 기울였지만 그들의 가난한 사고마저 전염되고 싶지는 않았다. 곰곰이 생각해 보니 그들이 주장하는 '안정적인' 회사생활로는 벤츠를 구매하고자 하면 계산기가 두드려지지 않았다.

나는 그저 그런 사람으로 살고 싶지 않았다. 왜 서른이 넘으면, 그리고 마흔이 넘으면 사회에서 정해 놓은 규율대로 살아야 하는 것인지 의문이 생겼다. 나는 홈런을 치고 싶었다. 홈런 타자가 되기 위해서 가장 먼저 각오해야 할 것은 삼진이다. 똑딱이 타자와 홈런 타자의 차이는 의지에 있다. 경우의 차이는 있겠지만 똑딱이 타자는 대개 정면 승부를 피한다. 풀 스윙을 했을 때의 위험 부담을 안고 싶지 않은 것이다. 나는 회사의 선배들이 그렇게 느껴졌다. 그들은 월급이라는 안정성에 목매며 풀 스윙을 하지 않았다. 나는 그런 것이 싫었다. 그래서 최고의 수학 강사가 되기 위해 회사를 박차고 나왔다.

최고의 자동차가 움직일 때는 그것만의 기품이 느껴졌다. 그러한 이미지 자체를 부정할 수는 없었다. 최고의 수학 강사를 꿈꾸는 나는 그러한 벤츠를 소망하기 시작했다.

누군가는 이런 나의 생각을 '과소비'라고 쉽게 재단할지 모른다. 하지만 '과소비'의 기준이 대체 무엇인가? '소비'는 구매자가 필요한 것을 상응할 만한 대가를 지불한 후 재화로 교환하는 것이다. 그만한 가격을 통해 나의 가치를 증명하고 그 이상의 영향력을 끼친다면 그것은 명확한 '투자'의 개념이다.

성공한 사람이 되기 위해서는 성공자의 이미지를 갖추어야 한다. 나는 성공에 관한 여러 책을 읽었다. 거기에서 얻은 결론은 '항상 성공한 사람의 입장에서 생각하고 행동해야 한다'는 것이었다.

나에게 외면의 이미지란 나에 대한 자존감이자 상대를 대하는 태도와 같다. 가르치는 데 있어서 최고의 실력은 기본이다. 내실이 중요하지 않다는 것이 아니다. 내실은 기본이다. 하지만 이를 좋은 그릇에 담아 제공하는 것 역시 내가 해야 할 몫이다.

나는 결심했다. 내가 상상하는 대로 이루어 낼 것이라고. 그리고 1년 내로 벤츠를 구매할 것이다. 내가 갈망하는 그리고 지향하는 세계를 나의 학생들에게 직접 보여 줄 것이다. 나는 그럴 자격이 있다.

PART 2

대한민국 대표
꿈 강연가로서
TED 강연하기

- 서 동 범 -

서동범

'학원강사스킬연구소(ETS)' 소장, 억대연봉 학원강사, 일산 수리학당 대표강사,
동기부여 강연가

고려대학교 생명과학과를 진학한 뒤, 의대에 가라는 주변의 강권에도 학원강사의 길로 뛰어들었다. 현재는 억
대의 연봉을 달성한 5년 차 강사다. 강사들을 대상으로 '빠르게 억대 연봉 강사가 될 수 있는 노하우'에 대해
컨설팅을 진행하고 있다. 학원강사의 강의 스킬과 성공학에 대한 개인저서를 준비 중이다.

C · P 010.6201.4711   Instagram s.dongbeom

Facebook etskill

항상 웃음이 넘치는
행복한 가정의 가장 되기

얼마 전 가수 샤이니의 멤버였던 종현이 우울증으로 인해 자살이라는 극단적인 선택을 했다는 소식을 들었다. 아이돌 가수에 큰 관심이 없을뿐더러 요즘 TV도 잘 보지 않는지라 사실 그 소식을 처음 들었을 땐 큰 감흥이 없었다. 하지만 내가 가르치는 아이들이 세상 떠나갈 듯 펑펑 우는 모습을 보면서 새삼 유명한 사람이 떠나갔다는 것을 실감하게 되었다.

많은 인기를 누리고 풍족한 생활을 하는 유명 아이돌 가수가 자살을 선택하다니. 아마 그에게 의지하고 도움이 되는 따스한 가정과 배우자가 있었더라면 이러한 상황까지는 오지 않았으리라 생각한다.

나는 서울 동쪽 끝에 위치한, 아직 많이 개발되지 않은 소박한 도시에서 2명의 형제 중 첫째 아들로 태어났다. 어렸을 적부터 나의 부모님은 맞벌이를 하시느라 바쁘셨다. 그래서 나는 부모님께서 하시는 카센터에서 혼자 놀곤 했다. 부모님 말씀으로는, 일하다 잠시 한눈을 팔면 내가 어디론가 사라지는 일이 잦았다고 한다.

하루는 세 살배기인 내가 부모님의 일터로부터 약 1km가량 떨어져 있는 한 놀이터에서 발견되었던 적이 있었다. 자세한 정황은 기억나지 않는다. 하지만 어린 나이였음에도 나를 부둥켜안고 울먹이는 목소리로 "어디 갔었던 거야! 정말 너 잃어버린 줄 알았잖니."라고 하시며 나를 꼭 안아 주셨던 어머니가 생각난다. 그 품이 얼마나 따스하던지. 아직도 그때를 생각하면 눈시울이 뜨거워지곤 한다.

아버지는 시골에서 3남 3녀의 장남으로 태어나 농사를 지으셨다. 그러다 성공을 위해 무작정 서울로 올라오셨다. 그리고 낮에는 일하고 밤에는 야간학교를 다니면서 공부하셨다. 그곳에서 어머니를 만나셨다고 한다. 두 분 사이에서는 사랑이 싹틔워졌다. 하지만 대학을 가고자 했던 어머니와 일을 계속하고 싶어 하셨던 아버지는 결국 눈물을 머금고 이별하게 되었다고 한다.

하지만 인연은 붉은 실로 단단히 연결되어 있다고 했던가? 두 분께서는 우연한 기회에 서울에서 다시 만나게 되었다고 한다. 그

길로 사랑의 결실을 맺어 결혼이라는 목적지에 도달하셨다고 한다. 장난삼아 "아빠, 엄마 어떻게 꼬셨어?" 하고 물을 때면 아버지는 "엄마가 아팠을 때, 아빠가 삼계탕 한 그릇 사 줬지! 엄마가 그 삼계탕 한 그릇에 넘어간 셈이지. 하하" 하고 호탕하게 웃으셨다.

그 모습을 볼 때면 그때의 삼계탕 한 그릇의 사랑이 얼마나 컸는지 느껴진다. 그때의 삼계탕 덕분에 내가 지금 이 자리에 있다고 생각하니 그 삼계탕에 들어간 닭에게 절이라도 하고 싶은 심정이다. 이렇게 사랑을 키워 오신 우리 부모님은 그 사랑을 고스란히 우리에게 나누어 주셨다. 물론 가끔 싸우실 때도 있으셨다. 하지만 지금 생각해 보면 항상 싸우는 모습을 우리에게 보이지 않으려 노력하신 것 같다.

"엄마, 아빠는 너희들에게 싸우는 모습을 보이고 싶지 않아서 일부러 밖에 나가서 싸우곤 했단다. 그러다 보니 결국 싸울 때까지 좀 더 생각하게 되고 감정적으로 행동하지 않게 되더라고. 엄마, 아빠가 서로 이해해 주고 양보해 줘서 이렇게 행복한 가정이 있을 수 있는 거야. 그러니 동범이 너도 나중에 크거든 항상 이것을 기억하렴. 첫째, 싸우기 전에 시간을 가질 것. 둘째, 아이들에게 싸우는 것을 티 내지 말 것. 셋째, 항상 상대방의 입장에서 생각할 것. 넷째, 먼저 사과하는 용기가 가정을 지키는 가장 큰 힘이란 것을 명심할 것. 이 네 가지 덕목을 기억한다면 행복한 가정을 이룰 수 있을 거야."

작년 여름, 부모님과 같이 제주도로 여행을 가게 되었다. 부모님과 처음으로 가는 제주도 여행이었다. 어디를 들를지, 무엇을 할지 차근차근 계획을 세우고 진행해 나갔다. 그러면서 부모님과 같이 이렇게 여행을 가는 게 얼마 만이냐는 생각이 들었다.

어렸을 적 부모님은 나를 데리고 참 많은 곳을 다니셨다. 바쁜 와중에도 주말이면 이곳저곳 안 가 본 곳이 없을 정도로 전국의 좋은 곳은 다 다녀왔던 것 같다. 그중 가장 생각나는 것은 오대산을 등반한 기억이다. 어린아이에게는 높디높은 등반이었다. 하지만 배낭을 메고 앞길을 이끌어 주시는 아버지를 따라 조금씩 조금씩 올라갈 수 있었다. 결국 힘들다고 칭얼거리는 어린 아들을 업고 정상까지 등반하신 아버지. 그런 아버지와 정상에서 끓여 먹던 라면 맛이 지금껏 내가 먹어 본 음식들 중 단연 최고의 맛인 듯싶다.

이 글을 읽는 여러분은 만나면서 이 사람이다, 라는 확신을 가져 본 적이 있는가? 부모님과 제주도 여행을 갔다가 어머니께서 소개시켜 주신다는 지인의 딸과 생전 처음 맞선이란 것을 보게 되었다. 난 그때까지 내가 좋아하는 사람들만 만나 왔다. 나의 인연은 내가 찾아야 한다는 일종의 고정관념 때문이었을까? 하지만 정말 마법처럼 이렇게 만나게 된 인연이 다른 어떠한 인연보다 강하게 묶였다. 그리고 인생 2막의 동반자로서 나와 함께 나아가고 있다.

물론 처음부터 순조로웠던 것은 아니다. 다른 이도 아닌 부모님이 소개해 주신 사람이었기에 강한 부담감이 있었다. 만나게 된다 해도 혹여 서로의 관계가 틀어질 경우 친하셨던 아버님끼리의 관계가 멀어질 수도 있었다. 그런 부담감을 떠안아야 된다고 생각하니 만나야겠다는 마음이 좀처럼 들지 않았다. 그럼에도 불구하고 우리는 서로를 정말 사랑하게 되었다. 만난 지 100여 일 만에 프러포즈에 성공했다. 우리는 올 가을에 결혼할 것을 약속했다.

만난 지 얼마 되지도 않았는데 결혼을 약속하다니, 이해가 안 될 수도 있다. 결혼이 아이들 소꿉놀이가 아니란 것은 물론 잘 알고 있다. 그럼에도 불구하고 나와 여자 친구가 이렇게 빠른 시간 안에 결혼을 결심하게 된 이유는 서로에 대한 신뢰와 나의 꿈에 대한 여자 친구의 강한 응원, 나를 생각해 주는 여자 친구의 큰 마음이 있었기 때문이 아닐까 한다.

좀 더 부연해 보자. 먼저 만나기 전부터 부모님께서 여자 친구의 칭찬을 많이 하셨다. 그랬던 터라 나는 '이 사람이 좋은 사람이구나'라는 인식을 가진 상태로 처음 만나게 되었다. 이것은 여자 친구도 피차 마찬가지였다고 한다. 그러니 결국 부모님이 우리가 첫 만남에서 상대에 대해 강한 신뢰를 가질 수 있게 해 준 가장 큰 공신이라 할 것이다.

게다가 여자 친구가 나의 꿈을 강하게 응원해 준 덕이 컸다.

나의 꿈이자 목표는 수학 강사로서 성공하는 것이었다. 하지만 더 넓게는 많은 학생들에게 꿈을 전달해 줄 수 있는 학생 꿈 강연가가 되는 것이 최종적인 목표였다. 이러한 꿈을 다른 사람에게 말하면 "지금 하고 있는 일이나 열심히 해.", "그건 성공한 사람만이 할 수 있는 거야. 지금 너의 상태로 무얼 더 하려 해." 등의 부정적인 이야기만 듣기 십상이었다.

하지만 여자 친구는 달랐다. "오빠 할 수 있을 거야. 그러니까 힘내.", "지금은 힘들어도 오빠가 하고자 하는 일은 분명 잘될 거야. 틀림없어!" 이렇게 이야기해 주곤 했다. 그런 사람이 부모님 말고 또 있다는 사실이 너무도 고맙고 힘이 되었다. "원하는 목표를 이루기 위해서는 매사에 긍정적인 사람을 곁에 두라."라는 나폴레온 힐의 말처럼 말이다.

끝으로 여자 친구는 내가 무슨 일을 하든 항상 나를 생각해 주고 있구나, 라고 느끼게 해 주었다. 한번은 아는 선생님들과 술 약속이 있었다. 그 사실을 미리 여자 친구에게 말해 두었다. 그런데 그날 분위기에 취해 늦은 시간까지 술을 마시게 되었다. 그러다 자리를 뜬 것이 오전 4시쯤으로 기억한다. 여자 친구에게 이제 집에 들어간다는 연락을 남기고 귀가하려던 찰나, 휴대폰이 울렸다.

"자기야, 혹시라도 괜찮으면 여기 좀 들러."

여자 친구가 그 시간까지 자고 있지 않았다고 생각하니 미안한 마음이 들었다. 이 시간에 부를 정도면 무슨 일이 있는 건가 싶어 서둘러 여자 친구의 집으로 발걸음을 옮겼다. 그런데 그녀의 입에서 나온 말은 의외의 것이었다.

"치아교정기 끝부분이 떨어져 나가서 계속 아프다며. 그래서 술자리 끝나면 그 튀어나온 부분 잘라 주려고 안 자고 기다렸어. 이쪽으로 와 봐."

내심 늦게까지 술 먹은 것을 질책당할 줄로 알고 있었던 나는 매우 당황했다. 그녀는 내가 낮에 아프다고 한 이야기를 듣고 걱정되어서 밤늦도록 잠을 못 잤다고 했다. 정말 이때 받은 감동은 이루 말할 수 없을 정도로 컸다. 그녀가 정말로 나를 크게 걱정하고 신경 써 준다는 것을 강하게 느낀 계기가 되었다.

인생의 1막은 혼자 성장해 나가는 성장물 학원 드라마라면 인생의 2막은 자신의 배필과 함께 나아가는 러브스토리라고 한다. 난 이미 나의 배우자를 찾았고 그 사람과 같이 나아가기로 약속되어 있다. 올 가을, 그녀와 함께 가정을 꾸리게 될 것이다. 그렇기 때문에 더더욱 행복한 가정의 가장이 되는 것이 나의 첫 번째 버킷리스트다. 이는 실현 가능한 꿈임에 틀림없다.

100억 원대의 연봉 받는
인터넷 수학강사로 성장하기

나의 어릴 적 꿈은 과학자였다. 과학에 대한 흥미가 남달랐던 나는 남들보다 빨리 과학에 대해 배우고 싶어 했었다. 그런데 진학하고자 했던 과학고등학교에 떨어지고 나서 나의 꿈이 좌절되나 싶었다. 하지만 과학에 대한 열정은 실패를 딛고 더욱더 타올랐다. 고등학교 때는 학교 과학동아리에 입부해 열심히 활동했다. 뿐만 아니라 중학교 때 열심히 했던 공부에 힘입어 서울시 과학영재 육성 교육에 참가해 매주 토요일마다 교육을 받았었다. 학업을 하기도 바쁜 마당에 여러 활동들로 인해 피곤했지만 내가 하려고 했던 목표가 뚜렷했기에 그 꿈을 위해 노력했던 것이다.

고등학교 3학년, 수험생이 되어 가장 처음 한 일은 대학교 캠퍼스 투어였다. 난 고민 없이 고려대학교 생명과학부 캠퍼스를 선택했다. 그리고 이 캠퍼스, 이 자리를 대학생이 되어 거니는 모습을 상상했다. 이 상상을 하루도 빠짐없이 아침마다 했던 것 같다. 이러한 상상은 내가 스스로 열심히 공부하도록 하는 데 큰 영향을 주었다. 그뿐만 아니라 영어 성적이 좋지 않았음에도 수능도 치기 전인 9월에 내가 원하던 학교의 학과에 입학하게 되는 기적이 일어났다.

사실 이러한 일들이 일어날 거라고 그 누구도 생각하지 못했다. 학교 선생님, 학교 친구들은 물론 부모님조차 수학, 과학만 좋아하던 내가 고려대, 그것도 들어가기 가장 어렵다는 생명과학부에 들어갈 거라고는 생각하지 못했다. 진학 상담을 할 때면 담임 선생님은 학교를 낮추어 보자고 말씀하셨다. 하지만 난 일편단심 나의 목표를 꺾지 않았다. 내가 합격하지 못할 거라 단 한순간도 생각하지 않았다. 그렇게 자연스레 내가 원하던 캠퍼스, 1년 전에 왔던 그곳에 나는 대학생의 신분으로 서 있었다. 이지성 작가의 《꿈꾸는 다락방》에는 이러한 문구가 나온다.

"Vivid Dream = Realized(생생하게 꿈꾸면 이루어진다)."

나는 그것을 내가 원하는 학교와 학과를 생생하게 꿈꾸었고 그것을 실제로 이루었다. 꿈이 실현된 것이다.

하지만 꿈꿔 왔던 대학생활은 생각과는 다르게 순조롭지만은 않았다. 먼저 대학에서 하는 공부에 크게 흥미를 잃게 되었다. 명확한 목적지를 가지고 출항한 배가 지금은 어딘지도 모르는 바다 중간에서 표류하는 것 같았다. 내가 진정으로 원하던 것은 큰 변화였다. 내가 노력해 큰 발견을 하게 되면 그로 인해 세상에 큰 변화가 일어날 거라 생각했었다. 하지만 현실은 그렇지 않았다. 생명과학에서의 발견이란 퍼즐의 한 조각에 지나지 않았다. 퍼즐이 완성되어도 그것을 이론화시키고 적용하는 데 적지 않은 시간이 든다는 사실을 알게 되었다. 이렇게 목적지를 잃게 된 나는 친구들과 술을 마시거나 노는 데 시간을 쓰기 시작했다.

군대에 다녀온 후에도 나의 방황은 끝나지 않았다. 무얼 해야 할지 몰라 주변의 좋다는 것에 자꾸만 유혹되었다. 그렇게 시작한 약대 편입공부는 나에게 잠시나마 목적지를 제시하는 듯했다. 그러나 시험을 보고 난 후 이것은 나의 길이 아니라는 생각에 다시 나의 길을 고쳐 잡았다.

'내가 좋아하는 것이 무엇이지? 무엇을 하고 살아야 나에게 기쁨을 줄 수 있을까?'

이때까지 나는 많은 학생들에게 수학 과외를 해 오고 있었다. 물론 처음에는 용돈을 벌기 위한 수단이었다. 하지만 점차 그 일이 나에게 즐거움으로 다가왔다. 힘든 와중에도 나로 인해 성적이 많이 오른 학생들을 보며 뿌듯함을 느꼈던 것 같다.

그중 한 학생은 고등학교 3학년의 겨울방학 때 나와 만났다. 그 학생의 성적은 바닥이었다. 중학교 수학부터 공부하지 않았던 터라 매우 상황이 좋지 않았다. 첫 모의고사 성적이 7점이었던 이 학생은 나에게 시키는 대로 모두 할 테니 대학에만 보내 달라고 부탁했었다. 내가 맡은 첫 고3이기도 했고, 대학교를 가고 싶어 하는 마음이 간절한 이 학생을 꼭 원하는 대학교에 합격시켜 주고 싶었다. 남들이 미적분학을 할 때, 나는 그 학생에게 좌표 위에 점을 어떻게 찍는지부터 가르쳤다. 수학공부를 처음부터 하지 않았던 터라 그동안 학원 수업을 소화하지 못했던 이 학생은 나를 만나고 수능 때 무려 점수가 11배나 뛰는 기적을 일궈 냈다.

이 일을 계기로 학생들을 가르치고 싶다는 마음속 고동이 커지는 것을 느꼈다. 넓은 강의실의 많은 학생들 앞에서 강의하는 것, 그것이 나의 두 번째 생생한 그림이 되었다. 그런 생각을 하다 보니 자연스레 현장의 학생들뿐만 아니라 인터넷상에서 원하면 누구나 들을 수 있게 나의 강의를 콘텐츠화하는 것이 소목표가 되었다.

지금도 이 목표를 이루기 위해 다양한 시도를 하고 있다. 온라인상의 유튜브를 이용해 내 수업 내용을 업로드시키고 있다. 또한 나의 퍼스널 브랜드 홍보를 위해 블로그를 키워 나가고 있기도 하다. 하지만 무엇보다 중요한 것은 시간이 지나도 난 할 수 있다는 자신감과 마음가짐이라는 것을 깨닫게 된 것은 얼마 되지 않았다.

처음에는 유명 인터넷 강사가 되기 위해 학원에 들어가자고 생각했다. 그러다 우연한 기회에 학원에 발을 붙이게 되었다. 수험 생활을 할 때 나의 대학 입학을 도와주신 은사님과 연락이 된 것이다. 그 선생님께서 일산의 수학 학원에서 근무하고 계시다는 이야기를 듣고 바로 찾아가게 되었다. 그것이 인연이 되어 대학 4년 졸업학기 때 일산에 있는 '수리학당'이라는 학원에서 근무하게 되었다.

처음에는 정말 닥치는 대로 했던 것 같다. 수업을 준비하며 밤을 새워 보기도 하고, 연습장과 책을 100여 권가량 제작하기도 했다. 하지만 가슴 뛰며 시작한 일임에도 시간이 지날수록 현실에 묻혀 가는 나를 발견하게 되었다. 반복되는 술자리, 그리고 목표와 좁혀지지 않는 거리는 처음 이 일을 시작했을 때의 강한 의지를 무색하게 만들어 버렸다.

이때 한 권의 책이 묻혀 있던 나의 목표의식을 일깨워 주었다. 김홍석 작가의 《나는 삼성맨에서 억대 연봉 수학강사가 되었다》라는 책이었다. 나는 이 책을 통해 사라져 가는 나의 열정이 다시 깨어남을 느꼈다. 현재의 내 상태가 초라해 보였고 지금 이 상태로 있으면 아무것도 되지 않음을 깨닫게 된 것이다. 김홍석 작가님이 운영하고 있는 네이버 카페 '한국학원강사코칭협회'에 가입하고 그 기운을 받고자 컨설팅을 신청했다. 이렇게 만나게 된 김홍석 작가님은 컨설팅에서 내가 나아가야 할 방향을 제시해 주셨다. 작가님이 이때 해 주신 세 가지 이야기가 아직까지 잊히지 않는다.

"첫째, 강사의 기본 요건은 아이들과 학부모와의 커뮤니케이션 이다. 아이들의 이야기를 들어 주고 소통해라. 학부모에게는 아이들의 이야기를 전달해 주어라. 학생들이 많은 이야기를 해 줄 수 있는 사람이 되어 그 이야기를 학부모에게 들려주어라.

둘째, 강사는 매 순간마다 강의실에서 한 편의 공연을 하듯 아이들에게 즐거움과 감동을 주어야 한다. 절대로 실패할 수 없게 철저하게 준비해라. 그리고 나의 스토리를 이용해 아이들이 지루할 틈이 없도록 해라. 강사가 단순히 수학만 가르치려고 나와 있다고 생각하면 오산이다. 아이들의 멘토이자 선생으로서 인생의 선생이 되어 주어라. 그렇게 하면 아이들이 강사의 팬이 될 것이다.

셋째, 나의 가치를 높게 평가해라. 내가 나를 어떻게 평가하고 어떻게 행동하느냐에 따라 아이들이 그 강사를 보는 눈이 달라진다. 내가 입고 있는 옷을 점검하고, 하나하나를 1타 강사처럼 행동해라. 아이들은 이 강사가 어떤 강사인지 대번에 판단하고 그렇게 그 강사를 대하게 된다. 보강 시에도 단 한 명만 불러서 보강하는 일은 없어야 한다. 나의 가치를 떨어뜨리는 행동을 하지 말아라. 나는 항상 최고의 강사임을 아이들에게 각인시켜야 한다."

김홍석 작가의 팬이 되어 버린 나는 그길로 김홍석 작가가 운영하는 '학원 강사 양성 프로그램'에 등록했다. 수강료는 결코 적지 않은 수준이었지만 강사로서 성공하는 법을 배우기 위해서였다. "최고가 되려면 최고에게 배워라."라는 이야기가 있다. 최고가 되기 위해서는 이미 최고가 된 사람의 노하우와 지식을 배워야 한다는 이야기다. 많은 사람들이 투자에 성공하기 위해 천문학적인 돈을 주고 워런 버핏을 만나려 하는 것도 같은 이유다.

이 프로그램에서 나는 지금까지의 나의 가치관을 싹 비우고 성공의 가치관으로 채우는 새로운 경험을 하게 되었다. 나는 내가 원하는 것은 무엇이든 이룰 수 있는 위대한 존재라는 경험도 하게 되었다. 강사로서의 성공도 중요하지만 그보다 더 중요한 것은 나의 내적인 성공이라는 것도 깨닫게 되었다. 항상 아침에 일어나서 "감사합니다."를 외치고, 잠자기 전에 내가 이루고자 하는 것을 종이에 적었다. 내가 성공하지 못하는 것은 내가 못해서가 아니라 성공할 것이라는 확신이 나의 내면 깊은 곳에 없었기 때문이었다.

이루고자 하는 것을 종이에 적자 놀라운 일들이 일어났다. 내가 원하던 대로 많은 일들이 일어나기 시작했다. 항상 힘들었던 매일매일이 즐거워지고 성공할 수 있다는 마음이 강하게 들었다. 또한 아이들을 가르칠 때도 전보다 더 열정적으로 가르치고 있는 내 모습을 보게 되었다. 잊어버렸던 나의 꿈들이 깨어난 것이다. 아이들의 성적은 따라서 올랐다. 그로 인해 많은 학생들이 나의 수업을 듣기 위해 학원에 오기 시작했다.

나의 버킷리스트 중의 하나는 100억 원대 이상의 연봉을 받는 인터넷 수학강사로 성공하는 것이다. 처음 강사를 시작했을 때 나의 연봉은 3,500만 원 정도였던 것 같다. 언젠가 "한 달에 얼마 정도 벌면 충분히 먹고살 것 같으세요?"라는 질문을 받은 적이 있다. 그 말에 나는 "1,500만 원 정도 벌게 되면 좋을 것 같은데요."라고 내답했다. 그런데 그다음 말이 나의 의식을 바꿔놓았다.

"월 200만 원 버는 사람도 만족스럽게 가정을 만들고 알뜰살뜰 잘 살아갈 수 있습니다. 그 사람은 200만 원의 가치 안에서 살아가는 것이고 평생 비슷한 틀 안에서 살아가겠지요. 어떠한 사람들은 월 1,000만 원을 벌면서 살아갑니다. 그 사람들은 아직도 부족하다고 느낍니다. 왜냐하면 자신의 가치를 더 높일 수 있다고 생각하기 때문이죠. 현재 내가 버는 돈의 한계를 설정하지 마세요. 월 1억 원을 버는 사람도 현재 부족하다 느끼면 자신의 가치를 더욱더 높이기 위해 투자하고 노력하죠. 그러면 그 사람의 삶의 가치는 높아지고 개인의 가치 또한 높아집니다. 한계를 짓지 마세요. 그 한계가 자신의 가능성을 제한할 테니까요."

김홍석 작가의 '학원 강사 양성 프로그램'에서 있었던 일이다.

그 말을 듣자 한 달에 1,500만 원이라는 한계를 설정한 내가 부끄러워졌다. 작가님 또한 현재에 안주하지 않고 더욱 높은 가치를 위해 노력 중이시라고 했다.

내가 고등학생 시절 가장 유명했던 강사는 메가스터디의 신승범 강사였다. 그의 연 매출이 100억 원대라는 이야기를 얼핏 들었던 것 같다. 그런데 요즘 인터넷 강의계에도 세대교체의 바람이 불고 있다. 나와 같은 나이의 현우진 강사가 그러하다. 많은 나이가 아님에도 특유의 카리스마와 아이들을 끄는 능력, 그리고 독보적인 자신감으로 똘똘 뭉친 그는 2015년쯤 메가스터디에 들어와 지금은 이투스의 신승범을 제치고 독보적 1타 강사가 되었다.

이러한 이야기는 나에게 굉장히 큰 자극이 되었다. 현우진이 되는데 나라고 안 될 리 없다, 라는 생각이 들었다. 예전의 나였다면 '난 안 돼, 이 사람과 나는 급이 달라, 난 불가능해'라고 생각했을 것이다. 하지만 지금의 나는 나의 가치를 믿는다. 최고의 강사가 되기 위해 들어온 이 세계에서 최고의 강사로 우뚝 설 수 있도록 '연봉 100억 원대 강사'라는 타이틀을 내걸었다. 나의 가치와 가능성은 내가 믿는 순간 현실이 될 것이다.

서울에 내 이름으로 된 빌딩 갖기

어릴 적 부모님 차를 타고 여의도 주변을 지나가던 길이었다. 그때 당시 길거리에 세워져 있는 빌딩 하나하나가 어린 나에게는 너무나도 높아 보였다. 그중 아버지께서는 63빌딩 앞을 지나갈 때마다 나에게 항상 하시던 말씀이 있었다.

"동범아, 저 빌딩이 네 빌딩이란다. 나중에 동범이가 크면 저 빌딩에서 살게 될 거야."

어린아이였지만 이때 나의 눈은 반짝반짝 빛났다. 잠깐 동안 '정말일까'라는 생각이 들었다. 하지만 그곳을 지나갈 때마다 아버지께서 계속 같은 말을 하셨기에 작은 의심은 커다란 확신으로 바뀌었다. 그 뒤로 여의도의 이 빌딩을 한동안 'DB빌딩'으로 부르곤 했다.

요즘도 길거리를 걷다 보면 어렸을 적 아버지가 해 주셨던 63빌딩 이야기가 가끔 떠오른다. 내가 정말 빌딩의 주인이 되는 그런 상상도 한다. 아니, 실제로 나는 이미 많은 DB빌딩을 소유한 것처럼 느끼고 있다. 이러한 마인드를 갖게 된 데는 어릴 적 아버지가 끊임없이 말씀해주신 덕분이라고 생각한다.

63빌딩이 내 소유의 빌딩이 아니었다는 것을 깨닫게 되는 데 사실 오랜 시간이 걸리지 않았다. 그것이 거짓이란 걸 알아채고 거짓말을 한 아버지를 살짝 원망했었던 것 같기도 하다. 하지만 아버지께서는 내가 큰 꿈을 갖기를 바라셔서 하신 말씀이 아니었을까? 은연중에 '63빌딩의 주인은 바로 나야'라고 생각했기 때문에 나의 의식은 그것을 진심으로 받아들였다. 그로 인해 나의 가장 큰 성공의 목표는 '내 이름으로 된 빌딩 갖기'가 되었다.

"되고 싶은 것이 있다면, 마치 그것이 이루어진 것같이 행동해라."

할리우드의 스타 배우, 짐 캐리는 어릴 적 큰 꿈을 안고 할리우드가 있는 LA로 오게 되었다. 하지만 현실은 녹록지 않았다. 그럼에도 불구하고 그는 꿈을 포기하지 않았다. 그는 자기 자신에게 선언했다. "나는 5년 안에 나에게 천만 달러짜리 수표를 지급하겠다."라고. 그는 자신이 유명한 배우가 되었다고 생각하며 행동했다고 한다. 실제로 그는 5년이 지나자 이전 수익의 약 10배 가까이 차이가 나는 개런티를 받게 되었다고 한다.

현재 나는 베스트셀러 작가이자 성공한 강연가가 되기 위해 〈한책협〉에서 글쓰기 수업을 받고 있다. 김태광 대표 코치는 항상 입버릇처럼 하는 말이 있다.

"끝에서부터 시작하라."

그는 현재 내가 성공하지 못하거나 돈이 없는 이유는 스스로 그렇게 생각하기 때문이라고 한다. 또한 이런 자신을 바꾸기 위해서는 항상 머릿속에 성공을 그리고 부자가 된 나의 모습을 현재의 나에게 각인시켜야 한다고 말한다. 마치 부자인 것처럼, 성공한 사람인 것처럼 행동하고 생각하게 되면 나의 잠재의식은 나를 성공한 사람으로 생각하게 된다. 그러면 내 안에 잠들어 있던 잠재력과 가능성이 나를 성공의 길로 이끈다는 것이다.

내가 〈한책협〉을 알게 된 것은 한 작가 덕분이었다. 그분은 바로 《삼성맨에서 억대 연봉의 수학강사가 되었다》의 김홍석 작가다. 강사생활에 지쳐 꿈을 포기해야 할지 고민하던 때가 있었다. 바로 그때 이 책을 읽고, 잊고 있던 나의 목표를 다시 떠올릴 수 있었다.

예전의 나는 자신의 책을 쓰는 것은 오로지 성공한 사람들의 전유물인 줄 알았다. 서점에는 수많은 책들이 있었지만 나에게는 불가능한 일이라고 생각했다. 30년간 인생이란 험난한 고속도로를 성공적으로 운전해 오신 아버지조차 내가 책을 쓰면 어떻겠느냐고 여쭤 볼 때마다 "아직 때가 아니다."라고 하셨다. 책을 쓴다는 것은 일종의 마지막 과업같이 생각하신 것이었다. 그러다 보니 내가 책을 쓴다고 했을 때 아버지께서는 아마 매우 놀라셨으리라. 하지만 이젠 확실히 말할 수 있다. 성공한 후에 책을 쓰는 것이 아니라, 성공하기 위해 책을 쓰는 것이라고.

아버지가 어린 나에게 63빌딩이라는 미래를 선물하셨듯이 나는 책을 씀으로써 나 자신에게 성공이라는 미래를 선물로 줄 것이다. 〈한책협〉과 함께하고 있기에, 나는 아버지가 나에게 주셨던 꿈의 빌딩을 나의 것으로 만들 준비가 되어 있다. 이제는 앞으로 힘차게 달려 나갈 것이다.

최고의 꿈 강연가가 되어 TED에서 강연하기

스무 살의 대학 시절, 내가 원하는 목표였던 생명과학부로 진학을 하게 되었다. 하지만 그곳에는 내가 원하는 것이 없었다. 꿈을 품고 들어왔지만 나는 점점 방향을 잃어 가고 있었다. 내가 너무나도 좋아했었던 생명과학은 어느새 뒷전이 되었다. 대신 그 자리에는 친구들과의 술자리와 컴퓨터 게임이 자리 잡았다. 처음 대학에 들어왔을 때는 열심히 수업을 듣고 과제를 하려 노력하기도 했다. 하지만 그것도 잠시였다. 점점 수업시간은 지루한 시간으로 변해 갔다. 그렇게 내 목표였던 생명과학은 점점 멀어지고 있었다.

고등학교 때까지만 해도 생명과학이 내 길이라는 확신이 있었다. 그랬기 때문에 힘든 수험생 시절을 버텨 냈다. 원하는 학과에 가고자 하는 욕심이 있어 다른 이들이 뭐라 하던 내 갈 길을 묵묵히 걸어갔던 기억이 난다.

당시 나의 길에 확신을 가지게 된 계기는 중학교 시절 다녔던 B학원에서 있었다. 그 전까지 나는 과학이라는 과목에 흥미는 있었지만 어떠한 특정 과목을 좋아했던 것은 아니었다. 그러던 찰나에 그 학원에서 한 선생님을 만났다. 그 선생님의 수업 방식은 단순한 암기 과목인 줄로만 알았던 생명과학에 대한 나의 인식을 바꾸어 놓았다.

내 몸이 위험할 때 면역시스템이 어떻게 나를 지켜 주는지, 몸의 각각의 부분이 어떻게 작용하는지, 식물들이 광합성을 하며 어떻게 영양분을 만들 수 있는지 설명할 때면 한 편의 영화를 보는 듯했다. 나는 곧 선생님의 팬이 되었다. 그리고 더욱 열심히 생명과학에 대한 꿈을 키워 나갔다. 이때 선생이 학생에게 얼마나 중요한 영향을 끼치는지 알게 되었던 것 같다.

몇 년간 허비했던 대학교에서의 시간들을 주워 담을 수는 없었다. 그렇지만 군대에 가면서 나의 진로에 대해 진지하게 고민하는 시간을 가질 수 있었다. 새벽 근무를 나가 별을 보고 있노라면 다양한 생각들이 스쳐 지나가곤 했다. 지금까지 내가 너무 나에 대해 몰랐던 것 같다는 생각이 들었다. 그리고 내가 진정 무엇을 하고 싶은지에 대해 깊이 고민했다.

고등학교 시절까지는 생명과학도의 꿈이 나의 길이라 생각했었다. 하지만 다시 생각해 보면 내가 진정으로 원하는 것을 모른 채, 서둘러 진로를 결정한 것 같다는 생각이 들었다. 정말로 내가 좋아하는 것, 잘할 수 있는 것이 무엇인지 생각해 보았다. 하지만 곰곰이 생각해 봐도 많은 가능성들 중 내게 맞는다고 생각되는 일을 딱 골라내는 것은 쉽지 않았다. 이러한 고민들은 내가 군대를 전역하고도 계속 이어졌다.

하지만 언제까지 고민만 할 수는 없는 노릇이었다 그래서 나는 몇 가지 가능성들을 직접 시도해 보기로 했다. 변리사, 약사, 의사, 교사 이렇게 크게 네 가지 직종에 대해 생각해 보았다. 그리고 각각의 직업인이 되기 위해 어떻게 해야 하는지, 그리고 그 직업을 선택함에 있어서 이점이 무엇인지부터 찾기 시작했다.

먼저 변리사는 남들이 잘 알지 못하는 직종이었다. 간단히 이야기하자면 기술이나 발명에 대한 특허를 관장하고 소송이나 특허 출연 등의 일을 하는 직업이었다. 생명과학의 기술이 워낙 복잡해 그 일에 관련된 특허들이 쏟아져 나와도 특허를 받기가 힘든 시기였다. 그렇기 때문에 변리사의 역할이 매우 중요하다 할 수 있었다. 하지만 변리사가 되기 위해서는 고시를 치러야 했다. 또한 합격 후에도 변호사와 항상 비교되는 직업으로 자리매김했기 때문에 좋은 평가를 내릴 수 없었다.

둘째로 의사와 약사였다. 먼저 이 직업군은 우리 과의 많은 학생들이 MEET(의학교육입문검사)나 PEET(약학대학입문자격시험)란 시험을 통해 의학전문대학원이나 약학대학으로의 편입을 준비했기 때문에 잘 알고 있었다. 심지어 의대나 약대에 들어가기 위해 생명과학부에 들어온 학생이 있을 정도였다.

나 또한 3학년이 되던 시기 PEET 시험을 위해 공부를 시작하게 되었다. 처음에는 걱정 없이 매우 순조롭게 공부가 진행되었다. 진로에 대한 생각 없이 고등학교 때와 마찬가지로 단순히 공부만 하면 되었기 때문이다. 그렇게 약대에 붙고 약대생이 되면 무언가 새로운 길이 열릴 줄 알았다. 시험을 치르고 괜찮은 점수가 나왔을 때까지만 해도 새로운 내 길에 대해 의심의 여지가 없었다.

하지만 그때 내 마음 한편에서는 '정말 네가 좋아하는 일이니?'라는 의문이 들었다. 사실 그 물음에 정확하게 대답할 수 없었다. 불안함을 숨기기 위해 단순히 내가 잘했던 공부에 집중하고 싶었던 것일지도 모르겠다는 생각이 들었다. 아버지에게 고민을 털어 놓자 아버지께서는 좀 더 세상을 경험해 보는 게 어떻겠느냐고 하셨다. 그 조언대로 미국행 비행기에 올랐다.

미국 여행을 통해 나는 가장 나다운 것을 찾은 느낌이었다. 누군가에게 내가 알고 있는 지식을 전달해 주고 싶다고 생각했다. '교사가 되자!'라고 생각하니 지금까지 막혀 있던 바위가 뚫리고 내 안의 온천이 용솟음치는 느낌을 받았다. 강단에 설 생각을 하니 처음으로 마음이 두근거리고 설레었다.

하지만 교사가 되고자 교대를 찾은 나는 교사 자격증을 딸 수 없다는 청천벽력 같은 소식을 듣게 되었다. 이미 시기적으로 너무 늦어 버린 것이다. 보통 2학년 때 교직이수를 신청해야 3학년부터 수업을 들을 수 있고, 이를 잘 이수한 사람만이 졸업 후 중등 정교사 자격증을 취득할 수 있었던 것이다.

교사는 무리인가, 하며 낙담하고 있을 때 뜻밖의 기회가 나에게 찾아왔다. 수험생 시절 나에게 수학을 가르쳐 주신 선생님과 연락이 닿았던 것이었다. 선생님께서는 나에게 뜬금없게도 수학을 가르쳐 보라는 제안을 하셨다. 이렇게 나는 대학교 4학년 시절, 일산에서 수학 강사로서 첫 데뷔를 하게 되었다.

우연히 시작한 수학 강사는 의외로 나에게 매우 잘 맞는 직업이었다. 바쁘기는 했지만 학생들을 가르치는 일은 내게 매우 즐거운 일이었다. 물론 중간에 힘든 일들도 많이 있었지만 지금까지도 수학 강사를 내 천직으로 삼은 것에 후회는 없다.

수학 강사로 활동한 지 5년이 지난 지금, 나에게는 또 하나의 꿈이 생겼다. 그것은 바로 강연가다. 사실 처음 미국에서 돌아왔을 때도 나는 현실의 무게에 짓눌려 강사라는 직업에 확신을 가질 수 없었다. 이 시기에 나의 길을 인도해 준 사람은 다름 아닌 김미경 강사였다. 그녀가 펴낸 《드림온》이라는 책을 보며 나는 지금까지 나와의 대화가 없었다는 사실을 깨달았다. 나는 단 한 번도 나에게 '스스로 이 일을 원하고 있는가'를 묻지 않았던 것이었다. 또한 이 책은 미래에 대한 확신이 없었던 나에게 방향성을 제시해 주었다.

그녀는 이 책에서 '꿈이란 가장 나다운 것을 유지하며 자신만의 그림을 완성해 나가는 것'이라 정의한다. 어떠한 목표가 나다움을 잃게 한다면 그것을 통해 큰 수익을 얻는다 해도 그 자체로 한계가 결정된다는 내용이었다. 그녀의 강연은 나의 인생을 크게 바꾸어 놓았다. 이 강연이 아니었다면 나는 계속 방황했을지도 모르는 일이었다.

부모님께서는 내가 안정적으로 일하길 원하셨다. 그런 부모님께 강사가 되겠다는 나의 말은 적지 않은 충격을 안겨드렸다. 부모님은 내가 하고 싶어 하는 일을 못하게 하시는 분들은 아니었다. 하지만 내가 수입이 안정적이지 않은 직업을 가지게 되어 힘들게 살게 될까 봐 많이 걱정하셨던 것 같다.

부모님의 마음을 잘 알고 있는 나로선 고민도 했었다. 하지만 결국 나는 나다움을 찾기로 결정했다. 내가 의사나 교수가 되어 있는 모습을 상상해도 나는 행복해 보이지 않았다. 결국 나는 나의 마음이 가는 수학 강사로서의 길을 선택했다. 그 결정을 받아들이시도록 부모님을 설득하기로 마음먹었다. 쉽지는 않았다. 하지만 다섯 번가량의 반대를 극복하고 드디어 강사로서의 길을 승낙받았다. 이렇게 나는 나다움을 간직하며 내 길을 가고 있다.

이제는 이런 나다움을 찾게 된 이야기를 솔직 담백하게 많은 사람들에게 전달하고 싶다. 또한 나와 같은 고민을 하게 될 청춘들 앞에 이러한 꿈의 리더로서 서고 싶다. 그리고 많은 고민과 많은 선택지 안에서 혼란스러워하는 그들에게 말하고 싶다. 진정으로 너희다움이 무엇인지 생각하라고 말이다.

또한 그들에게 조그마한 지침과 방향성을 제시해 주고 싶다. 그들이 성공적인 선택을 할 수 있도록 도움이 되고 싶다. 그래서 내게 더욱더 많은 성공 경험이 쌓이게 되면 〈세상을 바꾸는 시간, 15분〉과 같은 강연에 출현할 것이다. 또한 한국인 강사 최초로 TED무대에서 강연을 하는 것이 목표다. 많은 사람들 앞에서 나의 이야기를 하고 있는 내 모습을 가끔 상상한다. 그것만으로도 얼마나 설레고 감동적인지 눈물이 나올 지경이다. 나는 나의 이야기를 많은 사람들에게 전할 것이다. 그러기 위해서라도 나는 분명 크게 성공할 것이다.

아이들에게 희망을 전하는
드림 아카데미 설립하기

2017년 12월, 유난히 추운 겨울날 여자 친구와 함께 송파에 위치한 올림픽공원을 찾았다. 가수 김범수의 콘서트를 보기 위해서였다. 김범수 씨는 '보고 싶다', '약속' 등의 명곡을 부른 유명한 가수지만 내가 어렸을 적에는 얼굴이 알려지지 않은, 일명 '얼굴 없는 가수'였다. 그런 그가 2011년에 방영한 〈나는 가수다〉라는 프로그램을 통해 대중들 앞에 처음으로 소개되었다. 이때 그의 새로운 모습에 많은 이가 열광했던 기억이 난다.

과거 좋은 목소리와 노래 실력 덕에 여러 프로그램에 캐스팅되었었던 김범수 씨. 하지만 그는 잘생기지 못한 외모로 인해 크게 실패를 경험하기도 했다. 그렇게 한번 트라우마가 되어 버린 외모 문제는 끝까지 그를 괴롭혔다. 하지만 그는 자신의 가장 큰 두려움이

자 약점인 외모 콤플렉스와 정면으로 마주하고 싶었다고 했다.

〈나는 가수다〉가 그 시작이었다. 그는 남진의 '님과 함께'라는 곡을 불렀다. 그리고는 예전 남진이 불렀을 때와는 전혀 다른 템포와 스토리로 무대 전체를 장악하기 시작했다. 무엇보다 무대가 끝나고 모든 조명이 꺼진 시점에서 재시작하는 연출은 정말 보는 이들의 놀라움을 자아낸 반전이었다. 이제 그는 더 이상 외모에 콤플렉스를 가지고 있는 가수가 아니었다. 강한 인상을 남긴 무대였다. 나는 그 무대에서 보여 순 그의 끼와 열정을 절대로 잊을 수 없다.

그런 그의 콘서트를 5년 만에 다시 보기 위해 이곳을 찾았다. 내가 사랑하는 사람과 함께여서인지 추운 겨울인데도 너무나도 따뜻했던 기억이 난다. 그는 이 공연을 위해 8개월가량을 준비했다고 했다. 그는 공연 시작 전, 단순히 발라드 공연을 보러 왔다면 돌아가라는 말을 덧붙였다. '자신이 비주얼 가수임에도 외모를 가꾸는 데 돈을 쓰지 않고 공연의 퀄리티를 높이는 데 최선의 노력을 다했음에 사죄한다'라며 웃음을 자아내는 멘트를 던지기도 했다.

역시나 그의 공연은 최고였다. 단순히 한 가지 메뉴만 나오는 것이 아닌, 식사가 끝나면 계속 새로운 음식이 나오는 것 같았다. 그렇게 그의 공연은 전혀 지루할 새 없이 끝났다. 물론 그 중심에는 김범수 씨가 있었다. 그는 최고의 가수이자 최고의 엔터테이너

이자 노력가였다.

그런 그의 공연을 더욱 뜨겁게 만들어 주는 것이 하나 있었다. 바로 그가 했던 캠페인에 관련된 일이었다. 그는 자신의 노래를 통해 우리나라 사람들뿐만 아니라 많은 소외된 사람들에게 기쁨을 나눠 주고 싶다고 했다. 그러면서 화면에 하나의 영상을 보여 주었다. 필리핀의 한 마을을 찍은 그 영상에는 수많은 아이들이 있었다. 그들은 모두 가난이라는 멍에를 지고 끼니를 걱정하고 있는 불쌍한 아이들이었다. 그런 아이들을 위해 그가 그곳에서 콘서트를 주최했던 장면이 나타났다.

필리핀은 매우 더운 나라이기 때문에 겨울에도 영하의 기온으로 떨어지지 않는다. 그 이야기는 평생 눈을 볼 수 있는 기회가 없다는 뜻이기도 하다. 그들에게 김범수는 눈을 선물로 주었다. 평생에 한 번도 보지 못할 그 감격의 순간에 아이들은 잿빛에서 맑은 황금빛의 얼굴색을 띠며 즐거워했다. 영상이 끝나고 나서 그는 관객들에게 말했다.

"세상에는 참 많은 아이들이 있습니다. 그들의 40%는 세 끼중 한 끼를 겨우 챙겨 먹습니다. 또한 그중 55%는 결국 굶어 죽게 되죠. 여러분은 어떤가요? 지금 이 자리에서 저의 공연을 재밌게 보셨나요? 그 공연비가 아깝지 않으셨나면 제가 공연을 실패한 것 같지는 않군요! 그 공연비가 혹시 그 아이들의 1년치 식비란 사실은 알고 계신가요?"

순간 머리를 해머로 맞은 듯한 기분을 나만 느꼈을까. 그가 다시 말을 이었다.

"이런 아이들에게 웃음과 희망을 주는 데는 한 달에 4만 5,000원가량밖에 들지 않습니다. 이런 사랑을 나눔으로써 세상의 기쁨은 더 커지고 이런 것들이 모여 세상을 더 따뜻하게 만들 겁니다!"

그는 돈과 명예보다 더 크고 높은 가치가 무엇인지 알고 있는 듯했다. 공연이 끝난 직후 나는 아이들과 결연을 맺을 것을 다짐했다. 공연도 적지 않은 따스함을 안겨 주었지만, 그 자리에서 나의 도움을 받을 아이들을 생각하니 더욱더 마음이 따스해지는 듯했다. 그때의 결연으로 현재 나는 5명의 어린이들을 후원하고 있다. 앞으로 더 많은 아이들을 후원할 예정이다. 작은 나의 도움의 손길로 인해 세상이 더 많이 따스해짐을 느낀다.

내가 존경하는 또 다른 인물은 바로 제인 구달이다. 그분은 위대한 동물학자이자 현재 많은 캠페인들을 통해 지구를 도와주는 '지구 의사'이기도 하다. 그분을 처음 접하게 된 것은 한 다큐멘터리 영화에서였다. 대학교 때 생명과학을 주제로 한 다큐멘터리를 시청하고 소감을 쓰라는 과제가 있었다. 그 과제에서 내가 보게 된 영화가 〈제인 구달〉이라는 영화였다. 처음에는 제인 구달이라는 사람이 무엇을 하는 사람인지 전혀 모르는 상태였다. 그저 그분이 최초로 침팬지가 도구를 사용한다는 사실을 밝혔다는 것이 내가 아는 전부였다. 하지만 난 그 영화를 보고 제인 구달에게 깊숙이 빠져 버렸다.

제인 구달은 영국에서 부유하게 태어났지만 자신의 꿈을 이루기 위해 혈혈단신으로 아프리카로 떠났다. 그곳에서 계속해서 침팬지들을 관찰하고 연구했다고 했다. 무엇보다 내가 감명받은 사실은 그녀가 일흔이 넘은 나이임에도 쉬지 않고 세계 곳곳으로 강연을 다닌다는 점이다. 그녀는 끊임없이 많은 사람들에게 현재 지구의 상태에 대해 이야기하며 지구를 돕기 위해 우리가 해야 할 일이 무엇인지를 역설한다. 또한 어려운 지역을 방문해 그 지역을 살릴 수 있는 방안을 연구한다. 그녀는 평생을 동물과 사람의 공존과 평화를 위해 노력했다. 그로 인해 범세계적으로 많은 사람들의 존경을 받는 분들 중 한 사람이기도 하다.

나 또한 배울 수 없는 환경에 처해 있는 아이들이 스스로 성장할 수 있도록 돕고 싶다. 우리나라뿐만 아니라 전 세계적으로 많은 이들을 도울 것이다. 그들에게 희망과 용기를 주는 그런 강사가 되고 싶다. 또한 그 소망이 더 크게 나의 목표와 꿈을 단단하게 만들어 주리라 믿는다. 그런 내 꿈을 위해 나는 드림 아카데미(Dream academy)를 설립해 그런 아이들에게 꿈의 방향을 제시해 주고 그들이 제대로 나아가게끔 큰 도움이 되고 싶다.

그러기 위해서 이 세 가지를 지금부터 준비해 나갈 것이다.

첫째, 많은 이들에게 꿈과 희망을 심어 줄 수 있도록 성공적인 사람이 될 것이다.

둘째, 제인 구달처럼 마음을 흔드는 강연을 통해 누군가를 돕는다는 기쁨을 다른 분들과 함께 나눌 것이다.

셋째, 우원하는 아이들을 100명으로 늘려 나가고 그들을 먹여 살릴 수 있는 멋진 수학 강사이자 강연가로 살고 싶다.

이렇게 내가 이루고자 하는 마지막 버킷리스트인 드림 아카데미를 설립하기 위해 많은 분들과 함께 나아갈 생각을 하니 벌써 마음이 설렌다. 이렇게 작은 꿈들을 모아 큰 꿈을 만들면 그 꿈들이 조금씩 세상을 더 멋진 곳으로 바꾸어 줄 것이다. 이젠 억대 연봉 강사를 넘어 더 높은 곳으로 향해야 할 때다.

PART 3

재단 설립하고
선한 영향력
끼치는 삶 살기

- 이 선 범 -

이선범 드림 멘토, 잠재의식 메신저, 자기계발 작가, 동기부여가

대기업에 입사하면 성공한 인생이라고 굳게 믿었지만 이는 자신이 꿈꾸던 삶과 달랐다. 이에 '10대에 좀 더 명확한 꿈을 꾸었다면 다른 인생을 살고 있지 않았을까'라는 의문을 가지게 되었다. 10대들에게 자신이 진정으로 원하는 꿈에 대해 이야기하며 선한 영향력을 전달하고자 한다. 현재 10대들이 꿈을 펼칠 수 있도록 동기부여가, 드림 멘토, 작가로서 활동하고 있다.

Email lsbtop2017@naver.com   C · P 010.7799.4647

매년 1개월 휴양하며
자유로운 삶 살기

    나는 생일이 빠르지 않지만 일곱 살에 학교에 들어갔다. 그래서 또래 친구들보다 한 살이 더 적었다. 대학교도 2년제 대학을 졸업하고 곧바로 군에 입대했다. 군복무를 마치고 조금의 여유를 느끼지도 못하고 바로 취업전선에 뛰어들었다. 또래 친구들보다 사회생활을 빨리 시작한 셈이다. 친구들 중에는 4년제 대학교를 다니는 친구, 공무원 시험을 준비하는 친구들이 많았다.

    나는 첫 직장을 몇 개월 다니지 못하고 퇴사했다. 그리고 곧 금융 관련 자동차 보험회사로 이직을 했다. 남들은 화이트칼라 직장에 다닌다고 부러워하곤 한다. 하지만 사실 나는 수년 전부터 이슈가 된 감정노동자였다. 자동차 사고가 나면 기분 좋은 사람은 단 한 명도 없을 것이다. 나는 그 고객들을 상대로 서비스를 해야 한다.

직장인들은 항상 자신이 근무하는 회사, 자신이 담당하는 업무가 가장 힘들다고 생각한다. 나 또한 그렇다. 내가 다니는 직장 업무의 스트레스를 상중하로 나눈다면 아마도 '상상상'일 것이다. 회사에서 받는 스트레스는 두 종류다. 회사 내부의 업무적인 스트레스, 화난 고객 등을 면담하고 설득하는 외부적인 스트레스. 회사 내에서 상사나 직원들로부터 받는 스트레스는 친한 친구들과 풀고, 외부에서 받는 스트레스는 마음을 알아줄 수 있는 회사 직원들하고 해소한다. 주로 나는 술을 마시거나 마음 맞는 지인들과 여행을 다니며 스트레스를 풀곤 한다.

나는 평범한 다른 친구들과 다르게 부모님과 함께 여행을 가본 적이 거의 없다. 비행기도 대학 졸업여행으로 제주도를 가면서 처음 타 봤다. 그러다 7년 전, 신혼여행으로 하와이에 다녀왔다. 내가 처음으로 떠난 해외여행이었다. 10월에 떠났는데도 하와이는 우리나라의 초가을 날씨였다. 햇볕이 있는 곳은 조금 더운 정도고 그늘로 가면 습도가 적당해 시원했다. 그때의 기억이 너무 강하게 남아, 마치 홍보대사라도 된 것처럼 한동안 하와이를 홍보하고 다녔다. 자유와 여유로움도 좋았지만 무엇보다도 좋았던 것은 하루에 걸려오는 100여 통의 업무 전화를 받지 않아도 된다는 것이었다. 너무 행복했다. 그러나 6일 뒤에 마주해야 할 100여

통의 전화를 생각하니 다시 초초해지기 시작했다. 그러자 문득 이런 생각이 들었다. '한 달 정도 해외에서 푹 쉬고 싶다. 다음에 또 해외에 가고 싶다'라는.

하와이 여행을 생각하면 지금도 얼굴에 자동적으로 미소가 지어진다. 처음 가 본 해외여행을 뒤로하면서 아내와 1년에 한 번씩은 해외여행을 하자고 이야기했다. 하지만 지금까지 그 약속을 지키지 못했다. 직장생활을 하면서 며칠씩 휴가를 내어 해외여행을 하는 것은 쉽지 않은 일이기 때문이다. 물론 그렇지 않은 직장도 있겠지만 아마도 대부분의 직장인이 공감할 만한 이야기가 아닐까 싶다.

같은 팀 직원 중 친하게 지내는 K 씨가 있다. 고향이 같은 서울이어서 그랬는지 유독 친근하게 느껴지는 동료였다. 특히 아내끼리 서로 잘 통해서 결혼 전부터도 서로 가깝게 지내곤 했다. 같은 팀에서 근무하면서부터 K 씨의 가족과 함께 여행도 많이 다녔다.

아내가 둘째 아이를 임신했을 당시에는 더 자주 만났다. 이때는 아내가 임신한 몸으로 첫째 아이의 육아를 홀로 한 덕에 많이 지쳤던 시기였다. K 씨 부부와 이런 이야기를 하며, 조금 쉬고 싶다고 하자 K 씨가 "해외여행 갑시다."라고 했다. 그 말이 끝나기가 무섭게 우리는 동시에 "가자! 무조건 가자!"라고 외쳤다.

2015년에는 말레이시아의 코타키나발루로 함께 여행을 떠났다. 첫날에는 공항 근처 숙박업소에서 잠을 잤다. 그리고 둘째 날 부터는 한 시간 정도 택시를 타고 들어가야 하는 리조트에서 숙박했다. 리조트는 번화가에 위치한 곳이 아니었다. 바로 바다가 보이고 아이들이 놀 수 있는 수영장이 있는 곳이었다. 다른 곳은 가지 않고 오로지 리조트 안에서만 수영하고 배고프면 음식을 시켜 먹었다. 완벽한 휴양이었다. 쉴 새 없이 관광지를 돌아다니는 것보다는 휴양하러 가는 것처럼 푹 쉬다 오자는 데 모두가 뜻이 맞았기에 가능한 것이었다. 짧은 기간이 그저 아쉽기만 한 여행이었다.

묵었던 리조트에는 3일 동안 계속 같은 선 베드에서 여유롭게 휴양을 즐기는 노부부가 있었다. 얼마의 기간 동안 여행을 하시는 건지 문득 궁금증이 생겼다. 나는 영어를 하지 못하지만 K 씨는 영어를 자유롭게 쓸 수 있었기 때문에 K 씨와 함께 가서 대화를 나눴다.

그런데 내 상식 밖의 이야기를 들을 수 있었다. 그 노부부는 호주에서 왔으며 3주 정도 머무를 예정이라고 했다. 또한 매년 이 정도의 기간을 잡고 휴양차 여행을 다닌다고 했다. 이 이야기에 살짝 충격을 받았지만 한편으로는 대단하고 부럽다는 생각이 들었다. 매년 3주 이상 전 세계 휴양지를 여행한다니. 나뿐만이 아니라 누구라도 꿈꿀 만한 삶이 아닐까 생각했다.

돌아오는 길에 아내와 이렇게 이야기했다. 우리도 꼭 저 노부부처럼 여행을 다니자고. 동시에 다짐했다. 지금처럼 짧은 여행이 아니라 1개월 이상 전 세계 휴양지에서 휴양하면서 자유로운 삶을 살겠다고.

그때 만난 노부부는 나에게 많은 가르침을 주었다. 나는 노부부처럼 먼 미래가 아닌 5년 후부터는 세계를 여행하고 있을 것이다. 그 꿈을 꼭 이루기 위해 시간을 내고 노력할 것이다. 우리 가족이 함께 여행을 다니는 행복한 꿈을 그려 본다.

매년 2권씩
내 이름으로 된 책 출간하기

나는 공업고등학교의 자동차과를 졸업했다. 밤늦게까지 자동차에 대해 열심히 그리고 열정적으로 공부했다. 우리 학교에서는 일반적인 학교에서처럼 이론 위주로 공부하는 대신 1학년부터 3학년까지 함께 기술을 배우고 실습했다.

차량 정비 후 테스트를 위해서는 운전을 할 줄 알아야 하기 때문에 교내에서 실습차량으로 운전도 배웠다. 주말도 방학도 없이 학교에서 선후배들과 지냈다. 저녁에는 선생님도 없이 오로지 학생들끼리만 공부했다. 사고도 많이 쳤다. 하지만 그러면서 선후배들과 더 끈끈해졌던 것 같다.

학교를 다니는 동안 생긴 여러 에피소드가 있다, 그중 한번은 후배가 차량을 정비하기 위해 차량을 올려놓은 리프트에 올라가 있었다. 그런데 다른 후배가 그것을 미처 못 본 채 리프트를 내려 버렸다. 그러자 차량이 뒤로 후진되면서 큰 셔터 문을 받아 버렸다. 선생님이 오시기 전에 어떻게든 수습해야 했다. 학교에 있는 모든 장비를 동원해서 원상 복구하려고 했지만 역부족이었다. 결국에는 담당 선생님께서 알아 버렸다. 무려 다섯 분의 선생님이 더 오시고 난 후에야 사고를 수습할 수 있었다. 우리들이 크게 혼난 것은 당연한 일이었다. 그중 운전을 맡았던 후배와 다른 후배는 기능장(기능대회선수)을 그만두게 되었다 더 정확히 말하면 잘린 것이었다. 학교를 다니는 동안 겪었던 수많은 사건사고 중의 하나였다.

우리들은 매일같이 저녁까지 함께 공부하고 실습했다. 그래서 우정이 남달랐다. 학교를 졸업하기 전까지는 거의 같이 살다시피 학교생활을 했다. 그중에서도 우리 학년 4명과 선배 2명은 매일을 붙어 다녔다. 정말 잊지 못할 추억이 많았다. 학교에서 경비아저씨 모르게 밤을 새우기도 하고, 비가 오는 날은 무조건 축구를 해야 한다고 자동차과 선생님과 같이 축구를 하고, 주말에는 선생님 댁의 모내기도 도와드렸다. 일반 고등학교를 다녔더라면 결코 쌓을 수 없었을 소중한 추억들이다.

그렇게 고등학교를 졸업하고 나는 대학에 입학한 친구, 취업한 친구, 군대에 입대한 친구들을 시간만 있으면 만나서 이런 이야기를 했다. "우리 나중에 고등학교 시절을 책으로 써 보자. 누구든 성공해서 꼭 쓰자."라고. 우리는 고등학교 때의 에피소드만 이야기해도 책 2권은 될 거라고 깔깔거리며 웃었다.

단 한 권의 책을 통해 한 사람의 인생이나 가치관, 수많은 깨달음을 얻을 수 있다. 따라서 책을 읽는 것은 나를 변화시키기 위한 방법 중 가장 적은 비용이 들어가는 방법이라고 생각한다. 이등병 시절 선임들에게서 훈육도 많이 받았다. '나도 선임이 되면 후임들에게 무조건 똑같이 갚아주리라' 다짐했었다.

그러던 어느 날, 켄 블랜차드의 《칭찬은 고래도 춤추게 한다》라는 책을 읽었다. 그리고 나서 내가 긍정적인 방향으로 많이 바뀌었던 것 같다. 이전과는 다르게 후임의 장점만을 보려고 노력하고 결과보다는 과정에 중점을 두고 칭찬을 해 주었다. 이뿐만 아니라 후임이 아프면 다른 누군가에게 시키기 전에 내가 나서서 근무를 바꿔 주기도 했다.

한번은 후임 한 명이 군대생활에 적응하지 못하는 것 같아서 면담을 했다. 이야기를 들어 보니 그 후임은 카레이서를 하던 친구였는데 입대하면서 본인 차량을 친구한테 맡겼다고 했다. 그런데 그 친구가 레이스를 하다 사고를 내서 차량을 폐차했다는 소식을 들어서 마음이 무거웠던 것이었다. 이대로는 안 되겠다, 싶었다. 나는 후임병의 장점을 찾기 시작했다. 다른 부분은 몰라도 침상 정리는 기가 막히게 잘하는 친구였다.

모두가 모이는 점호 시간에 그 후임병을 칭찬했다. "앞으로 침상 정리는 P후임병처럼 해라."라고. 그다음부터 P후임병은 몰라보게 밝아졌다. 이것이 바로 칭찬의 힘이 아닐까? 이 책을 읽은 지도 벌써 10여 년이 지났다. 그럼에도 불구하고 지금까지도 '장점을 찾아 진심으로 칭찬하자'라는 구절은 생생하게 떠오른다.

이처럼 한 권의 책으로 인생이나 가치관이 변하는 사람이 많다. 그렇다면 책을 쓰는 것은 어떨까? 책을 쓰면 그 분야의 전문가로 인정도 받고, 강연가 등으로 활동할 수 있다. 수익이 창출되는 것은 물론이다.

고등학교 때부터 꿈꿔 온 한 권의 책 출간이 내 꿈의 전부가 아니다. 나는 시각화한다. 매년 2권의 책을 출간하는 내 모습을. 내 책을 읽은 수많은 사람들이 인생을 좋은 방향으로 변화시킨다면 이 얼마나 행복한 삶인가.

이선범 재단을 설립해
선한 영향력 끼치기

누구에게나 꿈은 있다. 그 꿈을 이루는 것은 노력을 기본으로 한다. SBS 〈집사부일체〉라는 프로그램에서 연예인 이승기 씨는 이대호 선수에게 이런 말을 했다.

"노력을 한 글자로 표현하면 '꿈'이다."

이 말을 들은 이대호 선수는 감탄했다. 자신의 인생을 대변해주는 문구라면서. 또한 이 말을 어렸을 때 알았더라면 가슴에 새기며 더욱 노력했을 것이라고 했다. 이처럼 어떠한 꿈도 노력 없이는 이루어지지 않는다. 누구나 꿈을 꾸지만 그 꿈이 모두 이루어지는 것은 아니다. 노력이 없는 한 말이다.

사람들은 성공하고 싶어 한다. 아마 대부분의 사람들은 성공이란 곧 돈이라고 생각할 것이다. 나도 마찬가지다. 하지만 성공을 거머쥐기 위해 노력하지 않는 사람들이 대부분이다. 쉽게 성공을 얻으려고 한다. 아무런 준비와 공부 없이 주식에 투자한다. 또는 복권에 희망을 걸곤 한다. 하지만 노력 없이 절로 얻어지는 것이 어디 있으랴. 그렇게 얻는다 한들 그것이 가치가 있을까라는 생각이 든다.

나 또한 가끔 복권을 구매하지만 이는 전혀 다른 이유에서다. 다산 정약용 선생은 "재물을 숨겨 두는 방법으로 남에게 베풀어 주는 것만한 것이 없다."고 하셨다. 나는 이 말에 깊이 공감한다. 복권의 뒷면에 보면 수익금의 50%는 어려운 이웃에게 기부를 한다는 문구가 적혀 있다. 나는 불로소득으로 인한 일확천금을 노리기 위해 복권을 사는 것이 아니라, 누군가에게 따뜻한 힘이 되어주고 싶은 마음에 복권을 산다.

작년 10월, 언론매체에서 인터뷰 기사를 본 적이 있다. 배달 전문 업체인 〈배달의 민족〉 김봉진 대표가 3년에 걸쳐 100억 원을 기부하겠다고 인터뷰한 내용이었다. 한국에서 흔히 접할 수 없는 인터뷰 내용이었다. 100억 원이라는 큰돈을 사회에 환원하는 기업 대표가 한국에는 거의 없는 것 같다.

누구다 다 알고 있는 빌 게이츠는 현재까지 647억 달러, 우리

나라 돈으로 69조 원이 넘는 금액을 사회에 기부했다. 지금도 계속 기부하고 있다. 이뿐만 아니라 투자의 귀재 워런 버핏, 아마존의 대표 제프 베조스 등도 상상도 할 수 없는 큰 금액을 기부하고 있다. 기사를 접하면서 정말 대단하고 위대하다고 생각했다. 나도 훗날 나의 재산을 사회에 환원하리라 다짐했다. 반드시 이루고 싶은 꿈 중에 하나다.

사람들은 성공이란 목표를 위해 열심히 산다. 그 성공은 혼자서는 절대로 이루지 못한다. 회사를 청소하는 사람들까지도 성공에 도움을 주는 것이다. 나는 성공하면 베풀어야 한다고 생각한다. 잘 생각해 보자. 베풀면 누가 기분이 좋아지는지. 나는 그렇다. 남에게 돈이든, 음식이든 베풀면 내가 기분이 좋아진다.

그런데 요즘 기부를 하는 사람의 수는 이전에 비해 7만 명 가까이 줄었다고 한다. 여러 이유가 있겠지만 이에 일조한 한 가지 사건이 있었으니, 바로 거짓 사연으로 기부금을 받았던 '이영학 사건'이다. 이 사건은 많은 이들에게 기부에 대한 두려움을 심어주는 계기가 되었다. 선한 마음으로 낸 기부금이 나쁜 목적으로 쓰일 수도 있겠다는 불안감이 커졌기 때문이었다.

한국에도 좋은 기부단체나 재단 등이 수없이 많다. 선한 영향력을 끼치고 있는 수많은 단체들 중 단 하나의 단체가 문제다. "미꾸라지 한 마리가 온 강물을 흐린다."라는 말처럼 하나의 단체 때문에 좋은 기부단체나 재단 전체가 흐려진다. 나쁜 단체 하나로 인해 다른 선한 단체나 도움의 손길이 필요한 누군가는 도움을 받지 못한다. 나는 이런 일이 다시는 일어나지 않기를 바라는 마음이다.

이에 나는 '내 이름으로 된 재단'을 설립해 사회의 많은 이들에게 선한 영향력을 끼치고 싶다는 꿈을 가지게 되었다. 남을 돕는 데는 재산을 사회에 환원하거나, 기부금을 내거니, 또는 재단을 설립하는 방법 등이 있겠다. 이들 방법으로 어려운 이웃을 돕거나 꿈을 가지고 노력하는 어려운 청소년들을 돕는다. 또는 수술비가 없어 수술하지 못하는 사람들을 후원하기도 한다. 하지만 당장 1~2년 안에 이룰 수 있는 꿈은 아니다. 수십 년이 걸릴 수도 있다. 아니 이루지 못할 수도 있다. 지금 받는 월급으로는 내 아파트 대출금을 갚아 나가기도 빠듯하다. 하지만 긍정적으로 생각하며 꼭 이루고자 한다.

나는 나의 재단을 설립해 전 세계적으로 선한 영향을 끼치는 사람이 되고 싶다. 그래서 요즘 나는 재단 설립의 꿈을 위해 직장을 다니면서 책을 쓰고 강연 방법을 배우고 있다. 재단 설립을 통해 수많은 사람들과 선한 영향력을 나누기 위해 확고한 믿음을 가져 본다. 명확한 꿈을 위해 나는 긍정적으로 생각한다. 무조건 이루어졌다는 생각으로 지금부터 노력할 것이다. 나의 성공, 부가 전부가 아닌, 그 부로 인해 내가 지금까지 받은 사랑과 관심, 앞으로의 꿈에 조력자가 되어 줄 사람들과 함께 재단을 설립해 베풀고 살 것이다.

재단을 설립하는 꿈은 꼭 이루고 싶은 나의 꿈 중의 하나다. 나의 이름으로 된 재단을 설립해 나의 재산을 전 세계 어려운 이웃에게 나누어 주고 싶다. 나의 재단으로 인해 전 세계적으로 희망과 행복함만이 존재하길 바란다. 이 꿈은 나의 인생의 마지막 꿈이라고 생각한다. 그 꿈으로 나의 인생의 멋진 피날레를 장식할 것이다.

누구나 부자를 꿈꾼다. 그러나 그 꿈을 이뤘다고 끝나는 것은 아니다. 그때부터가 시작이라 생각한다. 부를 어떻게 써야 하는 것까지 꿈의 목표를 세운다면 실패를 생각하며 우왕좌왕하지 않을 것이다. "콩 한 쪽도 나누어라."라는 말이 있다. 나는 나의 재단 설립을 통해 많은 이들에게 내가 가진 것을 나눌 것이다. 더 나아가 나의 이름을 전 세계에 알리고 선한 영향력을 끼칠 것이다. 나의 재단으로 인해 수많은 사람들이 꿈과 희망을 가지길 바란다.

자녀 이름으로 된 학교 짓기

나는 중학교 때까지는 공부를 못했다. 아니 정확히 말하면 왜 공부를 해야 되는지 몰랐다. 더 나아가 공부하는 방법을 몰랐다. 물론 그 이유를 알게 된 이후에도 공부를 잘하지는 못했다.

내가 다녔던 초등학교는 시골에 있는 아주 작은 학교였다. 초등학교 1학년 때는 전교생이 100명이 조금 넘었다. 우리 학년은 13명 내외였다. 학생은 점점 줄어들어 3학년 때는 전교생이 40~50명 정도밖에 되지 않았다. 선생님 한 분이 2개 학년을 가르치기도 하셨다. 시골이었던 만큼 공부라는 것을 몰랐다. 부모님도 나에게 공부해라 잔소리를 하지 않으셨다.

1950~1960년대에는 돈이 없어서 학교를 가지 못하고 시골에

서 농사를 지어야 하기에 학교를 가지 못하는 시대였다. 나의 어머니는 1946년생이시다. 국민학교 2학년까지 다니고 학교를 그만두어야 했다. 여자라는 이유에서였다. 10여 전까지 어머니는 한글을 제대로 읽으실 줄도, 쓰실 줄도 몰랐다.

하지만 요즘 시대는 어떤가? 우리나라는 중학교까지 의무교육이다. 가기 싫어도 가야 한다. 고등학교도 대학교도 마음대로 갈 수 있다. 원하면 얼마든지 학교를 다닐 수도 있고 배울 수도 있다. 이제는 고등학교에서도 드론을 배우고, 미용을 배운다. 마케팅, 보건뿐만 아니라 그 외에도 무수한 전공이 있다.

고등학교에 재학 중이던 당시, 문득 '우리 학교를 설립하는 데 비용이 얼마나 들었을까?'라는 의문이 들었다. 궁금한 것이 있으면 못 참는지라 선생님께 여쭤봤다. 그랬더니 선생님께서는 "우리 학교를 설립하는 데 550억 원 이상 들어간 걸로 알고 있다."라며 대답해 주셨다.

누군가 들었다면 엉뚱하다고 할 만한 이야기였지만, 그때 나는 '나중에 커서 돈 많이 벌면 학교를 설립해야지. 그러려면 한 달에 30억 원씩은 벌어야겠네'라는 생각을 했다.

그런데 학교 설립에 대해 관심을 갖고 이것저것 알아보자, 생각만큼 쉬운 일이 아니라는 것을 깨달았다. 이전까지는 그저 돈만 있으면 교육청에서 학교 설립을 허가해 주는 줄 알았다. 그런데 위치, 부지, 주변 인구수 등 고려해야 할 것들이 너무나 많았다. 그래서 언젠가부터는 학교를 설립하겠다는 꿈은 잊고 살게 되었다.

그 꿈이 다시 생각나게 된 것은 4년 전이었다. 당시 회사에서는 힐링 및 정신력 강화에 대한 프로그램을 진행했다. 저명하신 강연가를 모시고 강연을 듣고 등산을 하는 일정이었다. 회사의 빛 안 되는 프로그램이지만 하필이면 내가 가장 싫어하는 등산까지 해야 해서 정말이지, 퇴사하고 싶을 만큼 싫은 마음이 들었다. 하지만 직장인이 별 수 있나? 결국은 참여하게 되었다.

지금은 강연가의 이름도, 정확한 강연 내용도 생각이 나지 않는다. 그러나 지금까지도 딱 한 가지 생각나는 게 있다. 강연 시간에 강연가가 자신은 이번에 두 번째 학교를 짓고 있다고 이야기한 것이다. 나는 학교 한 개를 설립하려고 하면 수백억 원의 비용이 들어가는 것으로 알고 있었다. 그런데 벌써 두 번째의 학교를 짓다니…. 갑자기 정신이 반짝 들었다. 다른 강연 내용은 하나도 생각나지 않지만 학교를 설립했다는 그 내용이 지금까지도 생각난다.

학교를 짓고 있다는 강연가의 말에 문득 고등학교 때 '나도 학교를 설립해야지' 생각했던 것이 떠올랐다. 다른 동료들은 잠을 자거나 휴대전화를 만지작거리거나 했지만 나는 그 강연가의 말에 빠져들고 있었다. 자리도 맨 앞자리로 옮기면서 말이다.

그런데 강연가는 우리나라에 학교를 설립한 것이 아니었다. 다른 나라에 설립한 것이었다. 정확히 어느 나라인지는 기억나지 않지만 학교가 없어 어린 학생들이 교육을 받지 못하는 곳이었다. 더욱 놀라웠던 것은 학교를 짓는 비용이 몇백억 원이 아닌, 약 5천만 원 정도 라는 것이었다. 강연가는 앞으로도 계속 학교를 지어 나갈 것이라고 했다. 가슴이 뛰었다. '나도 할 수 있겠다. 내 이름으로 된 학교를 지을 수 있겠다!'라는 생각이 들었다.

나는 여느 평범한 사람들처럼 직장생활을 하며 돈을 벌고 결혼도 하고 두 아이의 아빠가 되었다. 그렇다 보니 아이들의 교육에도 관심이 많다. 부모로서 아이에게 줄 수 있는 가장 좋은 선물은, 교육을 받을 수 없는 아이들을 위해 학교를 설립해 주는 것이 아닐까? 상상해 본다. 나중에 두 자녀와 함께 내가 설립한 학교에 가서 멋지게 강연하는 모습을. 이 글을 쓰는 이 순간 가슴이 설렌다.

그러면서 나는 내 이름으로 된 학교보다는 두 자녀의 이름으로 된 학교를 지어야겠다고 생각했다. 이것은 나의 버킷리스트 중 한 가지이다. 언젠가는 반드시 두 아이의 이름을 딴 학교를 설립하리라.

지금 당장은 이루지 못한다. 그러나 전 세계에는 학교가 없어, 돈이 없어, 교재가 없어 공부를 하지 못하는 아이들이 너무나도 많다고 한다. 그 강연가의 강연을 듣고 현실을 좀 더 피부 깊숙이 느낄 수 있었다.

《꿈꾸는 다락방》을 쓴 이지성 작가의 꿈 역시 전 세계의 취약계층이나 난민들을 위한 100개 학교 짓기라고 한다. 어떤 학교는 컨테이너 박스에 짓기도 했다. 현재까지 20개가 넘는 학교를 지었다. 우리나라에서는 학교를 지으려면 최소 몇백억 이상이 필요하지만 앞서 말했던 강연가나 이지성 작가처럼 적은 돈으로 전 세계의 취약계층이나 난민들을 위해 학교를 설립할 수도 있다.

그렇게 생각해 보면 나도 할 수 있겠구나, 하는 마음이 불끈 솟는다. 전 세계에는 우리가 즐겨 마시는 커피 한 잔 값인 5천 원이면 몇 끼니를 해결 할 수 있는 곳이 많다. 전 세계에서 내가 할 수 있고 내가 해야만 하는 일이 있을 것이다. 학교 설립이 그중 하나일지 모른다는 생각이 든다.

자녀 이름으로 된 학교를 세계뿐만 아니라 대한민국에도 설립하고 싶다. 더 나아가 전 세계적으로 네트워크를 형성해 문화 등을 공유하고 싶다. 그 꿈을 시각화하고, 상상한다. 무조건 이루어질 것이라고 믿는다.

전 세계를 무대로
성공학과 동기부여 강연 다니기

어머니는 뇌경색으로 요양병원에서 수개월 동안 치료를 받고 계신다. 매주 한 시간 조금 넘게 걸리는 병원에 찾아가 어머니를 찾아뵌는다. 말동무도 해 드리고 과일도 사다 드린다. 그렇게 수개월 동안 주말마다 병원에 왔다 갔다 하느라 집안일이나 육아에 신경을 쓰지 못했다. 그래서 평일에 좀 더 신경을 쓰려 노력했지만 회사생활이 어디 마음처럼 되던가. 쉽지만은 않았다.

최근에 어머니가 입원하신 병원에 갔다 오면서 버스 시간이 조금 남아서 터미널 내에 있는 서점에 들렀다. 책들을 둘러보던 중 김미경 작가의 《엄마의 자존감 공부》라는 책을 발견했다. 잠깐 보니 엄마들의 자존감에 대한 내용이었다. 아내도 6년 동안 직장생활을 했다. 그러다 두 아들을 육아하느라 직장을 관뒀다. 잠깐 살펴본 책 내용에 이런 상황이 오버랩되는 부분이 많았다. 요새 두 아이의 육아를 하느라 지쳐 있는 아내에게 선물을 하나 해 주고 싶던 찰나, 좋은 선물이 될 것이라고 생각하고 한 권을 구매했다.

며칠 책을 읽던 아내는 곧 읽을 시간이 없다며 책을 내려놓았다. 그래서 내가 이어서 읽었다. 책에는 엄마로서 자녀에게 어떻게 대처해야 되는지, 또 저자는 어떻게 했는지 등이 적혀 있었다. 꼭 엄마뿐만이 아니라 아빠한테도 필요한 내용인 것 같았다. 그러면서 간절히 생각했다. 김미경 저자의 강연을 듣고 싶다고. 이전까지 개인적으로 강연을 들어 본 적이 단 한 번도 없는 나였다. 직장생활로 바쁘다는 핑계, 타 지역이라 멀다는 핑계, 이런저런 핑계를 대면서 말이다. 하지만 김미경 강사의 강연만큼은 꼭 듣고 싶었다.

간절히 원하면 이루어진다고 했던가? 책을 읽고 있던 중 순천시청 초청으로 김미경 강사가 강연을 하러 온다는 정보를 들었다. 그것도 집 바로 앞의 초등학교에서 강연한다는 것이었다. 무조건 들어야 한다는 생각밖에 없었다. 그렇게 나는 내 생애 처음으로 직접 강연을 들을 수 있었다.

강연을 들으며 "아이들 키우면서 엄마들의 자존감이 높아야 자녀들이 힘들어할 때 도와줄 수 있다. 엄마의 자존감이 높으면 자녀들도 자존감이 높아진다."라는 말에 큰 공감이 되었다. 또한 강연은 재미있었을 뿐만 아니라 강사를 꿈꾸는 나에게 큰 동기를 부여해 주었다. 그러면서 '나도 저렇게 남들 앞에서 강연하고 싶다'라고 생각했다.

그러나 나는 생각만 하고 있었다. 강연에 대해 배운 적이 없다. 또한 사투리도 많이 쓴다. 강연을 들은 후에 〈세상을 바꾸는 시간, 15분〉, 〈어쩌다 어른〉 같은 프로그램이나 유명한 강연가들의 등의 영상을 찾아 보기 시작했다. 그전에도 보지 않았던 건 아니었다. 하지만 보는 방법이 달라졌다. 그전에는 강연을 보면서 그냥 웃거나 즐기기만 했다. 지금은 조금 다르게 본다. 말투나 제스처, 행동 등 강연을 어떻게 하는지 중점적으로 보고 있다. 언젠가는 나도 저렇게 유명한 강연가가 되겠다고 마음먹으면서 말이다.

특히 〈세바시〉를 보면 강한 동기부여를 받는다. 여느 평범한 사람들의 성공담, 힐링 이야기이기 때문이다. 〈세바시〉 출연자들은 유명한 강연가들도 아니다. 물론 유명한 강연가들도 있지만 대부분 평범한 사람들이다. 그 강연을 보면서 강연을 다시 생각해 보게 되었다. 강연에서 강연가들은 각자의 인생에서 일어난 일들을 진솔하게 이야기한다. 그러면서 듣는 사람들에게 인생의 방향을 제시해 준다. 그래서인지 진심으로 마음에 와 닿는다.

되돌아보면 나도 강연 비슷한 것을 한 적이 있었다. 고등학교 때는 후배들을 가르쳤고 대학 때는 조교를 하면서 가르쳤다. 군대에서는 다른 부대 사람들을 가르쳤다. 나의 전공 자동차에 대해서 때론 소규모로 때론 수십여 명 앞에서 강의를 했다. 전문적으로 하는 강의는 아니었다. 내가 알고 있는 지식을 알려 주는 수준이었다. 그럼에도 불구하고 다른 누군가의 앞에 서서 이야기한다는 사실에 긴장도 많이 되었었다. 그러나 한편으론 내 이야기를 누군가에게 한다는 것 자체가 즐거웠다. 가슴이 뜨거워지는 그 무언가 있었다. 고등학교 때 후배들을 가르치면서 선생님이 되고 싶다, 라고 생각했다. 내가 알고 지식을 더 많은 사람들에게 알려 주고 싶었다. 선생님이 되지는 못했지만 이제는 멋진 강연가가 되고 싶다.

나는 전 세계를 무대로 강연하는 꿈을 꾼다. 가르치는 것은 두 번 배우는 것이라고 생각한다. 나도 나의 전공을 가르치면서 한 번 더 공부를 하고 있다. 공부한 것을 다시 입으로 말하면 잘 잊어버리지 않는다. 나의 강연으로 누군가에게 강한 동기를 부여해 주는 일은 생각만 해도 가슴이 벅차다. 나도 나를 위해 매번 동기부여를 받을 것이다. 나의 버킷리스트 중 하나다. 그 꿈을 위해 책을 쓰고 있으며, 강연을 배우고 있다. 다른 누군가 나의 강연으로 인해 꿈과 희망을 가질 수 있다면 행복할 것이다. 오늘도 그 꿈을 위해 다짐한다. "나는 전 세계를 무대로 멋진 동기부여 강연가가 되겠다."라고.

PART 4

전 세계에
나의 브랜드
론칭하기

- 이 경 진 -

이경진 플라잉요가 강사, 자존감 치유 코치, 감정 디자이너, 자기계발 작가, 긍정 메신저

플라잉요가 강사로 활동하고 있으며, 사람들이 자신과 소통할 수 있도록 이끌어 주는 마음·메신저로도 활동하고 있다. 앞으로 자기계발 작가로, 1인 창업가로, 사람들에게 희망과 용기를 전하는 동기부여가로 새로운 도전을 시작하고자 한다. 현재 가장 나다운 모습으로 행복하게 살기 위한 방법을 제시하는 개인저서를 집필 중이다.

Email rudwls306@hanmail.net   Blog blog.naver.com/rudwls307
Instagram loveme9034   Facebook Kyung Jin Lee

부모님께 전원주택 지어 드리기

1997년에 몰아닥쳤던 IMF 경제 위기는 우리 사회 전체를 뒤흔들었다. 많은 기업이 문을 닫고 실업자가 늘어나는 등 경제가 크게 위축되었다.

우리 가족도 피해갈 수 없었다. 아버지가 하시는 사업이 크게 부도났고, 우리 가족은 지하 단칸방으로 내몰리게 되었다. 동시에 나는 초등학교에 입학했다. 하지만 낯선 동네와 사람들, 급격한 집안 환경의 변화 때문에 자존감이 많이 떨어져 학교생활에 잘 적응하지 못했다. 또한 다른 친구들은 한글을 뗀 상태에서 입학했지만 나는 그렇지 못했다. 그럼에도 불구하고 승부욕이 강했던 나는 주변 친구들을 따라잡기 위해 전 과목 교과서를 갖고 다니며 열심히 공부했다.

나는 부모님을 기쁘게 해 드리기 위해 학교생활을 정말 열심히 했다. 학교에서 주최하는 동시암송대회, 글짓기대회, 독후감대회 등 많은 활동에 참여했다. 그러곤 수많은 상을 받으며 선생님과 친구들의 관심을 한 몸에 받았다. 어린아이였지만 나름대로 계속 도전하고, 약점을 극복하기 위해 노력했다. 그 결과 많이 떨어져 있던 자존감이 올라갔고 또래 아이들보다 훨씬 성숙해졌다.

부도로 인해 빚더미에 오른 부모님은 나와 함께할 시간이 없었다. 아버지는 채권자들을 피해 다니시며 막노동을 하셨다. 어머니는 백화점 캐셔로 일하시며 일주일에 한 번밖에 쉬지 못하셨다. 부모님은 어린 내가 혼자 집에 있는 것은 위험하고, 외로울 것이라고 판단하셨다. 그래서 나를 학교 바로 앞 어린이집에 맡기셨다. 하지만 나는 학교 끝나고 어린이집에 가는 것이 친구들에게 너무 창피했다. 때문에 교문 앞에서 친구들이 모두 학교 밖으로 빠져나간 것을 확인한 후, 어린이집으로 재빠르게 뛰어 들어가곤 했다.

당시 초등학교 1학년이었던 나의 소원은 학교 끝나고 집에 오면 어머니가 환한 웃음을 지으며 따뜻하게 맞이해 주는 것이었다. 갑자기 비가 오는 날에는 어머니가 우산을 들고 나를 데리러 와 주는 것 또한 소원이었다.

초등학교 2학년 때 소나기가 엄청 쏟아지던 날, 어쩐지 어머니가 날 데리러 올 것 같다는 이상한 믿음이 들었다. 그래서 우산을 씌워 주겠다는 친구들을 다 보내고, 한 시간 정도 학교 교문 앞에서 어머니를 무작정 기다렸다. 친구들이 한 명 두 명 자신들을 데리러 온 부모님들과 교문 밖으로 나가는 모습을 지켜보았다. 나는 날 데리러 오지 않는 어머니가 참 미워졌고, 동시에 서러움이 몰려왔다.

친구 집에 놀러 갔을 때 친구 어머니가 오징어전을 만들어 주셨던 기억도 생생하다. 나는 오징어전에 들어 있는 오징어를 참 좋아한다. 그런데 오징어만 먹을 수 없으니 눈치를 보며 밀가루 반죽 부분과 오징어를 같이 먹곤 했다. 만약 우리 어머니가 만들어 주셨다면 처음부터 오징어를 많이 넣어 달라고 부탁했을 것이다. 그리고 눈치 보지 않고 마음껏 먹을 수 있었을 것이다.

그 후 1년 뒤, 아버지가 친척들과 사업을 다시 시작하며 우리 집의 형편은 조금 나아졌다. 지하 단칸방에서 2층 주택으로 이사했고, 화장실도 집 안에 있어 정말 행복했다. 아버지는 중고차 '그레이스'를 사서 틈틈이 나를 데리고 드라이브도 시켜 주셨다. 이젠 학교 끝나고 집에 갈 때 당당해졌다. 나는 친구들과 온 동네를 돌아다니며 활동적인 아이로 성장했다.

하지만 아버지에게는 큰아버지에게 못 갚은 빚이 아직 남아 있었다. 그래서 나는 친척들과 만날 때 눈치를 보게 되었다. 그러던 어느 날, 내가 초등학교 4학년 때였다. 아버지 차를 타고 친척들이 모이는 자리에 가서 큰아버지와 큰어머니께 반갑게 인사를 드렸다. 그런데 그분들은 내 인사를 받지 않고 쌩하니 지나가 버렸다. 어린 나이에 어른들에게 그렇게 무시를 당하니 정말 큰 상처기 되었다. 지금도 그 장면이 생생하게 기억난다.

그때 나는 결심했다. 꼭 돈을 많이 벌어서 우리 부모님이 어깨 펴고 다닐 수 있게 만들어 드리겠다고. 친척들 사이에서 내 이름이 오르내리게 하겠다고. 아무리 친척이라도 나에게 잘 보이려 노력하게 만들겠다고 말이다.

어린 나이였지만, 돈의 필요성을 알게 된 계기였다. 아무리 피가 섞인 가족이라도, 아무리 친한 친구, 동료일지라도 내가 돈이 없으면 관계가 깨지고, 그로 인해 평생 지울 수 없는 상처가 생긴다는 것을 깨달았다.

아버지는 친척들과의 공동 사업을 중단했다. 그러곤 어느 정도 모인 돈을 갖고 개인 사업을 시작하셨다. 그와 동시에 우리 집은 원래 살던 집보다 조금 더 수준 높은 아파트로 이사했다. 그 아파트는 어머니와 내가 장을 보고 이전 집으로 돌아가는 길에 "이 정도 아파트에서만 살아도 좋겠다."라고 이야기했던 바로 그 아파트였다. 그래서 이사했을 때 더 뜻깊었고, 더할 나위 없이 행복했다. 교육 환경도 훨씬 좋아졌다.

우리 집은 부모님의 사업이 점차 번성하며 경제적으로 안정권에 들어섰다. 나는 중·고등학교 때 경제적으로 부족함이 없었다. 부모님의 지원을 받으며 다니고 싶은 학원을 마음껏 다녔다. 대학생 때도 학자금 대출 없이 졸업했다. 이 모든 것은 우리 가족에게 정말 엄청난 일이었다.

이렇듯 우리 집은 아버지의 사업 실패로 가난한 삶을 경험했다. 부모님이 넘어졌다 다시 일어나는 것을 바로 옆에서 지켜본 나는 이 세상 ㄱ 어떤 위대한 사람들보다 부모님이 가장 존경스럽다. 주변의 다른 집안들은 주말마다 또는 공휴일, 설날이나 추석 때마다 가족들끼리 놀러 가곤 한다. 그런데 우리 가족은 1년에 오로지 두 번만 함께 외출한다. 그만큼 부모님은 지금 하고 있는 사업에 완전히 몰두하고 계신다. 부모님은 나한테 항상 남들과 똑같이 쉴 것 다 쉬고, 놀러 다닐 데 다 놀러 다니면 절대 성공할 수 없다고 말씀하신다.

어떤 상황 속에서도 쉬지 않고, 평생 일만 하셨던 부모님. 물론 현재도 일만 하고 계시는 부모님을 위해 꼭 성공해서 두 분이 편안하고, 따뜻하게 노후를 보낼 수 있게 전원주택을 지어 드리고 싶다. 그동안 나를 최대한 부족함 없이 키우려고 노력하시고, 힘든 상황 속에서도 나에게 따뜻한 사랑을 주셨던 부모님께 효도하고 싶다.

유기동물보호센터 설립하기

우리나라에서는 한 해에 10만 마리가 넘는 유기견이 발생하고 있다. 유기동물보호소에서는 이 많은 유기견들을 수용할 수 없어서 일정 기간이 지나면 안락사를 시킨다. 버려지고 죽임을 당하는 강아지들이 그만큼 많은 것이다. 이런 악순환의 고리를 끊으려면 돈을 주고 강아지를 사는 것이 아닌, 유기견을 입양하는 문화가 정착되어야 한다. 또한 반려동물 등록제를 활발히 실시해 무책임한 유기를 금지하고, 출산할 경우 적절한 입양을 주선하도록 정부가 힘써야 한다.

예전에 인터넷 서핑을 하다 우연히 유기견의 시야로 세상을 바라보는 동영상을 본 적이 있다. 유기견은 당연히 낮은 위치에서 사물을 바라보고, 사람들을 마주하게 된다. 그렇다 보니 모든 것이 너무 크고 무섭게 다가올 수밖에 없었다. 이 동영상을 보고 '유기견들이 얼마나 힘들고 고통스러울까'라는 생각에 눈물이 났다.

나는 어릴 때부터 강아지를 정말 좋아했다. 그래서 다니던 피아노 학원에 떠돌이 강아지를 데려가고, 또 집까지 데려온 적도 있었다. 심지어 버려진 큰 진돗개를 데리고 동네를 활보해, 어른들의 걱정을 한 몸에 받은 적도 있었다.

아홉 살 때 한번은, 유기된 하얀 몰티즈외 놀고 싶어서 강아지가 좋아할 만한 간식을 집에서 갖고 나온 적이 있었다. 몰티즈가 간식 냄새를 잘 맡을 수 있도록 최대한 가까이에 음식을 놓았다. 그러곤 강아지가 자동차 밑에서 나올 때까지 조용히 기다렸다. 몰티즈는 다소 겁먹은 표정으로 꼼짝도 안 하고 있었다. 하지만 배가 고팠는지, 아니면 나에 대한 경계심이 풀렸는지 슬금슬금 기어나왔다.

눈치를 보며 간식을 먹고 있는 몰티즈에게 다가가 조심스럽게 쓰다듬었더니 경계심을 풀고 쓰다듬어 달라고 머리를 들이댔다. 힘이 없고 지쳐 보여서 집으로 데려갔지만 어머니의 심한 반대로 결국 다시 길거리에 풀어 주게 되었다. 그 당시에 정말 마음이 너무 아팠다. 지금도 그 몰티즈를 생각하면 눈시울이 붉어진다.

열네 살 때 교우 관계가 원만하지 못해 정말 힘든 시기를 보낸

적이 있었다. 나는 밤 10시에 하늘의 달을 보며 마음을 위로하고, 줄넘기를 하며 잡념을 지우기 위해 집 밖으로 나왔다. 줄넘기를 하면서 달을 감상하고 있는데 고양이 한 마리가 서서히 내게 다가왔다. 몸집은 조금 크고, 회색과 흰색 털이 섞여 있었으며, 눈동자는 반짝반짝 빛났다. 그 고양이는 나에게 다가오자마자 벌러덩 눕더니 애교 섞인 눈빛으로 나를 쳐다보았다. 마치 자기를 쓰다듬어 주고 사랑해 달라는 눈빛처럼 느껴졌다.

나는 그런 고양이의 행동이 무섭거나 밉지 않아서 같이 놀아 주었다. 지나가던 어떤 아주머니가 "그런 요물하고 왜 놀아 주니! 얼른 쫓아 버려!"라고 말씀하셨지만, 신경 쓰지 않았다. 시간 가는 줄 모르고 고양이와 한참을 밖에서 놀다 보니, 밤 12시가 되었다. 이제는 집으로 들어가야겠다고 생각했다. 그런데 그런 나의 생각을 눈치챘는지 고양이는 내가 걸어가는 길을 계속 가로막으며 벌러덩 눕는 것을 반복했다.

나는 그 고양이가 정말 좋았다. 집에서 키우고 싶은 마음이 간절했다. 하지만 아버지가 고양이를 워낙 싫어하셨기 때문에 데리고 갈 수가 없었다. 마음이 아팠지만 고양이를 뒤로한 채 집으로 들어갔다. 그런데 정말 신기하게도 2층 우리 집 내 방, 창문 바로 밑에서 고양이가 "야옹, 야옹" 하며 바라보고 있는 것이었다. '어떻게 우리 집 창문인 걸 알았지?', '내 방 창문인 걸 또 어떻게 안 거지?', '이 고양이의 정체가 뭐지?', '뭐 이런 신기한 고양이가 다

있어?'라는 생각들이 교차했다.

씻고 나와서 다시 창문을 열고, 밑을 바라보니 고양이는 사라지고 없었다. 나는 몸과 마음이 너무 고단했던지라 바로 깊은 수면에 빠져들었다. 다음 날, 마법을 부린 것처럼 안 좋았던 상황들이 모두 해결되었고, 나는 다시 활기차게 학교생활을 했다. 그때도 그렇고, 지금도 마찬가지로 나는 나에게 다가와 애교를 부렸던 고양이를 하늘에서 보내 준 천사라고 생각한다.

현재 집에서 두 종류의 동물을 키우고 있다. 앵무새와 토끼다. 앵무새는 9년째 키우고 있고, 토끼는 1년 정도 되었다. 앵무새 '똑순이'는 워낙 똑똑해서 가끔 말도 따라 하고, 밖에서 문 여는 소리가 들리면 반갑게 노래로 맞이해 주기도 하며, 여름에는 수박씨도 발라 준다. 여러모로 참 사랑스러운 반려동물이다. 오랜 세월 함께한 만큼 우리 가족에겐 없어서는 안 될 존재이기도 하다.

또 다른 주인공인 토끼 '별똥이'는 나에게 아주 특별한 존재다. 어느 날 갑자기, 마치 별똥별처럼 내 앞에 뚝 떨어졌다는 뜻에서 이름을 별똥이라고 지었다.

2015년 9월, 부모님 사업을 도와드려야 해서 청주에서 혼자 자취를 한 적이 있었다. 그땐 일주일에 6일을 13시간 넘게 서서 일하곤 했다. 신체적으로도 많이 힘들었지만 정신과에 가서 상담을 받을까 고민할 정도로 심리적으로도 굉장히 힘들던 때였다. 일주일에 5일은 맥주든 소주든 와인이든 그날마다 끌리는 술을 마시며, TV를 보고 하루를 마무리했다. 무언가 나에게 기쁨을 줄 수 있는 존재가 필요했고, 위로를 받고 싶었다. 그때 나는 반려 동물을 키우고 싶다는 생각이 들었고, 어떤 동물을 키우면 좋을지에 대해 굉장히 많은 고민을 했다.

그러던 중 하루는 길을 걷다가 지나가던 어떤 아주머니와 눈이 딱 마주쳤는데, 그분이 갑자기 주머니에 손을 넣더니 아주 작은 토끼 한 마리를 꺼내는 것을 보았다. 아주머니에게 다가가 본인이 직접 키우시는 것이냐 여쭤봤더니, 자신이 직접 발품 팔며 분양하고 있다고 말씀하셨다. 나는 무엇에 홀린 듯, 그 자리에서 바로 토끼를 분양받았다.

그렇게 별똥이와 나는 하늘이 맺어 준 인연처럼 만나게 되었다. 별똥이를 챙겨 주고 놀아 주면서 술을 마시고 TV를 보던 습관이 많이 줄었다. 생활습관이 건강해졌고 얼굴도 훨씬 밝아졌으며 자연스럽게 일의 능률도 올랐다. 나의 삶은 완전히 달라졌다.

4년 전에 인덕원에 있는 한 중학교에서 멘토링 활동을 한 적이 있었다. 봉사를 다 마치고 집에 가는 버스를 기다리고 있었다. 그때 정말 해맑은 표정의 유기견이 버스정류장을 돌아다니며 사람들에게 재롱을 피우는 모습을 보았다. '밝은 모습이 이렇게나 사랑스러운데 왜 버려졌을까?'라고 생각하며 버스를 타고 집에 돌아갔다.

　그로부터 일주일 후, 그 유기견을 다시 버스정류장에서 보았다. 그런데 모습이 완전히 달라져 있었다. 털도 많이 빠져 있었고, 사람들을 피해 다녔다. 마치 학대를 당하고 괴롭힘을 당한 것처럼 느껴졌다. 바로 동물보호시민단체인 '카라'에 전화했지만 정확한 증거 없이 심적 증거만 갖고는 유기견을 도와줄 방법이 없다는 대답이 돌아왔다. 그때 나는 말 못하는 약한 동물들이 보호받는 데는 한계가 있다는 것을 깨달았다. 인간들에 의해 버림받고, 학대받는 동물을 도와줄 수 있는 시스템이 하루빨리 구축되어야 한다는 생각이 들었다.

　나에게는 꿈이 생겼다. 바로 유기동물센터를 설립해서 주인에게서 버림받고 사람들에게 학대받고 자연현상으로 인해 혼자 힘으로 살아갈 수 없는 동물들에게 사랑을 주는 것이다. 어떤 종류의 동물이든 말이다. 말 못하는 동물들의 아픔을 보듬어 주며 더 따뜻한 세상을 만들고 싶다.

사회에 영향력 있는 방송인 되기

내가 가장 좋아하는 방송인은 유재석 씨다. 그는 방송에서뿐만 아니라 카메라 밖에서도 자기관리가 철저하고 상대방을 존중하는 마음과 행동을 보인다. 그는 오랜 무명시절을 보내며 고독과 가난에 시달렸고 수많은 어려움을 겪었다고 한다. 하지만 포기하지 않고 강한 의지로 꿋꿋이 버텨 냈다. 결국 그는 '메뚜기'라는 자신만의 색깔을 찾아 국민들에게 인정받았다. 현재는 '1인자'로서 당당히 자리매김하고 있다.

주변 사람들은 그에게 "너는 방송과 안 맞는다.", "너는 재능이 없다.", "성공하기 힘들 것이다."와 같은 부정적인 말을 하기도 했다고 한다. 그럼에도 불구하고 그는 포기하지 않았다. 그의 이런 내막을 아는 시청자들은 그에게 더 열광하며 그를 닮기 위해 노력하기도 한다. 나도 이러한 그의 과거를 알고 난 후 성공하기 위해서는 어떤 마음가짐을 가져야 되는지 한 번 더 생각하게 되었다.

초등학생 때 나의 꿈은 대통령이었다. 나는 어릴 적부터 주체적으로 사람들을 리드하고 앞에 나서서 무엇인가를 결정하는 것을 좋아했다. 친구들도 그런 나를 잘 따라 주었다. 중학생 때는 가수가 되고 싶어서 친구들과 노래방을 자주 갔다. 고등학생 때는 연기자가 되고 싶어 연극동아리에서 활동했다. 또한 선도부 활동도 꾸준히 했고 학급에서 회장, 부반장과 같은 주요 역할을 맡으며 친구들보다 앞장서서 행동했다.

처음 고등학교에 입학했을 때 내 마음은 청소년 드라마 속에서 보았던 학교생활에 대한 설렘으로 가득 차 있었다. 그러면서 학교생활의 '꽃'이라고 불리는 선도부에 꼭 들어가야겠다고 생각했다. 입학하고 며칠 뒤 선도부 모집공고를 보고 친한 친구들과 바로 지원했다. 치열한 경쟁 속에서 앞으로의 포부 장기자랑 등을 선배들 앞에서 보여 주며 당당히 합격했다. 교문 앞에서 선도를 설 때마다 다른 친구들에 비해 일찍 등교해서 "명찰, 넥타이 착용하세요!"라고 외치며 복장 불량 지각생 등을 잡아냈다. 나로 인해서 학생들이 학교 규칙을 지키려고 노력하는 모습을 볼 때면 참 뿌듯했다. 성취감도 들었다.

그와 동시에 '우끼다'라는 연극동아리에 들어갔다. 연극을 통해 나의 감정을 표현하고 사람들에게 메시지를 전달하고 싶었기 때문이다. 1년 동안의 스태프 활동을 마치고 드디어 연극무대에 오를 수 있었다. 우리 연극부는 외부 선생님과 학교 선배들의 적극적인 지원 아래 '청소년연극제'에서 은상을 수상했다.

그에 힘입어 단원들은 도 대회가 코앞으로 다가왔을 때 지하 연습실에서 새벽 2시까지 연습했다. 아쉽게도 동상을 수상하는 데 그쳐 전국 대회에는 진출할 수 없었지만 연극 대회를 준비한 기간은 내가 18년 인생을 살면서 가장 열심히 무언가에 집중한 시간이었다. 또한 가장 행복한 시간이었다.

대학생이 된 후 한 번 더 무대에 오를 수 있는 기회가 생겼다. 나는 학과 축제의 날 동기 2명과 함께 영어 시 낭송을 했다. 그 시는 바로 《죽은 시인의 사회》라는 문학작품 속에 등장하는 선생님에게 학생들이 다 함께 낭독해 준 시였다. 배경 음악이 깔리면 "Captain! Oh, my captain!"이라고 외치며 낭독하는 시였는데 감정이입과 동시에 시 구절에 맞게 깃발을 흔드는 동작도 있었다. 그때 나를 주목하는 사람들을 보며 깨달았다. 무대 위에 오르는 것이 내 적성에 맞는다는 사실을 말이다.

스물다섯 살 때 아나운서가 되고 싶어서 서울에서 괜찮다는 학원을 샅샅이 알아보고 상담을 받으러 다닌 적도 있었다. 방문하는 곳마다 내 이미지가 너무 좋고 어려 보이는 것이 큰 장점이며 목소리 톤도 안정적이고 발음도 정확해서 아나운서로 적합하다고 말해 주었다. 그런데도 나는 이 모든 말들이 진심으로 느껴지지 않았다. 학원을 다니게 만들려는 전략으로만 느껴졌다. 상담을 받으러 어떤 사람이 그 학원들을 가도 나에게 말해 준 것처럼 말해 줄 것 같았다.

그래서 아무 학원도 가지 않았다. 그러다 운 좋게 국회방송에서 아나운서로 근무 중인 분을 만나게 되었다. 영업으로 느껴지는 학원에 다니기보다는 신실성 있게 소규모 레슨을 받는 편이 좋을 것 같다는 판단이 들었다. 그래서 두 달 정도 그분에게 교육을 받았다. 교육을 받으며 희망도 커졌지만 그와 더불어 절망도 점점 커졌다. 그 이유는 그분이 현실적인 말을 많이 해 주셨기 때문이다.

그분은 아나운서가 되려면 정말 공부를 잘하거나 정말 예쁘거나 아니면 정말 집이 잘살아야 된다고 말해 주셨다. 나는 이 세 가지 조건 중 어느 한 개도 완벽하게 충족시키지 못했다. 점점 자신감이 떨어졌다. 그래서 아나운서로 곧바로 가기보다는 욕심을 조금 버리고 돌아가더라도 방송기자가 되어 아나운서가 되어야겠다고 판단했다. 하지만 방송기자의 벽 또한 나에겐 너무 높았다. 나는 '한 번 더 돌아가자'라는 생각을 하며 시사 인물 매거진의 취재 및 편집 기자에 지원해 합격했다.

'이슈메이커'란 잡지였다. 나는 수많은 사람을 대상으로 인터뷰를 진행했다. 잡지사에 근무한 10개월 동안 인터뷰, 편집, 영업 등 다양한 분야를 수행하며 많은 것을 배웠다. 그러나 내가 정말 되고 싶은 아나운서의 꿈은 이룰 수 없었다.

현재 나는 대전에서 뮤지컬 소모임 활동을 열심히 하고 있다. 3개월 동안 연기, 보컬, 안무, 합창 이렇게 네 가지 분야를 트레이닝 받고 공연 오디션을 본 뒤 다시 3개월 동안 공연을 준비하고 뮤지컬 공연을 하러 다니고 있다. 이렇듯 나의 과거, 현재, 미래 모두 어떤 형태로든 무대 위에 올라가는 것에 초점이 맞춰져 있다.

내 어릴 적 꿈이 대통령이었던 것은 많은 사람들이 나로 인해 좋은 영향을 받고 그로 인해 성공적인 결과물이 만들어지면 내 삶이 더 가치 있어진다고 믿었기 때문이다. 노래나 연기를 통해 무대에 오르고 싶은 것도 같은 맥락이다.

이렇게 책 쓰기를 시작한 것도 나의 솔직한 이야기가 누군가의 심금을 울리거나 영감을 주고 또는 그 사람의 인생을 계획하는 데 큰 도움을 줄 수도 있기 때문이다. 앞으로 작가뿐만 아니라 강사, 코치, 컨설턴트, 방송인으로 활동할 것이다. 나는 많은 사람들에게 어두운 밤을 환하게 비춰 주는 달빛과 같은 존재가 되고 싶다.

전 세계 맛집을 다니며
세계일주 하기

우리 집은 내가 갓난아이일 때부터 부모님이 맞벌이를 하셨다. 두 분 다 정말 바쁘셨기 때문에 가족끼리 가까운 곳에 놀러 가거나 여행을 떠나 본 적이 없다. 그래서 나는 '여행'이라는 단어만 들어도 설레고 신난다.

고등학교 2학년 때 수학여행으로 제주도를 가게 되어 처음 비행기를 타 보았다. 정말 너무 신기하고 떨려서 호들갑을 떨었던 기억이 난다. 비행기가 속력을 내며 이륙하는 순간 마치 하늘을 나는 새가 된 것 같았다. 그때 제주도에서 한라봉을 처음 먹어 봤는데 아직까지도 그때만큼 맛있는 한라봉을 먹어 본 적이 없다.

그때를 시작으로 나는 내가 가 보지 못한 새로운 세상에 대한 호기심이 커졌다. 스무 살, 나는 우선 우리나라부터 정복하자는 생각이 들었다. 그래서 친한 친구와 2박 3일 일정으로 여행을 떠나기로 계획했다. 1박 2일은 부산 여행을, 나머지 1박 2일은 다른 친구들과 경포대 해수욕장에서 합류하기로 했다. 난생 처음으로 친구와 단둘만의 여행을 가게 되어 정말 신나고 행복했다. 우리는 가장 뜨거운 여름날 기차를 타고 부산으로 떠났다. 기차에서 내려 처음 맞이한 부산의 모습은 아직도 잊히지 않는다.

처음 들른 곳은 자갈치 시장이었다. 우리는 자갈치 시장을 가는 도중 너무 더워서 편의점에 들러 물을 사 마시고 한 20분 뒤에 패스트푸드점에 들어가서 에어컨 바람을 쐬며 사이다를 사 마셨다. 그렇게 비 오듯 땀을 흘리며 자갈치 시장에 가서 씨앗 호떡을 사 먹고 노점상 할머니에게서 비빔국수와 김밥을 사 먹었다.

다음 일정은 태종대였다. 우리는 지하철과 버스를 타고 이동했다. 그러곤 유람선을 타고 전망대를 지나 자갈마당으로 이동했다. 그곳에서는 갓 잡은 싱싱한 회와 해산물을 판매하고 있었다. 소주 한잔을 기울이고 싶었지만 남은 여행 일정을 위해 애써 자제했다.

그러고는 마지막 일정인 광안리 해수욕장으로 이동해 모텔에 짐을 풀고 바로 회 센터로 가서 못 먹은 소주를 마시며 여행의 회포를 풀었다. 회를 다 먹고는 맥주 한 캔씩 사서 해수욕장을 걸었다. 우리는 그동안 못했던 깊은 대화를 나누고 예쁜 사진도 찍으며 좋은 추억을 남겼다.

해외여행을 처음 가 본 것은 매거진 회사에 근무할 때였다. 업무가 많고 힘들어 꽤 지쳐있을 때였다. 그런데다 월급은 일한 양에 훨씬 못 미치는 수준이라 정신적으로 많이 힘들었다. 하지만 꿈을 이루겠다는 신념 하나로 포기하지 않고 다녔다. 그러던 중 친한 친구가 추석 때 자유 패키지여행으로 중국 상해를 가자고 제안했다. 내 마음을 추스를 시기가 왔다는 판단이 들어 바로 인터넷으로 표를 구매했다.

상해에 도착하자마자 우리는 100여 년의 역사를 자랑하고 현재 공기업으로 운영되고 있는 남상만두점에 가서 가장 유명하다는 '소롱포(작은 대나무 찜통에 쪄낸 중국식 만두)'를 먹었다. 유명하다기에 맛을 기대했지만 너무 느끼해서 많이 먹지 못했다.

그다음에는 '고풍스러운 중국 상해 정원'이라는 뜻인 상해 명소, 예원으로 이동해 정자와 연못을 구경하고 대표 시장인 예원상장으로 가서 중국 느낌의 건물들을 구경했다. 또한 밀집되어 있는 상가에서 흥정을 통해 팔찌와 장신구 전통 간식 등을 구매했다.

저녁에는 상해를 상징하는 랜드마크이자 중국 송수신 탑으로 사용되고 있는 동방명주도 구경했다. '아시아에서 두 번째로 높은 건물'답게 이곳에서 보는 야경은 정말 멋있었다. 그러고는 저녁을 먹기 위해 상해의 명동으로 불리는 난징동루 보행가로 향했다. 브랜드 매장과 함께 안쪽에는 음식점이 늘어서 있었다. 길거리에서 건물들과 사람들을 구경하며 우리는 무엇을 먹을지 상의했다. 한 음식점으로 들어가 '위샹러우쓰(돼지 살코기 볶음)'를 시켰지만 향이 너무 강해서 많이 먹지 못했다.

다음 날 버스를 타고 동양의 베니스라 불리는 수향마을로 이동해서 주가각을 둘러보았다. 전통이 살아 있는 작고 아담한 마을이었다. 배를 타며 바라보는 풍경이 참 아름다웠다. 우리는 사진을 찍기보다는 하나하나 머릿속에 담으려 애썼다. 출출한 배를 달래기 위해 사람들이 많은 식당으로 들어가서 마파두부와 볶음밥을 시켰는데 역시나 느끼해서 많이 먹지 못했다. 주가각을 떠나 우리는 상해 속 작은 유럽이라 불리는 신천지로 이동했다. 이곳은 상해에서 가장 세련된 쇼핑 장소로 자리 잡았다고 한다. 명성에 걸맞게 많은 레스토랑과 카페, 갤러리 등이 들어서 있었다.

해가 어둑어둑해질 무렵에는 유람선을 타러 이동했다. 유람선을 타고 황푸강의 야경을 구경하는 것이 상해 여행의 꽃이라고 한다. 우리가 탄 유람선은 한강 유람선에 비해 약 5배 정도는 큰 것 같았다. 우리는 건물 가득 비춰지는 조명과 그 조명이 강물들에 반사되는 풍경을 보며 최고의 밤을 보냈다.

호텔로 돌아오는 길에는 다음 날 한국으로 돌아가야 하는 아쉬움을 달래기 위해 편의점에서 맥주와 과자를 샀다. 맥주를 마시며 친구와 여행에서 느낀 점들을 이야기하며 잠자리에 들었다. 그러곤 상쾌하게 다음 날을 맞이했다.

상해 여행은 내 첫 해외여행인 만큼 정말 신선하고 새로웠다. 일상으로 돌아가서 에너지 충만하게 일할 수 있는 원동력이 되었다.

작년 추석에는 그간 도와드린 부모님 사업이 모두 정리되어 친구와 함께 필리핀 세부로 여행을 떠났다. 세부는 필리핀에서 두 번째로 큰 섬이자 동남아의 대표적인 관광지라고 해서 떠나기 전부터 무척이나 기대되고 설레었다. 그간 겪었던 힘들고 답답했던 모든 일들을 다 날려 버리고 싶었나. 세부는 오직 나 가신의 삶을 살기 위한 첫 번째 정류장이란 느낌이 들었다.

그런데 필리핀을 자유여행으로 가기에는 조금 위험하단 생각이 들었다. 그래서 우리는 여행사를 통한 패키지 여행을 떠나기로 결정했다. 그러곤 가장 이상적인 일정과 장소로 짜인 상품을 선택했다. 밤 비행기를 타고 새벽에 도착해 가이드를 만나 안전하게 호텔로 이동했다.

다음 날 오전, 세부 여행의 꽃인 '아일랜드 호핑투어'를 진행하기로 했다. 우선 현지 사람들이 가장 많이 이용하는 교통수단인 지프니를 타고 해변으로 이동했다. 먼저 스노클링 장비를 장착하고 수영장에서 간단히 체험을 했다. 그러곤 배를 타고 스킨스쿠버 다이빙과 스노클링을 체험하러 바다로 향했다. 안전요원들의 도움 덕분에 바닷속 물고기들을 자세히 관찰할 수 있었다. 정말 신비롭고 아름다웠다. 패키지 상품에는 없었지만 꼭 해 보고 싶었던 파라솔링도 체험했다. 파라솔링은 배에 묶여 있는 끈을 파라솔에 연결해 배가 빠르게 달리면 줄이 팽팽해지며 파라솔이 하늘로 뜨는 원리다. 처음에는 너무 빠른 것 같아 무서웠지만 시간이 조금 지나자 정말 하늘을 나는 새가 된 기분이 들어 황홀하기까지 했다.

투어를 마친 뒤, 필리핀 중부 세부 주에 있는 막탄 섬으로 이동해 씨푸드 식사를 하며 체력을 보충했다. 막탄 섬은 세부 본 섬과 막탄 만다우에 다리와 마르셀 페르낭 다리 이렇게 2개의 다리로 연결되어 있어 멋진 해변의 경치를 감상할 수 있었다. 그리고 저녁에는 세부의 대표 트랜스젠더 쇼인 '어메이징 쇼'를 관람했다. 여러 나라의 전통 음악에 맞춰 춤을 추며 화려한 무대를 펼치는 공연을 볼 수 있었다.

다음 날에는 디스커버리 투어를 통해 필리핀의 재래시장을 구경하며 현지인들의 생활상을 구경했다. 그러곤 현지식 음식을 즐길 수 있는 팡팡랜드로 이동해 점심을 먹고 현지인이 태워 주는 자전거로 팡팡랜드 투어를 했다. 자전거를 타고 주변 풍경들을 감상했다. 앵무새에게 먹이를 주는 체험도 즐겼다. 제주도의 소인국 마을 같은 느낌의 작은 마을도 볼 수 있었다.

이후 우리는 세부 시청의 맞은편에 위치한 산토니뇨 성당으로 이동했다. 그곳에서 마젤란의 공격에 맞서 싸운 필리핀 최초의 영웅, 라푸라푸 추장의 동상과 기독교를 전파한 마젤란의 기념비가 있다는 막탄 슈라인을 구경했다. 그다음 한인 식당에서 저녁을 먹고 쇼핑몰에서 지인들에게 선물할 망고와 샴푸, 화장품 등을 샀다. 마지막 일정으로 전신 마사지를 받으러 팀원들과 함께 이동했다.

마지막 날은 패키지여행의 꽃인 쇼핑 투어를 마치고 한국으로 돌아왔다. 여행을 통해 모든 잡념을 날려 버렸고 새로운 나로 다시 태어났다.

아직 한국에서도 못 가 본 곳이 많고 해외여행도 다른 친구들에 비해 많이 가 보지 못했다. 그렇기 때문에 나는 언제나 여행을 꿈꾼다. 여행을 가면 그 누구보다 행복감을 느끼고 온다. 여행을 통해 내 인생은 꿈과 희망으로 가득 찬다. 만약 안 좋은 일이 있었다면 그것을 완전히 떨쳐 버리고 온다. 여행은 내 삶의 희망이자 에너지다. 살면서 경험하지 못했던 곳에 가서 새로운 음식을 먹어 보는 것은 최고의 행복이라고 생각한다. 꼭 이루고 싶은 나의 꿈이기도 하다.

나의 브랜드를 론칭하기

내 손으로 직접 돈을 벌어 보고 싶어서 수능이 끝나자마자 고 깃집에서 서빙 아르바이트를 시작했다. 오후 4시부터 반찬 준비 테이블에 숯 넣기, 서빙, 고기 잘라 주기 등을 하며 업무를 익혔 다. 그리고 한 달 정도 지난 후에는 오전 10시부터 가게에 나가서 주방 이모들을 도와 나물을 다듬었다.

고깃집 아르바이트를 그만둔 후에는 베이커리 아르바이트를 했 다. 나는 상품 진열 및 카운터 업무를 담당했다. 그런데 베이커리 아르바이트는 내가 그간 상상했던 이미지와 너무 달랐다. 예쁜 앞 치마를 두르고 우아하게 일할 줄 알았는데 빵이 구워져 나오면 무 겁고 큰 트레이를 하나하나 옮겨 놔야 했다. 빵이 다 식으면 수십 개의 빵을 봉지 안에 넣고 다시 예쁘게 진열해야 했다. 또한 가장 햇볕이 뜨거운 오후 3시에 방과 후 프로그램이 끝나 가는 초등학교로 몇십 개의 빵과 우유를 배달했다. 점심도 구석에 서서 전날 남은 빵 하나로 때워야 했다. 심지어 최저임금도 주지 않았다. 시간과 노력 대비 월급이 너무 적어 한 달 정도 일하고 그만 두었다.

후에 자신의 스케줄에 맞게 일할 수 있고 또래들이 많아 업무가 즐거울 것 같은 패스트푸드점에 지원했다. 처음에는 일이 너무 타이트해서 힘들었다. 한 달 정도 쉴 틈 없이 일하고 나니 그제야 적응할 수 있었다. 섬장님과 메니저 언니들 주변 사람들이 너무 잘 대해 주어 1년 동안 힘든 줄도 모르고 일했다. 하지만 경험해 보지 못한 새로운 분야의 일에 도전해 보고 싶어 그만두었다.

그러고는 편의점에 지원했다. 나는 매장 관리를 하며 카운터 보기 상품 진열과 신선 식품의 유통 기한을 확인하는 업무를 맡았다. 동네에 위치한 편의점이라 단골손님이 많았고 일하는 데 큰 어려움도 없었다. 그런데 10개월 정도 일했을 때 점주가 바뀌면서 기존의 아르바이트생을 모두 해고해 어쩔 수 없이 그만두었다.

그 후 카페와 영화관에서 일해 보고 싶어서 먼저 영화관에 지원했는데 아쉽게 불합격했다. 그런데 면접관이었던 매니저가 나에게 영화관 내에 있는 카페를 소개해 주었다. 그곳에 근무하며 커피 제조법, 핫도그와 팥빙수 만드는 법을 배울 수 있었다. 단골손님들과도 친해져 즐겁게 일할 수 있었다. 그 밖에도 백화점 행사 아르바이트를 하며 고객들에게 상품을 매력적으로 설명하는 법,

고객 응대법 등을 배웠다.

수험생 시절, 대학교 진학을 앞두고 초등학교 선생님을 꿈꾼 적이 있었다. 그런데 교대를 지원하기에는 성적이 낮아 꿈을 포기했었다. 그 대신 학원에 지원했고 초등학생 아이들에게 수학과 과학을 가르쳤다. 아이들을 상대하는 것은 처음이라 어려운 부분도 있었다. 하지만 진심으로 다가갔더니 아이들은 금세 마음의 문을 열어주었다. 그래서 아이들과 장난도 치며 즐겁게 수업할 수 있었다. 그 후로 중·고등학교 학원에 지원해 영어를 가르쳤고 학창시절 이야기, 대학교 이야기를 해 주며 친구 같은 선생님으로 자리매김했다.

20대 중반이 되어서는 문득 CS 강사가 되고 싶다는 생각이 들어 현대모비스 고객센터에 지원했다. 그곳에서 자동차 부품에 대해 상담해 주고 컴플레인을 제기한 고객을 응대하며 진정한 서비스 정신을 배웠다. 1년 동안 그곳에서 일하며 전화상으로 욕하는 고객, 사소한 것으로 시비를 거는 고객 등 수많은 유형의 진상 고객들을 만날 수 있었다. 하지만 나의 커리어는 그 덕분에 더 업그레이드되었다.

그로부터 2년 뒤, 대전에서 각 브랜드의 가방을 전문으로 취급하는 매장을 운영하고 계시는 부모님께서 청주에 2호점을 열게 되셨다. 그런데 그 매장을 맡아 운영하겠다고 하신 분이 갑작스럽게 개인 사정이 생겨 할 수 없게 되었다고 하시며 내가 맡아서 해 줬으면 하셨다. 당시 나는 매거진 회사에 다닐 때였다. 부모님의 부탁에 어쩔 수 없이 회사를 그만두게 되었다.

판매는 여러 번 해 봤기 때문에 잘할 수 있었지만 나보다 스무 살은 연배가 높은 직원을 여러 명 두고 매장을 운영해야 되는 상황이라 부담감이 정말 컸다. 특히 처음에 팀장 업무를 지원하신 분과 마찰이 생겨 너무 힘들었다. 매장에 가만히 서 있거나 직원들끼리 수다만 떨고 있으면 손님들이 들어오려다가 부담스러워서 나간다. 때문에 한가할 때는 물건을 정리하고 매장도 정리하며 분주하게 돌아다녀야 한다. 하지만 그 팀장님은 전혀 그렇게 하지 않았다.

오히려 내가 자신보다 어리다는 이유로 나를 좌지우지하려 했다. 그분으로 인해 극심한 스트레스를 받은 나는 매일 머리카락이 한 주먹씩 빠졌고 입맛도 없어 살도 급격히 빠졌다. 결국 그분은 나와 몇 번 부딪친 끝에 일을 그만두었다.

나는 그 분야에서 계속 일해 온 것도 아니고 부모님 일을 배워 왔던 것도 아니어서 모르는 것이 많았다. 일을 처리하는 부분에서 서툰 점도 많았다. 나는 그런 부분들을 나보다 연배가 높고 경험도 많은 직원들이 도와주실 줄 알았다. 하지만 전혀 그렇지 않았다. 오히려 그러한 점을 자신들에게 이로운 쪽으로 이용하려 들었다. 하루하루가 지옥 같았다. 하루 일과를 다 끝내고 집에 가면 달력에 가위표를 치며 제발 시간이 빨리 가기를 빌었다.

손님들의 연령층도 거의 40대 중·후반부터 60~70대여서 판매에 응대하다 보면 난감한 상황도 많았다. 자신보다 훨씬 어리다는 이유로 반말을 하며 무시하거나 물건에 대해 자세하게 설명해도 주의 깊게 듣지 않았다. 심지어는 비아냥거리는 경우도 있었다.

물론 좋은 점도 있었다. 주변 상가의 사장님이나 직원들은 어린 나이임에도 책임감을 갖고 그 누구보다 열심히 일한다며 언제나 나를 칭찬해 주시며 챙겨 주셨다. 또한 나를 좋아하는 단골손님들이 생겨 그분들과 여러 가지 이야기도 나누었다.

나는 옷과 가방, 신발, 액세서리 등을 정말 좋아한다. 매장에 가서 눈으로 보는 것만으로도 만족감을 느끼고 그것들을 사서 착용할 때는 행복감을 느낀다. 같은 분홍색이라도 연한 분홍, 진한 분홍, 그러데이션이 들어간 분홍 등 모두 느낌이 다르다. 같은 컬러의 하이힐이라고 해도 앞코가 둥근 디자인인지 뾰족한 디자인인지, 굽이 7cm인지 10cm인지에 따라 분위기도 확 달라진다.

판매하다 보면 연령층별로 선호하는 디자인과 스타일이 보편적으로 정해져 있었다. 조금 아쉬움이 생기는 디자인들도 눈에 보였다. 그럴 때마다 나는 '여기에 주머니를 하나 더 만들었으면 어땠을까?', '색감을 투톤이 아닌 올 블랙으로 했으면 더 예뻤을 텐데', '가방 끈을 조금 더 두껍게 만들었으면 어머님들의 사랑을 한 몸에 받앉을 텐데' 등 물건 디자인에 대해 여러 가지 생각들을 하곤 했다.

현장에서 직접 고객들을 상대하며 그들이 주로 구매하는 상품들을 분석해 보면 어떤 디자인을 추구해야 하는지 답은 쉽게 나온다. 가방뿐만 아니라 옷과 신발도 마찬가지일 것이다. 시장 조사를 통해 고객의 니즈를 충족시키고 그 누구나 매력적으로 느낄 수 있게 만들며 가성비가 높아 대중들이 친숙하게 다가갈 수 있는 브랜드를 만든다면 정말 대박이 날 것이라고 생각한다.

스무 살 때부터 다양한 분야에서 일하며 어떻게 매장을 관리해야 하는지 각 상황별 고객 응대 방법은 어떤 것들이 있는지 고객들의 니즈가 무엇인지 등을 알게 되었다. 또한 내가 직접 매장을 관리하고 직원들을 상대함으로써 진정한 리더십을 배울 수 있었다. 그러면서 주인과 직원의 입장 차이가 무엇인지 깨닫게 되었다.

아버지 사업의 부도로 인해 가정형편이 많이 어려웠던 어린 시절, 꼭 사회에 필요한 사람이 되어 내 도움이 필요한 많은 사람들에게 나눔을 실천하겠다고 다짐했다. 앞으로 내 브랜드를 론칭해 사회에 기여하고 싶다. 많은 사람들이 나의 브랜드를 통해 여러 방면에서 도움을 받았으면 좋겠다.

PART 5

1인 창업가로
성공해 청와대
초청받기

- 김 민 지 -

김민지 1인 기업가, 자기계발 작가, 동기부여가, 강연가, 꿈 멘토

공무원으로 재직하던 시절, 다른 세상이 궁금해 홀연히 독일로 떠났다. 그로 인해 가치관이 송두리째 바뀐 뒤 자신이 좋아하는 일을 하기 위해 과감히 공무원을 그만두었다. "세상은 넓고 할 일은 많다!"를 외치며 오늘도 미래를 향해 달려가고 있다. 현재 온갖 음식을 연구하며 많은 이들에게 건강한 식생활에 대해 널리 알리고 있다.

Email bobaera@naver.com   C·P 010.3697.9733

내 경험을 나눠 주는
성공한 메신저 되기

이토록 평범한 내가 다른 사람들에게 경험을 나눠 줄 수 있을까? 지금은 묻지도 따지지도 않고 '당연하지'라고 말할 수 있다. 하지만 불과 몇 개월 전까지만 해도 나는 상당한 회의감에 찌들어 있었다. 지난 2년여 간의 나의 여정을 소개한다.

예전부터 나는 1인 창업에 대해 탐구를 많이 해 왔었다. 처음 나를 1인 창업의 세계로 인도한 것은 바로 신태순 작가의 《나는 1주일에 4시간 일하고 1000만 원 번다》라는 책이었다. 그 당시 공무원으로서 정해진 시간에 정해진 월급을 받으며 살고 있던 나는 실로 엄청난 충격을 받았다. 그도 그럴 것이 부모님 두 분 다 국가의 녹을 먹는 직업을 갖고 계신 데다, 저축만이 유일한 생존 전략이라고 생각하는 가정에서 자랐기 때문이다. 나는 피곤하고 지치는 상황에서도 성실하게 출근하고 일이 많을 땐 야근과 주말 근무도 불사해야 그나마 안정적인 생활이 가능하다고 믿었다. '사오정(40~50대 정년퇴직의 줄임말)'이라는 말이 기정사실화되고, 개업 후 1년 이내 폐업률이 자그마치 30%나 된다는 기사가 쏟아져 나오는 이 시대에선 더더욱 그랬다.

그러던 어느 날 나는 우연히 인터넷에서 이 책을 마주하게 되었다. 내가 믿는 상식과는 완전히 다른 삶의 제목이 단번에 내 시선을 끌었다. 당시 나는 1년간 독일 어학연수를 떠났을 때였다. 그랬던지라 책을 구할 수 없어 전자책으로 구매해 빠르게 읽어 내려갔다. 그러곤 설레는 마음을 주체할 수 없어 네이버에서 1인 창업과 관련된 카페를 이 잡듯이 뒤졌다. 그 카페에서 제공하고 있는 정보들을 몇 날 며칠 반복해서 읽고 또 읽었다. 당장 우리나라에 돌아가려면 한 달 넘게 기다려야 했다. 그 시간이 너무 나를 애태웠던 기억이 난다.

귀국 후, 드디어 나는 복직과 함께 또 다른 인생을 준비하는 작업에 착수했다. 주말이면 고액을 지불하고서라도 유명한 세미나에 꼭 참석했다. 평일에는 퇴근 후 밤늦게까지 네이버 카페에 콘텐츠를 채우는 작업을 계속했다. 내 고객을 확보해야 했으므로 1,000여 개의 타 카페에 가입해 활동했다. 광고 글처럼 보이지 않으려고 교묘히 글을 써서 올렸다. 그럼에도 불구하고 그다음 날이면 어김없이 활동 정지와 강퇴가 이어졌다. 그런 나날이 계속되었다. 하지만 이런 나의 노력을 가상히 여기듯 회원 수는 잘 늘어났다. 또한 네이버 카페 메인에 소개되기도 하는 등 겉으로 보기에는 잘 굴러가고 있는 듯 보였다.

그러나 나는 여기서 모든 것을 놓아 버렸다. 소모적인 막노동과 같은 작업은 나를 완전히 지치게 만들었기 때문이었다. 또한 수익이 나오기까지는 너무 요원해 보여 자신감도 잃었다. 지금 돌아보면 참 많은 문제가 있었다. 그런데 그때는 그 방법이 전부인 줄 알았으므로 한 달 동안 무기력 상태에 빠지기도 했다. 나는 그저 사무직만 할 줄 아는 공무원이다. 내가 세상에 팔 것이라곤 하나도 없다고 느껴졌다.

실제로 나는 카페를 철저히 정보 제공용으로만 접근했다. 지식을 모아 정리하는 것은 할 줄 아나, 관련 사람들을 모아서 정보교류의 플랫폼으로 만들고 싶었다. '카페가 활발해지면 배너광고가 붙을 것이고, 그 후엔 이것저것 더 넓힐 수 있겠지' 정도의 생각이었다. 그러나 내 경험에 기반 하지 않은 지식은 금세 흥미도 떨어질뿐더러 내 감정이 들어가지 않아 카페에 100% 애정이 생기지 않았다.

살짝 주제를 공개하자면, 미혼인 내가 맘카페를 만들어 운영했었다. 지금도 이걸 계속 끌고 갔으면 어떻게 되었을까, 아찔하다.

소소하게 공무원 월급 정도는 가져갈 수 있었을지언정 나는 절대로 행복하지 않았을 것이다.

그렇다고 이 상황을 가만히 두고 볼 수는 없었다. 나는 이미 퇴직한 후였기 때문에 믿을 구석이 하나도 없었다. 마음은 무기력했지만 어떻게든 다른 창업 모임에도 참석하고 세미나도 다시 듣고 새로운 마음으로 출발하기 시작했다.

여러 사람들과 교류하며 한 가지 크게 깨달은 점이 있다. 누구나, 심지어 '저건 나도 경험했는데!' 정도의 경험만을 가지고도 1인 기업가로 자리매김할 수 있다는 것이었다. 그들은 본인을 전적으로 전문가로 내세워 가치를 매길 수 없는 정보를 고액으로 팔고 있었다. 내가 그토록 '나는 전문성이 없어서…'라며 시도하지 않았던 것들을 그들은 척척 해내고 있었다. 누가 봐도 사회적 잣대로 보면 내가 더 나은 조건, 더 나은 환경이었지만 나는 그들 앞에서 한없이 작아질 뿐이었다.

이렇게 두 번째 커다란 충격을 받은 나는 비로소 내 경험에 집중하기 시작했다. 그리고 자신감이 생겼다. 나도 할 수 있다고 생각했다. 내가 경험했던 것을 기반으로 열심히 전문성을 입히면 된다고 생각했다. 전문가로 성공한 그들도 만들어 나가며 전문성이 생긴 것이지 처음부터 잘난 전문가는 아니었을 것이므로.

그래서 처음 아이템으로 정한 것이 정부인증평가 컨설팅이었다. 민간인들은 정부인증을 받을 때 보고서를 쓰는 법조차 알지 못하므로 내가 도와줘야겠다고 생각했다. 그러나 이는 수익성은 분명 좋았지만 내가 좋아하는 일이 아니었다. 공무원 일이 재미없어 나왔는데 또 보고서를 작성하는 일이라니! 생각만 해도 지루했다.

그 후엔 '미라클여행클럽'이라는 아이템을 찾았다. 인생의 변곡점을 찾는 사람들이 여행에서 많은 것을 얻어 올 수 있도록 사전에 컨설팅해 주는 사업이었다. 1년간의 해외생활에서 깨달은 점이 무척 많았기 때문에 설계한 창업 아이템이었다. 하지만 이를 시각화하고 구체화하는 데 어려움을 겪었다. 이렇게 나는 내 인생을 하나하나 뜯어보며 상상하고 또 상상했다. 내가 잘하는 것과 좋아하는 것 그리고 시대가 원하는 가치가 겹치는 교집합을 찾고 또 찾았다.

지금은 참 감사하게도 이런 고뇌의 시간에 보답받는 기분으로 일하고 있다. 나는 먹을 것에 무척 관심이 많다. 그런데 대학생 때 무리한 다이어트를 하다가 체질이 변하고 아팠던 기억이 있다. 그 후론 영양가가 있으면서 싱싱하고 건강한 식재료를 찾아다니기 시작했다. 채소, 과일, 곡류 등 그 자체의 영양 성분에도 관심이 많았다. 뿐만 아니라 칼로리 같은 기본 정보는 줄줄 외우고 다녔을 정도다.

우리나라에도 좋은 산지와 영양가가 있는 특산물들이 많다.

그런데 항상 마트에서 똑같은 것만 구입하게 되니 싱싱한 먹거리와 믿을 만한 산지에 대한 갈증이 생겨났다. 또한 우리 집에서 직거래로 주문해 먹는 아주 맛있는 것들도 소개해 주고 싶었다. 그러다 지금은 건강한 식재료를 생산하는 최고급 유기농 산지와 소비자를 연결해 주는 플랫폼을 만들고 싶어졌다.

진정한 메신저는 자신의 경험과 지식으로 자신의 고객들을 이롭게 한다고 한다. 단순히 수익을 넘어서 나와 관계를 맺는 사람들에게 조금이라도 도움이 되기를 바란다. 그리고 그들이 건강한 삶을 살기를 바란다. 이런 마음이라면 조금 천천히 자리 잡더라도 언젠간 내 진심이 전달될 것이라 믿는다. 그리고 진정 내가 이런 자세로 임할 때 오랫동안 고객들과 소통하며 관계를 지속할 수 있을 것이라 믿는다.

지난 몇 개월간 나는 간식을 못 먹어 안달이 난 강아지처럼 수익을 못 내 안달이 나 있었다. 내 목표는 사명감도, 책임감도, 흥미도 아니었다. 오로지 '돈' 하나였다. 하지만 이제는 진정으로 내가 추구해야 하는 가치가 무엇인지 뚜렷하게 알고 있다. 진실로 나의 경험과 지식을 세상을 이롭게 하는 데 사용할 때 내가 그토록 안달이 나 있었던 '돈'은 저절로 따라온다는 것을 깨닫는다.

반 박자 빠르게 움직이는
한국의 워런 버핏 되기

작년 한 해 최고의 유행어는 단연 '가즈아('가자'를 길게 발음한 말)'였다. 가상화폐의 물결이 온 나라를 뒤덮었던 해였다. 가상화폐를 산 사람도 사지 않은 사람도 모두 외쳤던 "가즈아!". 나는 그 유행어의 최선두에 서 있던 사람이었다.

때는 바야흐로 딱 1년 전, 인터넷 서핑을 하다가 눈에 띈 기사 하나가 있었다.

'정부 비트코인 제도권 편입 계획'

나는 당시 블록체인은커녕 가상화폐란 게 있는 줄도 몰랐다. 그러나 제도권 편입 여부를 논의하는 자체가 단순히 보고 지나칠 사항은 아니라고 생각했다. 마침 할 일도 없었기 때문에 바로 비트코인을 검색했다. 탈(脫)중앙화된 화폐라나 뭐라나. 정확히 이해하기는 어려웠지만 신기한 금융 시스템이라는 생각이 들었다.

처음에 호기심으로 찾아봤던 나는 점점 진지하게 자료를 찾아보기 시작했다. 약 2주간의 정보 수집을 끝내고 마침내 나는 내 인생에서 없어도 될 만큼의 적은 돈으로 수많은 가상화폐 중 하나를 샀다. 당시의 정확한 내 마음은 '올라도 그만, 잃어도 그만. 그러나 이 기술이 나중에 어떤 형태로 쓰이는지는 보고 싶다'였다.

부모님께 말씀드리면 미쳤다고 하실 게 분명했기 때문에 나 혼자만의 비밀로 간직한 채 가상화폐의 롤러코스터에 탑승했다. 그 후 나는 나름대로 1인 창업을 꿈꾸며 밤낮으로 바빴다. 그래서 내가 구입한 가상화폐가 어느 정도 올랐는지 미처 신경도 못 쓴 채로 몇 달을 보내게 되었다.

그렇게 몇 달이 흐르고 꺼내 본 수익은 자그마치 원금의 10배. 그 순간 사람의 욕심은 끝이 없다고, '왜 내가 용돈 정도의 금액만 넣어 놨을까!'라며 탄식했다. 너무 놀라서 막 심장이 뛰고 흥분이 되었다. 아마 그때가 포털 사이트의 실시간 검색어에 비트코인이 자주 오르내리는 상황이었던 걸로 기억한다.

그 당시엔 비트코인을 아는 사람이 많지 않았다. 알아도 어렴풋이 아는 정도에다 지금과 달리 원화로 구입할 수 있는 코인도 몇 개 되지 않았다.

지금은 어떻게 되었을까? 작년 12월, 올해 1월을 기점으로 비정상적인 높은 가격이 형성되더니 결국 버블이 터졌다. 2월이 되자 최고 가격의 반 토막도 안 되는 수준이 되고 말았었다. 모두가 코인을 사기 시작했던 때에 들어온 개미들은 어떻게 되었을까? 안타깝지만 아마 지금 엄청난 손실을 떠안고 있을 것이다. 나는 뉴스에 나오는 것처럼 수천만 원, 수억 원이 아닌 생활비에 보태어 쓸 만큼의 수익금밖에 못 얻었다. 하지만 이보다 훨씬 값진 교훈을 얻었다. 바로 '반 박자' 빠름의 원리다.

반 박자 빠리 무언가를 한다는 것은 직장생활을 하며 가장 크게 느꼈던 부분이기도 하다. 나는 꽤 인정받고 예쁨 받는 신입이었다. 주어진 일을 성실하고 책임감 있게 해내는 것도 응당 좋은 요소로 작용했을 것이다. 하지만 내가 생각한 최대 이유는 바로 남들보다 조금 빠른 움직임이다.

상사는 부하직원의 보고를 언제나 기다린다. 부하직원이 어떤 생각으로 어떻게 일을 처리하고 있는지, 어려움은 없는지, 어제 처리한 그 일은 잘 해결되었는지 항상 궁금해한다. 그럴 땐, 상사가 궁금증을 더 이상 참지 못하고 물어보기 전에 간략히 보고해 주면 매우 흡족해한다. 이렇게 되면 일일이 보고하느라 힘들다는 생각을 할 수도 있다. 하지만 오히려 상사의 생각을 빨리 파악할 수 있어 나중에 일 처리가 더 쉬워진다.

이 반 박자 빠름의 원리는 비단 직장생활에만 국한되는 것이 아니었다. 나는 일반 사람들보다 가상화폐를 불과 몇 개월 빨리 알았던 것뿐이다. 나는 기술 개발자도 아니고 전문 투자자도 아니다. 그러나 단지 조금 앞섰던 탓에 일반적인 관행으로는 절대 얻을 수 없었던 수익을 가져갔다. 덕분에 나는 그 돈을 몽땅 배움에 투자하며 내 인생을 하나씩 설계할 수 있었다.

그렇다면 왜 하필 반 박자일까? 여기에도 숨은 철칙이 있다. 바로 '한 박자'보다는 '반 박자'가 훨씬 낫다는 사실이다. 비트코인을 예로 들어보자. 한 박자 빨리 나보다 더 정보가 앞섰던 사람들은 이렇게 기회의 순간이 오기까지 수많은 등락을 경험하며 괴로웠을 것이다. 작년처럼 꾸준하면서도 가파르게 상승했던 적은 없었기 때문에, 이 상황이 오기까지 3~4년간 인내를 가지고 기다려야 했다.

이는 세상이 굴러가는 모든 원리에 적용된다고 생각한다. 내가 꿈꾸는 1인 창업도 마찬가지다. 이 세계는 아직 절대 다수의 일반인이 도전하지 못하는 세계다. 아직도 40만 명의 청년들이 공무원이 되기 위해 노량진에서 밤낮으로 학업에 매진하고 있다. 이 뜻은 내가 1인 창업에 있어서는 적어도 이들보다는 빠르다는 이야기다. 하지만 그렇다고 해서 내가 1인 창업의 선구자일까? 아니다. 나는 최초 1인 창업자들이 수없는 시행착오를 겪으며 만들어 낸 성공 공식을 그대로 모방만 하면 되는 후발 주자일 뿐이다.

그런 면에서 이 시대는 창업하기 딱 좋은 '반 박자' 빠른 시대임에 틀림없다. 어느 시대에 살고 있든 어느 분야에 종사하든 간에 조금만 앞서면 선두를 차지할 수 있다.

이를 부동산 투자에도 적용해 보면 어떨까? 나는 이러한 일련의 경험을 통해 남들보다 조금 앞선 혜안과 생각이 얼마나 중요한지 알게 되었다. 은행 이자가 물가상승률을 따라가지 못해 오히려 저축하면 손해만 보는 지금의 현실에선 더욱 현명한 투자처를 선택해야 한다. 그리고 현명한 투자처를 찾기 위해서는 내가 스스로 공부하는 수밖에 없다.

내 생각에 스스로 공부하는 방법은 크게 두 가지다. 하나는 직접 시행착오를 겪으며 발품을 팔고 좋은 부동산을 골라내는 방법. 하나는 부동산을 잘 알고 있는 투자 전문가에게 일정 금액을 지불하고 빠른 시간에 고급 정보를 얻는 방법이다.

시간이 남아돌아 쓸 데가 필요하면 전자 쪽을 선택하면 된다. 하지만 나처럼 시간 보기를 금같이 여겨야 하는 1인 창업가들은 당연히 후자를 선택해야 한다. 나는 지금 부동산에 대한 어떠한 기본 지식도 없기 때문에 이제부터라도 시장의 흐름에 눈뜨려고 한다. 사실 투자할 만큼의 돈이 당장 없는 것도 문제지만, 지금 집을 사야 할 이유가 없어 손을 놓고 있었다. 하지만 요즈음엔 아무리 바빠도 조금씩 배워 나가야겠다는 생각을 부쩍 하게 된다.

이런 생각을 하게 된 데는 부모님의 영향이 컸다. 부모님은 '안

전제일주의' 성향의 분들로, 조만간 경기침체가 와 부동산이 폭락하리라는 것을 믿으며 사셨다. 그래서 올해로 8년째 서울에서 전세살이를 하고 있다. 부모님 말씀대로 차라리 아파트 값이 폭락했으면 좋았을 것이다. 하지만 애석하게도 지난 8년간 아파트 매매가가 너무 올라 오히려 우리 가족은 상대적으로 가난해졌다. IMF에도 부자가 탄생하고 아무리 그물망 같은 정책을 쏟아 내도 수익을 얻는 사람은 분명 있다. 다행히 올해 자가 아파트를 마련하긴 했다. 그러나 만약 8년 전 서울 요지의 아파트를 매입했다면 어떻게 되었을까 하는 안타까움은 지울 수 없다.

월급을 꾸준히 저축한다고 절대 능사가 아님을 진즉 깨달았다. 남들은 집이 몇 채씩 될 동안 악착같이 저축했어도 집 한 채 없는 생활은 박탈감을 느끼기에 충분했다. 그래서 나는 앞으로 돈이 모이는 대로 땅이든 상가든 아파트든 부동산에 투자하려고 한다. 모르는 것은 그때 그때 배우면서 해 나가겠다. 그래서 5년 뒤, 10년 뒤 내가 뿌린 씨앗들이 새싹이 되어 나올 때 풍족하고 행복한 기분을 실컷 만끽하고 싶다. 마르지 않는 샘처럼 가만히 있어도 돈이 쭉쭉 불어나는 내 멋진 중년의 삶을 기대해 본다.

스시가 먹고 싶을 때
일본에 갈 수 있는 삶 살기

내가 그렇듯이, 지금의 청춘들은 본인의 만족을 위해 거리낌 없이 수입을 지출한다. 아끼며 절약하는 것이 미덕이었던 지난날들과는 확연히 다른 문화다. 하지만 불과 10여 년 전만 해도 장기여행은커녕 가까운 이웃나라에 싼값의 패키지여행을 가는 것이 대다수였다. 그 당시에는 밤도깨비 여행이나 당일치기로 무려 비행기를 타고 여행을 갔다 온다는 건 상상도 못할 일이었다. 그래서 나는 항상 여행은 특별한 때에 큰마음 먹고 떠나는 행위라고 생각했다. 그만큼 로망이나 환상도 크게 가지고 있었다.

이처럼 여행이나 비행기 탑승이 생소하던 시절, 무심코 TV를 보는데 재벌들의 이야기가 나왔다. 정확하게 기억나지는 않지만 간밤에 스시가 너무 먹고 싶어 바로 일본으로 날아가 기어코 스시를 먹고 다음 날 새벽에 돌아왔다는 이야기였다. 그때는 "와, 저런 미친 사람도 있네."라며 코웃음을 쳤다. 내 기준에 스시만 먹으러 일본을 가는 짓은 제일 가성비가 나쁘고 쓸데없고 비효율적인 짓이었다. 아무리 돈이 많아도 그렇지, 저런 식으로 돈을 쓴다는 게 좋게 보이진 않았다.

그런데 마음 한쪽에는 부러운 마음이 있었나 보다. 아마 나와 다른 그들의 삶의 방식에 적잖이 충격을 받았는지도 모른다. 그날 이후 나는 누군가 어떤 것을 가장 해 보고 싶으냐고 물어 올 때마다 "스시가 먹고 싶을 때 바로 일본에 다녀오고 싶다."라고 대답했다. 가끔 스시가 우동이 되기도 했다.

내가 해 보고 싶은 이 일은 단순히 식도락을 꿈꾸는 여행이 아니었다. 스시를 매우 좋아하는 사람은 정말로 오로지 스시 하나만 먹기 위해 일본 여행을 계획할 수도 있다. 그것은 전혀 이상하지도 않고 자연스럽다. 여행의 취향은 각기 다른 것이니까. 하지만 내가 원하는 이 행위는 아무나 할 수 없는 파격적인 것이다. 그 누가 당장 내일이 출근인데 새벽에 비행기를 타러 인천공항에 갈 수 있단 말인가! 또한 그 누가 10만 원짜리 스시를 먹으려고 몇 배가 되는 항공료를 지불하고 일본에 다녀올 수 있단 말인가! 그런데 나는 여기서 바로 '그 누가'가 되고 싶어졌다.

하지만 취업의 현실 앞에서 나는 '그 누가'는 잠시 잊은 채 오직 입사에만 매달렸다. 좋은 대학교를 나오지 못했기 때문에 복지가 좋은 대기업은 못 들어갈 것 같아 공무원을 준비했다. 그게 가장 쉽고 편안한 인생을 보낼 수 있는 길이라 여겼다. 다행히 대학 졸업 전에 합격해 백수의 기간 없이 바로 돈을 벌 수 있었다. 그렇게 받은 첫 월급이 세금 떼고 170만 원 정도. 익히 공무원 월급을 알고 있었기 때문에 그다지 충격적이진 않았던 것 같다.

처음에는 뭐든 배워야 하니까 정말 적극적인 자세로 일했다. 내게 엄청나게 중요한 일을 맡기진 않았어도 주어진 일은 최선을 다해 끝냈다. 워낙 일이 많은 주무 부서라 밤 9시에 퇴근하는 날이 반복되어 몸이 피곤해도 열정적으로 하루하루를 보냈다. 한편으론 뿌듯하기도 했다. 야근 자체는 나를 힘들게 하는 것이 아니었다. 나를 괴롭힌 건 따로 있었다.

몇 개월간의 적응 기간을 거치고 나니, 주위 환경이 보이기 시작했다. 나의 상황도 객관적으로 보이기 시작했다. 언제부턴가 일을 다 했는데도 눈치 보며 야근을 하고 있는 나를 발견했다. 배가 고프지 않은데도 상사의 비위를 맞추려 저녁식사를 함께 하고 있는 나를 발견했다. 재미없는 개그에도 억지웃음을 날리고 있는 나를 발견했다. 내 주관대로 되는 것이 아무것도 없었다. 내가 아니라고 생각할지라도 상사가 맞다고 생각하면 군말 없이 자료를 준비해야 했다. 일하다 내 몸이 아파도 누구 하나 책임지는 사람은 없다. 요령껏 몸 관리를 못한 내 책임이다. 이쯤 되니 처음엔 아무

불만이 없었던 내 월급이 어처구니없게 느껴졌다. 나는 170만 원을 받고 내 자유와 건강을 직장에 다 갖다 바친 것이다. 바꿔 말하면 내 자유와 건강이 고작 170만 원이라는 이야기이기도 했다.

혹자는 처음엔 다 그렇게 시작하는 거라고 얘기한다. 누구나 그런 시기를 거쳐 관리자가 되고, 그때는 나의 자율적 권한이 더 많이 생길 거라고 말한다. 과연 그럴까? 실질적으로 관리자급인 5급 사무관이 되려면 최소 10년은 기다려야 한다. 특히 승진 직전엔 거의 집에서 잠만 자는 수준으로 조직에 헌신한다. 인고의 시간을 거쳐 사무관이 된들, 사무관 위엔 과장이, 국장이, 실장이, 차관이 그리고 장관이 기다리고 있다.

나는 더 이상 의미가 없다는 생각이 들었다. 먼 미래의 자유를 위해 현재 20~30년의 자유를 억압당하고 싶지 않았다. 이런 생각이 강하게 밀려올 때쯤 잊고 있던, 스시 먹으러 바로 일본에 가는 '그 누가'가 떠올랐다. 그리고 실제로 나와 다른 직종에 있는 사람들은 어떻게 살고 있는지 관심을 갖고 둘러보기 시작했다.

몇 년 전 그 이야기를 처음 접했을 때는 나와는 별개의 사람들일 거라 생각했다. 부잣집 자제거나, 천부적인 재능을 타고나 세상살이가 비교적 쉬운 부류의 사람들일 거라 단정 지었다. 그래야 그들이 이런 호사를 누리는 것의 타당한 이유가 성립되지 않겠는가. 나도 질투 없이 쿨하게 넘기고 말이다.

그런데 주위를 둘러보니 세상엔 특별하게 타고나지 않고도 얼마든지 세상을 자기 마음대로 주무르고 다니는 사람들이 있었다. 이들은 일하고 싶을 때 일하고 쉬고 싶을 때 쉬고, 떠나고 싶을 때 떠났다. 바로 1인 기업가라 불리는 이들이었다.

나와 비슷한 평범한 사람들이 돈과 시간을 자유롭게 쓴다는 사실에 놀란 건 사실이다. 하지만 반대로 희망도 생겼다. 내가 태어난 이 시대는 평범한 사람도 얼마든지 부와 시간을 가질 수 있는 기회의 시대라는 사실에 매우 기쁘고 설레었다.

그래서 나는 조직을 과감하게 벗어났다. 진심으로 이 격변하는 세상에 나도 발 한번 담가 보고 싶었다. 변화의 파도에 나를 내던져 보고 싶었다. 고정비용 1원 한 장 없이 수익을 창출해 보고 싶었다. 지금이 아니면 영영 못 할 것 같았다. 더 나이 들기 전에 하루라도 빨리 해 보고 싶었다. 그래서 앞뒤 재지 않고 바로 조직을 나와 버렸다.

가끔은 농담 반 진담 반으로 '조금쯤은 재어 보고 나왔어야 했나'라는 생각이 들기도 한다. 1인 기업가로 성공하려면 직장인일 때보다 훨씬 나를 더 엄격하게 통제하고 관리해야 하기 때문이다. 내 삶에 대한 책임도 온전히 다 나에게 온다. 직장에서는 나를 보호해 주는 든든한 울타리가 있지만 1인 기업가는 본인이 스스로를 지켜야 한다. 더욱 단단하고 강해져야 한다. 그런 면에서 볼 때 나는 아직 더 굳은살이 생겨야 한다.

이십 몇 년간을 온실 속 화초처럼 커 왔다. 세상의 풍파가 무엇인지도 잘 모른다. 나는 내가 그토록 소심한 인간인 줄 조직을 나오고 나서 처음 알았다. 어느 것도 쉬운 일은 하나도 없다는 걸 절절히 깨닫는다.

하지만 이 삶이 결코 녹록지 않다는 것을 깨달으면서도 결코 퇴직을 후회하지 않는 이유가 있다. 일주일 내내 일에 대해 고민하고 밤늦게 잠드는 생활을 하면서도 직장에 다닐 때보다 지금이 훨씬 행복한 이유가 있다. 바로 나에게 주어진 '자유'다. 나는 내가 일어나고 싶을 때 일어난다. 퇴근하고 싶을 때 퇴근한다. 내가 먹고 싶을 때 먹고 내가 놀고 싶을 때 논다. 가장 중요한 건, 나는 내가 하고 싶은 일만 한다는 것이다.

일상의 기본적인 자유만으로도 이렇게 행복할진대 스시가 먹고 싶을 때 바로 일본을 갈 수 있는 자유는 얼마나 더 달콤할까? 스시뿐이랴. 북경오리 먹으러 중국에 가고, 크로와상 먹으러 프랑스에 가고, 햄버거 먹으러 미국에 가는 날이 머지않았다. 나는 꼭 내 인생의 자유를 쟁취해 내고야 말 것이다. 나는 꼭 내가 하고 싶은 일을 다 하며 살 것이다. 내년에 스시 먹으러 일본으로 가는 비행기 안에서 이 책을 펼쳐 볼 수 있기를 바란다.

젊은 창업 리더로 청와대 초청받기

2017년 5월 10일, 청와대 본관 앞. 꽃이 만발하고 바람마저 아름다웠던 그날. 우리는 경내에 도열해 대한민국 19대 대통령을 뜨겁게 맞이했다. 문재인 대통령은 리무진에서 하차해 청와대 직원 한 명 한 명과 악수를 나눴다. 그리고 그 모습은 생중계로 전파를 탔다. 내가 대통령과 악수하자마자 마침 중계를 보고 있던 지인들의 연락으로 휴대전화가 쉴 새 없이 울려 댔다. 하지만 나는 그 연락을 잠시 미뤄 두고 새로운 지도자 탄생의 기쁨을 더 만끽했다.

내 이십몇 년 간 인생의 단연 베스트 한 컷이자, 앞으로도 평생 잊지 못할 최고의 순간이었다. 정치색을 떠나서 한 나라의 비운 끝에 맞이한 새 대통령은 의미가 깊었다. 부디 나라를 잘 이끌어 췄으면 하는 마음이었다. 나는 진심으로 선정을 기원했다. 특히 전 정권과 업무 방식이 어떻게 달라질 것인가도 궁금했다. 비록 새 조직이 거의 완성되는 시점에 퇴직하는 바람에 그 다름을 느껴 볼 틈도 없었지만 말이다.

나는 유학휴직 후 복직하자마자 청와대 파견 제의를 받았다. 안 그래도 다시 돌아온 조직에 권태감과 무력감을 느끼고 있던 찰나, 인사과 계장님께서 면접을 보라는 얘기를 해 주셨다. 나는 말씀이 끝나기가 무섭게 당연히 간다고 했다. 청와대 파견은 공무원에게 있어서 매우 특별한 일이다. 특진을 포함해 추후 이력에 굉장히 많은 도움이 될 수 있기 때문이다. 하지만 파견 인원은 극소수이고, 그마저도 까다롭게 선발한다. 때문에 누구나 한 번쯤 가고 싶어 하지만 절대 아무나 갈 수 없는 곳이기도 하다.

그런데 나는 운이 정말 좋았다. 일반적으로 7급은 청와대에서 거의 부르지 않는데 마침 빈자리가 있었다. 게다가 그 당시 신입 첫해 나와 함께 근무했던 분이 인사계장으로 가 계셨다. 나를 좋게 봐 주신 그분은 1순위로 내 이름을 올려 주셨다. 나는 청와대에서 근무하기 위한 절차를 차근차근 밟아 나갔다.

일단 개인정보를 포함해 정신상태, 근무태도 등을 보여 줄 수 있는 서류를 무지하게 제출했다. 그리고 청와대 자체 정보팀의 조사를 받고 국정원의 조사까지 마쳐야 했다. 그 과정에서 그들은 부처 내의 나의 평판과 일상의 범법행위 등을 철저히 조사해 갔다. 몇 번의 전화 확인과 면접이 이어졌다. 이 모든 절차를 마치고 최종으로 민정수석실 근무 허가를 받게 되기까지 약 두 달이 걸렸다.

　물론 나중에는 익숙해졌지만 처음에는 청와대에서 근무한다는 게 설레기도 하고 중압감도 많이 느껴졌다. 대통령을 직접 보좌하는 최고 행정기관이다 보니 여간 예민하고 꼼꼼하게 일해야 하는 게 아니었다. 게다가 당시 일련의 사태 때문에 더욱 숨을 죽여야 하는 분위기이기도 했다. 내부의 공기는 무거웠고 캠프 출신 직원들의 자리는 하나둘 비워지기 시작했다. 그러나 실제로 5급 이하 공무원은 정무적인 것과는 거리가 멀다.

　이러니저러니 해도 나는 썩 만족하며 다녔고 자부심도 컸다. 매일 7시까지 출근해야 했던 나를 안쓰러워하시면서도 부모님도 한편으론 꽤나 자랑스러워하셨다. 내가 소속되어 있던 비서관실은 민중의 목소리를 듣는 핵심 부서였다. 사회 각 분야의 불합리한 제도를 개선하고 잘못된 절차는 바로잡는 등 문제점 해결의 직접적인 창구였다. 그래서 거시적으로나마 우리 사회의 단면을 살펴볼 수 있었다. 국민이 어느 부분에서 가장 고통을 느끼는지, 사회의 진정한 가치란 무엇인지도 그때 진지하게 생각해 볼 수 있었다.

또한 다양한 사람들과 함께 근무하는 재미도 맛볼 수 있었다. 과학기술비서관실이나 해양수산비서관실 등은 각 담당 부처의 공무원이 파견되어 오지만 민정수석실은 그렇지 않았다. 법원, 검찰, 금감원, 로펌, 국회 등 여러 분야에서 온 사람들과 접촉할 수 있었다. 물론 특유의 폐쇄적인 분위기로 인해 마음을 터놓고 친해지거나 한 것은 아니었다. 하지만 각계를 대표하는 인물들과 같이 했다는 사실 하나만으로도 당시 스물일곱 살치곤 엄청난 경험을 했다고 생각한다.

내가 청와대에 머무른 시간은 결코 길지 않은 시간이다. 보통은 1~2년 정도만 근무하고 원부처로 돌아가는 것이 관례이기 때문이다. 그러나 이 짧은 기간 동안 나는 역사의 한가운데에 있었다. 대한민국 최초로 대통령이 탄핵되는 과정을 고스란히 다 지켜봤다. 광화문에 촛불시위가 한창일 때 나는 주말에 사무실에 나와 당번을 섰다. 혹시 모를 비상사태에 대비하기 위해 각 부서별로 보초를 선 것이다.

정부의 일원으로서 정부가 국민들로부터 극도의 미움을 산다는 것은 매우 슬픈 일이었다. 아마 나뿐만 아니라 나와 근무했던 모든 사람들이 씁쓸한 마음이었을 것이다. 공통의 어려움이 있으면 알아서 뭉친다고 하지 않았던가. 사실을 사실이라고 말할 수 없는 처지에, 적어도 우리 부서는 서로 더 끈끈하게 감정을 공유했다. 어려운 시기를 함께 넘겼다는 전우애와 같은 마음이었다. 그래서 더욱 애정이 생기고 청와대에 대해 내가 좋은 기억을 가질 수 있었던 가장 큰 이유가 되었다.

그렇게 어둠이 지나가고 새 빛이 찾아올 무렵 간부급 공무원들은 다시 제자리로 돌려보내졌지만 나는 더 남아 새로운 정권과 함께 일할 수 있었다. 하지만 나는 전체적으로 인사가 바뀌는 그 시기가 내가 나와야 할 적기라 판단했다. 새 정권의 활기와 역동성을 보고 싶은 욕심도 있었지만, 내가 디 원하는 쪽으로 결정을 내렸다. 우유부단하게 계속 있다가는 나중에 발 빼기가 어렵겠다는 생각도 들었다. 팀이 꾸려진 후 중간에 나가는 것은 조직에 민폐가 될 수 있기 때문이다. 나갈 사람은 빨리 나가 줘야 한다는 게 내 생각이었다.

이로써 내 짧은 공직생활은 청와대에서 마무리되었다. 모든 공무원 시절이 기억에 남아 있지만 특히 청와대 근무 시절은 더욱 아련하게 다가온다. 경복궁 돌담길을 걸으며 출근했던 것, 동료들과 삼청동을 누비고 다녔던 기억, 경내에 흐드러지게 피었었던 벚꽃…. 지나가면 모든 게 아름다워 보인다더니 내가 딱 그렇다.

그래서 나는 꼭 다시 내가 사랑하는 청와대로 돌아갈 것이다. 직원으로 가는 것이 아닌 성공한 창업가로 초청받아 갈 것이다. 이것은 사직서를 제출할 때 나 스스로 다짐했던 부분이기도 하다. 청와대 경호원으로 재직하다 연예인으로 데뷔한 직원도 인터 넷에서 꽤 화제가 되었다고 한다. 내부 직원들도 다 알고 있을 정 도니 신기한 일이 맞나 보다. 하지만 나는 그 이상을 원한다. 젊은 창업 리더를 위한 자리가 마련되면 꼭 초청받아 가고 싶다. 일자 리에 관심이 많은 정권이니 못 할 것도 없다는 생각이 든다.

아마 가장 기뻐하는 건 우리 가족이 아닐까 싶다. 할머니는 내 가 그만뒀다고 얘기했을 때 "아이고 그 아까운 걸 그만뒀어?" 하 시며 혀를 끌끌 차셨다. 고집불통 손녀를 어떻게 말리겠냐마는 그 래도 TV 보며 친구들한테 내 손녀라고 자랑하셨는데 퍽 아쉬우 셨을 것이다. 오히려 나는 전혀 아쉽지 않았는데 주위의 모두가 아쉽다고 했다. 그러나 그 마음을 충분히 이해하기에 더욱더 힘을 낼 것이다. 당당히 청와대에 초청받을 수 있을 만큼의 사람이 될 것이다.

나는 벌써 내 인생의 시나리오를 다 완성해 두었다. 대통령을 만나면 "벌써 두 번째 하는 악수입니다."라고 할 것이다. 다시 돌아 와서 얼굴을 뵙게 되니 기분이 이상하다고도 말할 것이다. 이렇게 상상의 나래를 펼치면 시간이 잘도 흘러간다. 소설 한 권은 뚝딱 쓸 것만 같다. 하지만 상상하면 꿈이 현실이 된다고 하지 않았던 가! 이 꿈은 반드시 올해 안으로 이루어진다. 김민지 청와대 입성!

1년에 미니은퇴 네 번 하기

고분고분하던 내 자아가 꿈틀대기 시작했던 건 불과 3년 전이다. 한 치의 오차도 없이 정확하게 대학에 입학하고 졸업하고 취업했던 나는 어느 순간 불만이 생기기 시작했다. 내 인생은 왜 이렇게 단조로울까. 도대체 나는 무슨 생각을 하며 어떻게 살고 있는 걸까. 그래서 3년 전에 약간 도피성으로 유학휴직을 내고 독일로 무작정 떠나게 되었다.

왜 독일이냐 하면, 그나마 그 나라가 제일 안전할 것 같았다. 그리고 왠지 영어권은 남들 다 가는 것 같아 싫었다. 아무 지인도 없고 집도 없었다. 휴직하려면 어학원 수료증이 있어야 했으므로 어학원이 있다는 동독의 어느 지역으로 가게 되었다. 지금 생각해보면 내가 어떻게 저렇게 준비 하나 없이 갔는지 정말 의문이다.

가기만 하면 방은 쉽게 구할 수 있을 것이라는 근거 없는 믿음을 갖고 일단 도착은 했다. 집을 구할 때까지 2~3일 몸을 누일 호스텔을 미리 예약해 놓은 상태였다. 자, 이제 시작해 볼까, 라고 호기롭게 방을 구하기 시작했지만 그 후 3주간을 더 호스텔에서 생활해야 했다. 게다가 독일은 룸메이트가 되는 데 무려 면접까지 봐야 했다. 60군데 문의를 하고 20군데 면접을 보고도 다 떨어졌다.

교회를 안 다니는 내가 한인교회에 가서 호소를 하기도 했다. 남은 방 한 칸 있으면 좀 달라고 말이다. 그렇게 방방곡곡 다녀도 방을 구하지 못해 의기소침하려던 찰나, 철도 역사를 새로 집으로 개조한 곳이 있어 겨우겨우 들어가게 되었다. 기차가 들어올 때마다 진동이 울리는 집이었다. 그 집에서 드디어 나의 새로운 독일 생활이 시작되었다.

생전 처음 경험한 타지에서의 생활은 내 기대만큼이나 재미있었다. 새로 만난 외국 친구들과 서로의 집에 초대하며 맛있는 음식을 함께 먹는 것은 일상이었다. 그 재미에 독일에서 나는 처음으로 불고기도 해 보고 여러 한식을 할 수 있게 되었다. 그리고 덕분에 외국 친구들이 무조건 좋아하는 우리나라 음식이 무엇인지도 알게 되었다.

어학도 놀면서 늘었다. 독일에는 '탄뎀파트너'라고 하여 언어를 교류하는 사람을 지칭하는 단어가 있다. 그만큼 서로의 모국어를 알려 주는 문화가 잘 발달되어 있다는 이야기다. 나는 이를 적극 활용해 독일 친구 4명과 탄뎀파트너를 하게 되었다. 일주일에 각 한 시간씩 4시간을 1:1로 코칭 받으니 실력이 늘지 않을 수가 없었다. 이때 사귄 친구들과는 지금도 편지와 선물을 주고받는 각별한 사이가 되었다.

물론 한국 사람하고도 친하게 지냈다. 공교롭게도 내가 친했던 언니들이 모두 독일인과 결혼해 가정을 꾸리고 있었다. 그래서 독일 가정문화까지 더욱 깊숙이 알 게 되었다. 독일의 명절, 교육시스템, 가치관, 시댁과 남편과의 관계 등 시시콜콜한 부분도 많이 알 수 있었다. 이들과도 역시나 이들이 우리나라에 올 때마다 꼭 얼굴을 보는 사이가 되었다.

나는 거의 매일 하천을 따라 조깅하고 카페에서 나만의 시간을 보냈다. 어학원이 방학을 할 때마다 혼자 가까운 체코나 오스트리아, 프랑스로 여행을 떠났다. 한 가지 아쉬운 점이라면 아르바이트를 해 보지 않았다는 것이다. 지금 만약 간다면 무슨 일을 하더라도 한번 경험해 보고 싶긴 하다. 어찌 되었든 나는 이렇게 새로운 것을 끊임없이 보고 느끼고 경험하며 가치관이 달라지는 나를 알게 되었다. 독일은 배울 점이 참 많은 나라였다.

타인의 시선에서 자유롭게 사는 사람들, 지위 고하를 막론하고 같은 인간으로 친하게 지내는 사람들, 철저한 준법정신, 자연을 아끼고 사랑하는 마음, 각박하게 살지 않는 삶의 태도 등 이 모든 것들이 가랑비에 옷 젖듯 나를 서서히 깨워 주기 시작했다. 막상 그곳에 있을 땐 잘 몰랐는데 돌이켜 보면 나를 키운 8할은 독일이구나, 라고 느낀다.

사실 휴직을 허가받기 전, 인사 과장님이 나를 불러다 놓고 이런 말씀을 하셨다.

"김민지 주무관, 잘 생각해 보고 가는 거야? 한 번 갔다 오면 공무원 못해. 내가 아는 사람들 많이 그만뒀어. 그 생활에 젖으면 여기 와서 제시간에 딱딱 규칙적으로 못 산다니까."

그때는 과장님이 괜히 나한테 딴지 거는 줄 알았다. 왜 가기 전부터 초 치는 건지 이해가 안 되었다. 그리고 저 뉘앙스는, 마치 사람이 게을러져서 온다는 식의 표현 아닌가! 속으론 조금 기분이 나빴지만 절대 그럴 일은 없다고 안심시켜 드렸다. 그리고 휴직 결재를 받아 냈다. 지금은 아마 나를 걱정해서 한 말씀이었다고 생각하지만 말이다.

내가 겪어 보니 과장님의 말씀은 반은 맞고 반은 틀린 것이었다. 해외 한 번 다녀오면 공무원 못 한다는 말은 맞는 말이다. 그러나 그 이유는 틀렸다. 규칙적으로 사는 게 힘들어서 공무원을 못 하는 게 아니다. 훨씬 큰 세상을 보고 오기 때문에 못 하는 것이다.

예전에는 해외에 나가야 변한다는 말을 믿지 않았다. 국내에서도 다 할 수 있다고 생각했다. 그러나 이제 그게 아님을 안다. 사람은 무조건 낯설고 새로운 환경에 던져져야 성장한다. 그래야 그 자극으로 인해 시야가 넓어지고 생각이 열린다. 이에 가장 좋은 방법이 바로 여행인 것이다.

나는 이제 여행 애호가다. 우르르 몰려가 사진만 찍는 여행 말고 그 나라의 삶에 충분히 들어가 보는 여행을 추구한다. 운동센터에도 가 보고, 그 나라에서 나는 식재료를 사다 요리도 해 보고, 현지 친구도 초대할 줄 아는 여행 말이다. 그러려면 적어도 2주의 시간이 필요하다.

이를 아주 멋진 말로 포장해 준 사람이 있다. 바로 세계적 베스트셀러인《나는 4시간만 일한다》의 저자 팀 패리스다. 그가 쓴 용어는 '미니은퇴'로, 이것저것 신경 쓰다가 평생 여행 한 번 못가지 말고, 지금의 상황에서 당장 떠나라는 메시지가 담겨 있다. 굳이 은퇴를 여행으로 대변한 데는 그만한 이유가 있다고 생각한다. 저자도 여행이 가져다주는 힘을 굳건히 믿고 있기 때문이 아닐까.

이 특별한 미니은퇴를 1년에 몇 번이고 하는 것은 어떨까? 생각만 해도 짜릿하다. 주의할 점은 은퇴라고 해서 일을 하지 않는게 아니라는 점이다. 언제 어디서나 일을 처리할 수 있는 시스템을 만들어 놓으면 된다. 이것이 일주일에 4시간만 일할 수 있는 핵심이며 미니은퇴를 진정으로 즐기기 위한 최소한의 준비다.

내가 미니은퇴를 그토록 하고 싶은 이유가 또 하나 있다. 바로 가족과의 시간을 위해서다. 나는 항상 바빴다. 직장 다닐 땐 직장 업무와 내 취미생활을 위해 바빴다. 더 이상 직장인이 아니게 되었을 때는 돈을 벌어야 하니까 또 바빴다. 언젠가 시간이 되면 가족과 여행을 가겠다고 생각해도 그게 자꾸 미뤄졌다.

부모님은 아직 노인이 아니니 그렇다 쳐도 나와 동생을 아기 때부터 키워 주신 할머니가 마음에 걸렸다. 마지막 여행이 몇 년 전이었는데, 그사이 잘 걷지도 못하실 정도로 노쇠하셨다. 할머니는 아직도 그때의 여행을 떠올리며 즐거워하신다. 그때마다 자주 못 모신 게 죄송하고 마음이 안 좋다. 문득 갑자기 할머니가 돌아가시면 어쩌지, 라는 생각이 들 때가 있다. 그럴 때면 내가 이렇게 바쁜 척하는 게 가소롭고 정말 슬퍼진다. 바로 눈물이 뚝뚝 떨어질 만큼 말이다.

독일 생활에서 깨달은 점도 바로 이것이다. 독일인들은 가족을 끔찍이 여긴다. 명절과 같은 특별한 날은 물론이고 일상에서도 저녁은 항상 가족과 함께한다. 사회적 제도와 분위기가 다르니 우리나라에선 한계가 있을 수 있다 해도 그 모습이 좋아 보이고 부러웠다. 나는 아무리 돈을 많이 벌어도 이런 가치는 절대 놓치고 싶지 않다. 시간은 쪼개고 쪼개면 다 만들어진다. 내가 시간을 쪼개지 못해서 지금까지 가족과 함께하지 못했을 뿐이다.

올해 3월에 드디어 할머니를 모시고 여행을 다녀왔다. 모든 일정을 할머니 상태에 맞췄기 때문에 아주 넉넉하고 느긋한 여행이었다. 앞으로 내 목표는 매일매일 초고 한 꼭지 쓰기다. 이를 완수하면 앞으로의 내 미니은퇴의 밝은 미래가 보이는 것이다. 나도 장소와 시간에 구애받지 않는 진정한 디지털 노마드가 된다! 벌써부터 설레고 가슴이 뛴다.

PART **6**

경제적 자유를
누리며 가족들과
행복한 삶 살기

- 안 서 현 -

안서현 세일즈 마케팅 멘토, 비즈니스 코치, 매출증대 전문가, 강연가, 동기부여가

메리케이 코리아에서 화장품 세일즈로 4개월 만에 4억 원이 넘는 매출을 달성했다. 현재는 오랜 사회경험을
바탕으로 얻은 뛰어난 상담능력과 비즈니스 노하우로, 사람들이 자신의 가치를 발견할 수 있도록 돕는 멘토로
활동하고 있다. 또한 사람들과의 마음을 공감할 줄 아는 진정한 동기부여가로도 활동 중이다. 세일즈에 관한
자신의 솔직한 사례를 담은 개인저서가 출간될 예정이다.

Email may1921@naver.com
C · P 010.6604.7366

Blog blog.naver.com/may1921
Instagram salesqueen80

아이들과 다시 만나 행복하게 살기

1980년 6월 26일 오전 11시 30분경, 딸아이가 태어났다. 딸 부잣집에 또 딸이 태어난 것이다. 그토록 바라던 아들은 태어나지 않았다. 아버지의 실망감은 말할 수가 없었다고 한다. 그 환영받지 못한 딸로 태어난 계집아이가 바로 나다.

아버지의 어머니인, 그러니까 나에게 할머니가 되는 분은 아버지가 아홉 살 때 알 수 없는 병으로 돌아가셨다고 한다. 아버지는 엄마의 사랑을 받지 못하고 성장했고 가난 때문에 늘 옥수수와 감자만을 드셨다고 했다. 사실 나는 아버지에 대해 별로 아는 것이 없다. 아들인 줄 알고 마지막 희망으로 낳은 아이가 또 딸이었으니 얼마나 내가 미웠겠는가.

내가 지금까지 살면서 아버지와 나눈 대화는 다 합쳐도 한 시간이 되지 않는다. 또한 아버지와 처음이자 마지막으로 스킨십을 했던 건 결혼식장에서가 전부다.

하지만 아버지는 굉장히 성실한 분이셨다. 가난이라는 것을 우리들에게 물려주고 싶지 않아 악착같이 사셨다. 젊은 나이에 어머니를 만나 결혼하셨다. 딱히 기술이 없었던 아버지는 당시 월급을 많이 주는 탄광에서 일을 시작하셨다. 지하갱도의 막장이 무너지면서 같이 일하던 동료들이 옆에서 죽어 가는 걸 지켜본 아버지. 아버지는 자신의 생명도 위협받을 수 있을 거란 두려움에 점점 거칠게 변해 가셨다고 한다.

아버지에게 내가 배운 건 성실과 노력하는 자세였다. 우리 집 딸 4명은 지금까지도 일을 쉬지 않고 하고 있다. 누가 하라고 시키는 것도 아닌데 각자의 꿈을 위해 끊임없이 배우고 일한다.

나는 스물아홉 살에 결혼했다. 전 남편을 만나 한 달 만에 상견례를 하고 5개월 뒤에 결혼했다. 그런데 결혼은 내 생각과 많이 달랐다. 나는 남자들은 아버지처럼 당연히 항상 돈을 벌어 오는 줄 알았다. 남자들은 돈을 벌어 오고 여자들은 그 돈으로 그냥 살림만 하며 사는 줄 알았다.

전 남편은 결혼하고 몇 달 뒤에 직장을 잃었다. 내 전 남편은 부잣집 아들이었다. 고생 한번 해 본 적이 없었다. 결혼하기 전까지 해외 30여 개국을 돌고 외국에서 생활했던 사람이었다. 그는 억척스러운 나를 이해하지 못했고 나는 늘 즐기며 아무 걱정 없이 사는 남편을 이해하지 못했다.

직장을 잃고 다시 새로운 직장을 구하지 못하고 있는 상황에서 남편은 시부모님의 도움으로 분당 정자동에서 사업을 시작하게 되었다. 하지만 그것도 1년을 채 채우지 못했다. 우린 빈털터리로 다시 지방으로 이사를 오게 되었다.

그때 난 둘째를 낳은 지 세 달 정도밖에 되지 않았었다. 어린 아이 2명을 데리고 내가 할 수 있는 일은 그다지 많지 않았다. 무슨 일이든 닥치는 대로 해야만 했다. 그때 마침 육아맘 카페에서 공동구매가 한창이었다. 최저가 공동구매를 원칙으로 좋은 물건을 가장 저렴하게 구입하고 싶어 하는 우리나라 아기 엄마들이 가장 좋아하는 공간이 바로 맘카페였다.

나는 전 남편의 고향 지인분에게 부탁해서 좋은 건어물을 공급받을 수 있게 되었다. 그때 사실 물건 준비할 50만 원이 없어서 첫째 아이 돌 반지를 팔아서 시작했다. 나중에 돈 벌면 2배로 다시 채워 주겠다고 약속하면서 말이다.

그렇게 해서 나는 미역, 쥐포, 다시마를 팔기 시작했다. 장사는 굉장히 잘되었다. 그다음부터 나는 젓갈, 양말, 속옷, 아이들 내복 등 안 팔아 본 제품이 없이 1년 넘게 공동구매를 진행했다.

한창 장사가 잘되어 갈 때쯤 소셜커머스 업체들이 생기기 시작했다. 더 이상 공동구매는 불가능했다. 하루에 3~4시간도 못 자고 이뤄 놓은 것들이 물거품이 되어 버렸다.

나는 다시 무언가를 시작해야 했다. 그때 당시 나는 키가 168cm인데도 45kg이 겨우 나갈 정도로 많이 말랐었다. 내 수중 엔 고작 21만 원이 전부였다. 그때 우연한 기회에 화장품 세일즈 를 시작하게 되었다. 무슨 일이든 닥치는 대로 해야만 했다. 나에 겐 선택의 여지가 없었다. 당장 다음 달부터 어떻게 해야 할지 눈 앞이 캄캄했다.

나는 엄마에게 전화를 걸어 화장품 세일즈를 하게 되었다고 했다. 그리고 엄마에게 화장품 세일즈를 해도 괜찮으냐고 물었다. 그때 엄마의 대답이 내 희망의 원동력이 되었다.

"무슨 일을 하든지 최선만 다하면 돼. 그럼 결과가 말해 줄 거 야."

나는 엄마를 실망시키고 싶지 않았고 반드시 꼭 잘해내고 싶었 다. 그렇게 나는 화장품 세일즈를 시작한 지 6개월 만에 부상으로 '핑크 그랜저'를 받게 되었다. 또한 1년 동안 상위 10등 안에 드는 기록을 냈으며 억대 연봉이라는 타이틀도 얻게 되었다. 하루에 잠 을 2시간씩 자고 1년 동안 전국을 9만km 가까이 달린 내 결과물 이었다.

내가 그토록 목숨을 걸고 일했던 것은 내가 지켜야 할 사랑하 는 아이들이 있었기 때문이었다. 세상 부모들이 그러하듯 나 또한 아이들에 대한 마음이 컸다. 아버지로부터 받은 사랑이 작았기 때문에 나는 내 아이들에게 내가 받지 못한 사랑을 마음껏 주고 싶었다. 하지만 나는 아이들과 그리 오랜 시간을 함께하지도, 나와의 약속을 지키지도 못했다.

화장품 세일즈를 하면서 회사에서 하는 행사들이 점점 많아졌다. 상으로 보내 주는 해외여행을 갈 때마다 전 남편과 크게 싸워야만 했다. 전 남편은 내 꿈을 지지해 주는 사람이 아니었다. 그냥 작은 회사에 경리로 취직해 월급을 받으라고 했다. 하지만 당시 우리의 형편에 그 월급으로는 도저히 살아갈 수가 없었다. 나는 무능력한 남편이 한심하고 원망스러웠다. 더욱이 내 꿈까지 방해하는 남편이 이해가 되지 않았다. 조금만 더 하면 잘될 것 같으니 날 조금만 도와 달라고 부탁하기도 했다. 하지만 서로의 의견은 좁혀지지 않았다. 결국 우리는 별거를 시작했고 이혼을 하기까지 3년이 넘는 시간이 걸렸다.

아이들은 별거하면서부터 보지 못했다. 시부모님께서 아이들을 보여 주지 않았다. 그게 내가 선택한 이혼이라는 결과에 대한 책임이라고 하셨다. 별거를 하면서 나의 모든 생활들은 엉망이 되었다.

아이들이 너무 보고 싶어서 미친 듯이 울었다. 밤에 자다가 벌떡 일어나 밖으로 나가 벽에 머리를 마구 찧으면서 나를 때리고 또 때렸다. 그 뒤로 나는 나 자신을 많이 미워했다. 나의 선택은 아이들을 위한 선택이 아닌 날 위한 선택이었다는 생각이 나를 힘들게 했다. 내가 돈이 더 많았더라면 좋았을 텐데, 라는 생각도 나를 많이 힘들게 했다. 가진 게 없으니 아이들을 선뜻 데리고 올 수도 없는 나의 상황이 미치도록 싫었다. 나 자신이 좀처럼 용서가 되지 않았다.

아이들과 떨어져 살게 된 지 벌써 4년이라는 시간이 흘렀다. 지나가는 내 아이들의 또래들만 봐도 눈물이 왈칵 올라온다. 애써 아이들을 보지 않으려고 시선을 나도 모르게 다른 곳으로 돌린다.

둘째 아이가 올해 초등학교에 입학했다. 첫째 아이 입학식도 못 봤는데 둘째 아이 입학식을 본다는 건 언감생심이다. 나는 거기에 참석할 자격도 없고 아이들을 볼 자격도 없는 엄마라는 것을 안다. 낳기만 낳았지 아이들과 함께한 시간은 고작 5년이 전부이니 말이다. 아이들이 미치도록 보고 싶어 먼발치에서라도 행여 볼 수 있을까 여러 번 찾아갔지만 아이들을 단 한 번도 볼 수 없었다.

한동안은 앞으로 내가 무슨 일을 해야 할지, 꿈이 무엇인지 찾으려고 하지 않았다. 이루고 싶은 꿈이 없었다. 아무리 아등바등 살아도 내 인생의 결말은 늘 해피엔딩이 아닌 새드엔딩으로 정해져 있다고 믿었다. 내가 만들어 놓은 결과들은 항상 왜 이 모양이지, 라며 나 자신을 가둬 놓고 미워했다. 여기에서 빠져나와야 아이들을 다시 볼 수 있는데 나는 반대로 어리석은 생각만 했던 것이다.

요즘 나는 나 자신에게 끊임없이 얘기해 준다. 이제 그만 자신을 용서하라고 말이다. 인생을 처음 살고 있기 때문에 때론 어리석은 판단을 하게 되고 지혜롭지 않은 행동을 한다고 말이다. 그러니 더는 방황하지 말고 아이들을 다시 만나 행복하게 살 수 있는 그 순간을 위해서 일분 일초도 그냥 쓰지 말자고 말이다.

내겐 내가 지켜 내고 더 늦기 전에 함께해야 할 목숨 같은 보물들이 있다. 때문에 나는 오늘도 쉬지 않고 아이들과 함께할 수 있는 그 행복한 날을 생각하며 한 발 한 발 힘차게 나아가고 싶다.

100억 원대 자산가 되기

남들이 보면 나는 평범한 가정에서 태어나 자랐다고 볼 수도 있겠다. 나를 처음 보는 사람들은 내가 외동딸로 사랑 듬뿍 받으며 큰 것 같다고 한다. 물론 내가 고생을 많이 하며 자란 것은 아니다. 하지만 딸 넷에 아버지 혼자 벌어 오는 돈으로 여섯 식구가 생활해야 했기 때문에 그렇게 넉넉하지는 않았다.

나는 어릴 적 돈 때문에 부모님이 싸우는 모습을 많이 보고 자랐다. 아버지가 술을 한잔 드시고 오는 날은 어김없이 집안에 싸움이 일어났다. 아버지가 조금이라도 늦게 퇴근할라치면 언니들과 나는 곧 닥칠 폭풍을 예감할 수 있었다. 어린 우리 네 자매는 숨죽여 부모님의 싸우는 소리를 들으면서 힘든 시간을 보냈다.

어릴 적 나는 돈 때문에 부모님이 싸우는지 몰랐다. 그냥 술

마시고 온 아버지 때문에 싸우는 줄 알았다. 그래서 술을 배우지 않았다. 덕분에 나는 지금까지도 술을 마시지 않는다. 어릴 적 부모님이 싸우시던 모습은 나에게 평생의 트라우마가 되어 버렸다. 돈이 없으면 불행해진다는 사실을 너무 빨리 알아 버렸다. 그래서 남들보다 더 성공을 갈망하며 살았는지도 모르겠다.

꿈이 있어도 돈 때문에 하지 못했던 게 너무나도 많았다. 나는 중학생이 되어서야 새 옷을 입어 볼 수 있었다. 늘 두 살 터울인 셋째 언니 옷을 물려받아야 했다. 내가 입을 때쯤엔 내복의 무릎은 이미 닳은 후였다. 엄마는 거기에 다른 천을 덧대어서 나에게 입혀 주셨다. 나는 늘 새 옷이 입고 싶고 언니처럼 예쁜 새 핑크 구두를 신고 싶었다. 하지만 어릴 적부터 우리 집이 넉넉하지 않다는 것을 본능적으로 느꼈기 때문에 난 단 한 번도 새 옷을 사 달라고 말해 본 적이 없다. 그 때문인지, 지금의 나는 새 옷도 좋아하고 옷 입는 것도 굉장히 좋아한다.

가난은 사랑을 갉아먹는다. 가난은 행복한 시간을 주지 않는다. 오히려 행복한 시간을 뺏어 간다. 고통을 주고 사랑해서 만난 사람들에게도 미움과 증오라는 감정을 만들어 준다. 나는 돈이 없으면 소중한 것들을 지키지도 못하고 함께할 수도 없다는 것을 배웠다. 내가 살아오면서 돈에 대해 배운 것들이다.

돈을 벌어야 했다. 아니 돈을 벌어서 성공하고 싶었다. 다시 아이들과 살기 위해서 내가 할 수 있는 게 어떤 것이 있을까 생각했다. 먼저 나는 돈에 대한 개념부터 알고 싶었다. 그토록 지긋지긋하게 나를 따라다니는 돈이란 게 도대체 어떤 건지 알아야 했다. 적을 알아야 싸움에서 이길 수 있는 게 아니겠는가.

서점으로 한걸음에 달려갔다. 경제 분야의 책을 닥치는 대로 읽었다. 자수성가한 부자들은 무엇으로 돈을 벌었는지 궁금했다. 그들과 내가 다른 것들을 분석하기 시작했다. 순간 머리에 총을 맞은 듯한 기분이 들었다. 그 책에 따르면 당시 내 의식은 평생 가난하게 살기에 최적화되어 있었다. 이렇게 하루라도 더 살면 난 두 번 다시는 내가 보고 싶어 하는 아이들과 함께할 수 없겠다는 생각이 들었다.

먼저 적금통장 5개를 만들었다. 우선은 종잣돈 만드는 데 집중하기로 했다. 종잣돈이 있는 사람과 없는 사람은 부를 축적해가는 시간과 방법이 다르다는 것을 알았다. 돈만 생기면 적금통장을 만들기 시작했고 돈이 쌓여 갈 때마다 기분이 새로웠다. 알 수 없는 든든함까지 느껴졌다.

그렇게 모은 종잣돈 중에서 100만 원을 주식에 투자해 보기로 했다. 일확천금을 바라지는 않았다. 주식을 해야 매일매일 세계 증시를 볼 수 있고 경제의 흐름을 놓치지 않고 파악할 수 있었다. 신문이나 뉴스를 찾아보는 일도 게을리하지 않았다. 주식계좌를 처음 개설하려고 할 때 100만 원을 잃어버리면 어떻게 하지?

라는 불안감도 있었다. 하지만 경제공부 한다고 받아들이자, 라고 생각을 바꾸니 마음이 편해졌다.

두 달 동안 100만 원으로 시작해서 1,800만 원을 벌었다. 혼자 책 사서 공부하고 차트 분석이며 주식 용어를 익혔다. 밤 12시부터 시작하는 미국, 유럽 증시를 매일 새벽 3시까지 지켜보았다. 그렇게 노력한 결과였다.

100만 원으로 주식투자를 시작할 때 2,000만 원만 벌면 끝내야겠다고 나심을 했었다. 그렇게 목표를 달성하고 나는 미련 없이 주식을 접었다. 주식은 많은 시간을 필요로 했고 자기계발 할 시간을 줄어들게 했다. 하루 종일 휴대전화만 봐야 하는지라 더 이상은 시간과 노력을 낭비하고 싶지 않았다.

다음 차례는 부동산이었다. 경매 강의를 듣기로 했다. 사실 나는 부동산에 자신이 있었다. 스물두 살 때부터 고시원 생활을 하며 반지하에서도 살아 봤고 결혼하기까지 7년 동안 서른 번이 넘는 이사를 하면서 서울 강남권에 있는 오피스텔에서 거의 한 번쯤은 살아 봤다. 그래서인지 남들보다 집을 보는 눈이 탁월했다. 집을 구할 때 어떤 걸 가장 중요하게 봐야 하는지도 잘 알고 있었다. 그리고 결혼 전에 만났던 남자 친구가 우리나라에서 유명한 부동산 대표였기 때문에 부동산이 돈이 된다는 것도 이미 알고 있었다.

경매 강의는 들었지만 수도권 지역만 투자처로 알려 주니 내가 가진 자금으로는 어림도 없었다. 대신 나는 당장 투자는 하지 못하더라도 임장은 꼭 다녀야겠다고 다짐했다. 쉬는 날과 연휴에는 경매 사이트에 올라온 물건들을 위주로 임장을 다녔다. 임장을 다니면서 그 지역에서 새로 오픈하는 분양사무소에 들르는 건 필수 코스였다. 왜냐하면 분양상담실들은 그 지역의 호재에 대해 가장 잘 알고 있기 때문이었다. 임장을 다녔던 1년 동안 분양상담실에서 챙겨 온 라면이랑 휴지가 넘쳐 나서 집에 놀러 오는 친구들에게 마구 퍼 주기도 했다.

부동산을 시작하는 사람들의 대부분은 경매나 월세를 받는 시스템을 선호했다. 돈이 조금 많거나 대출이 잘되면 월세를 준비하는 것이 물론 좋겠지만 나는 다른 방법을 선택했다. 내가 가진 돈을 최소로 투자해 최대한 많은 소형아파트를 구입하기로 했다. 내가 가장 잘 아는 지역에 투자해야겠다고 생각했고, 그 지역에 대해 분석하기 시작했다. 또한 일부러 그 아파트에 가서 살아 보기도 했다.

어떤 분은 '이미 그 지역은 거품이다, 사면 안 된다, 이미 오를 만큼 올랐다, 곧 떨어진다'라고도 말했지만 나는 내가 사는 지역의 아파트에 대한 확신이 있었다. 사실 그렇게 말하는 사람들은 경제 도서를 단 한 권도 읽어 보지 않은 분들이 대부분이었다. 그냥 남들이 하는 얘기를 얼핏 듣고 와서 조언한다는 걸 나는 알고 있었다.

나는 단돈 200만 원으로 지방에 있는 소형아파트 몇 채를 구입했다. 생각해 보라! 200만 원으로 1억 정도 되는 아파트를 구입할 수 있다니! 하루에 2채를 계약한 적도 있다. 물론 그 아파트는 사자마자 일주일 뒤부터 가격이 상승하기 시작했다. 몇 달 만에 내가 산 가격에서 2,000만 원 넘게 올랐다.

이야기를 전해 들은 몇 분은 나에게 조언을 구했다. 나는 그분들에게 오를 만한 집을 소개했다. 그중의 한 분은 내 도움으로 몇 달 만에 10채 넘게 아파트를 구입해 많은 수익을 내고 계신다. 지금도 집을 구입할 때 부동산 종사자들에게 조언을 구하는 게 아니라 오히려 나에게 물어보시는 분들도 많다.

100억 원대 부자로 방송에 출연한 친한 지인분이 계시다. 언젠가 그분이 나에게 꿈이 있냐고 물어본 적이 있다. 나는 주저하지 않고 백만장자가 되는 게 꿈이라고 말했다. 그때 그분께서는 이왕이면 백만장자가 아닌 억만장자가 되라고 하셨다. 너 정도면 억만장자도 가능하다고 하시면서 말이다. 칭찬은 고래도 춤추게 하고 더 큰 꿈을 꾸게 한다. 그때부터 나의 꿈은 100억 원대 자산가가 되는 것이 되었다.

돈이 인생의 전부가 되어서는 안 된다. 돈을 좇아가며 살다 보면 행복한 순간을 놓치게 된다고 말하는 것을 많이 들었다. 다른 사람들에게도 내가 억척스럽게 보였나 보다. 사회생활을 시작하면서부터 성공하고 싶어 했으니 말이다. 하지만 나는 반대로 생각한다. 돈은 당연히 있어야 한다. 그리고 많으면 많을수록 좋다. 돈이 많은 사람들은 자신의 외모를 꾸미지 않아도 당당함이 묻어난다. 오히려 가난한 사람들이 겉모습에 더 많이 신경 쓴다. 그게 돈이 있는 사람과 없는 사람의 차이점이라고 생각한다.

내가 끊임없이 꿈을 꾸고 목표를 향해 달려가는 것은 돈 때문에 소중한 것들을 다시는 잃고 싶지 않아서다. 돈이 없으면 사랑하는 것들을 지킬 수도 없다. 아직도 많이 미흡하지만 나는 내가 가진 노력과 재능으로 반드시 100억 원대 자산가가 될 거라는 걸 알고 있다.

많이 방황하며 돌고 돌아 힘든 시간을 보냈다. 한번 실패할 때마다 내 인생이 아니라고 부정하고 싶었다. 왜 나에게만 이런 시련을 주는 거냐고 하나님을 원망하기도 했다. 하지만 이젠 알고 있다. 내 두 손의 무거운 돌을 내려놓는 대신 내게 황금을 주기 위함이란 걸 말이다.

그 시간들은 되돌아보면 결코 헛된 시간들이 아니었다. 앞으로가 더 중요하다. 지금 이 순간부터 3년이 지난 후에 내가 적은 이 글을 보며 바라던 일들을 다 이루었노라고 하늘에 대고 소리 지를 것이다. 나는 100억 원대 자산가로 성공하기 위해 태어났다고 말이다.

부모님께 전원주택 지어 드리기

한밤중이었다. 엄마가 나를 들쳐 업었다. 그리고 셋째 언니의 손을 잡고 급하게 아버지가 일하시는 막장으로 향하셨다. 가을인데도 찬 바람이 내 어린 뺨을 시리게 했던 게 어렴풋이 기억난다. 그때 우린 사택에서 살고 있었다. 아버지가 일하는 광업소를 기반으로 사람들이 먹고사는 작은 마을이었다. 어두컴컴한 마을에 환하게 불이 켜지고 방송국 차들이 몰려들었다. 어린 나는 아무것도 모른 채 엄마 등에 업혀 있었고 엄마는 셋째 언니를 놓칠까 봐 손을 꽉 붙잡고 계셨다. 사람들이 삼삼오오 몰려들기 시작하더니 웅성웅성 시끄러워졌다. 여기저기서 울음소리와 곡소리가 나기 시작했다.

아버지가 일하러 내려간 막장이 무너져 사람들이 고립되었던 것이다. 한번 막장이 무너지면 거기서 살아 나오기란 힘들었다. 또는 장애인이 되는 경우가 대부분이었다. 아버지는 그때 사고로 오른팔을 수술하셨다. 수저를 사용하실 때 오른팔을 불편하게 쓰시게 되었다.

퇴근해서 집에 오실 때면 분명 씻고 오셨는데도 아버지의 눈과 손에는 까만 탄가루가 남아 있었다. 그때 난 아버지가 눈에 왜 자꾸만 검은 가루를 묻히고 오시는지 몰랐다. 다섯 살 된 여자아이가 본 아버지는 항상 그런 모습이었다. 막장이 무엇이고 광부가 무엇인지 나는 잘 알지 못했다. 아버지는 내가 일곱 살이 되면서 광부 일을 그만두셨다.

나는 대학생이 되면서 우연히 태백석탄박물관에서 아르바이트를 하게 되었다. 그때 내가 맡은 일은 석탄박물관을 소개하는 내레이션 일이었다. 박물관에 대해 구체적이고 정확히 알아야 관광객들에게 제대로 설명할 수 있었다. 박물관은 아버지가 일했을 당시의 막장을 그대로 재현해 놓았다.

나는 아무것도 모른 채 담당하시는 팀장님과 함께 지하로 내려가는 승강기를 탔다. 그런데 갑자기 시야가 어두워지기 시작하더니 승강기가 덜컹거리며 불안정하게 내려갔다. 순간 겁에 질린 나를 본 팀장님이 예전에 광부들이 지하 갱도로 가기 위해 타고 내려갔던 승강기를 똑같이 재현한 것이라고 했다.

한참을 내려갔다. 지하 1,000m까지 내려가서야 승강기는 멈췄다. 그때까지만 해도 앞으로 내가 받을 충격을 짐작하지 못했다. 아버지가 일하셨을 때의 상황을 재현해 놓은 모형들을 보고 나는 소리 내어 엄청 울었다. 한 번 내려가면 9시간 동안 거기서 식사까지 해결하는지 몰랐다. 그렇게 숨 막히는 곳에서 9시간 넘게 일하셨다고 생각하니 말이 나오지 않았다. 아버지가 그렇게 고생하셨는지 처음으로 알았던 순간이다.

내가 서른 살이 되었을 때 아버지는 뇌종양 수술을 하셨다. 평생을 자식들을 위해 일만 하셨던 아버지는 자신의 병명을 듣고 무척이나 놀라시고 많이 불안해하셨다. 나 또한 평생 건강할 것만 같았던 아버지의 병명에 서울아산병원까지 가는 차 안에서 많이 울었다. 아무 일 없게 해 달라고 빌고 또 빌었다. 아버지를 제대로 안아 본 적이 단 한 번도 없고 살아오면서 아버지에 대한 고마움을 표현해 보지도 못한 나의 행동이 무척이나 후회스러웠다. 다행히 아버지의 수술은 잘 끝났고 지금까지 건강하게 지내고 계신다.

나는 대학생이 되어 사춘기를 심하게 겪었다. 우리나라의 청소년들은 입시 때문에 사춘기를 대학생이 되고 난 후에 겪는 경우가 많다고 한다. 바로 위의 언니와 두 살 터울이라 내가 대학교에 들어갈 때 우리 집에는 대학생이 2명이나 되었다. 아버지는 호텔리어를 꿈꾸는 나에게 국립대를 가라고 하셨다. 2명의 사립대 등록금을 내는 것은 힘들다고 했다.

그렇게 나의 꿈과 무관한 국립대학교에 입학하게 되었다. 학교는 재미가 없었다. 그리고 아버지에 대한 원망스러움이 컸다. 나는 즐거워야 할 대학교 1학년을 혼자 방에서 많이 울면서 보냈다. 그리고 그해 겨울 나는 자살 시도를 했다. 약을 200알을 넘게 먹었다. 지금 생각하면 정말 어리석은 행동이었다. 하지만 나의 자살 시도는 그다음 해에 또 한 번 이어졌다. 나는 내가 왜 살아야 하는지 몰랐다. 나는 태어나지 말았어야 할 존재라고 늘 생각했다. 행복하지 않을 거면 하루빨리 죽는 게 낫다고 생각했다.

두 번째 자살 시도로 나는 오랜 시간 동안 가족들 사이에서 이방인으로 살아야 했다. 가족들은 나를 이해할 수 없다고 했다. 안 그래도 서먹했던 아버지와의 관계는 더 멀어졌고 엄마는 내가 또다시 잘못될까 봐 항상 노심초사였다. 사실 우리 엄마가 없었으면 나는 지금 여기에 없었을지도 모르겠다. 나를 세상에서 가장 사랑하는 엄마가 있었기 때문에 힘든 일이 있어도 앞만 보며 달렸던 것 같다.

이혼하고 한참 힘들어하는 나를 보고 엄마가 문자를 보냈다.

"뒤돌아보지 말고 앞만 보고 걸어가. 예쁘게 키운다고 키웠는데 너에게 이런 일이 생겨서 엄마는 마음이 많이 아프네."

엄마의 잘못도 아니고 그 누구의 잘못도 아닌데 엄마는 내가 잘못된 것이 다 엄마 탓인 것 같다고 했다. 다른 누구보다 엄마를 실망시키고 싶지 않았다. 스물한 살에 결혼해 딸 넷을 낳고 도시락 7개를 매일같이 싸면서 우리들을 어떻게 키웠는지 나는 알고 있기 때문이다. 엄마는 딸 넷을 다른 집처럼 부족한 것 없이 키우기 위해 마늘 까는 일이며 밭일이며 돈 되는 일이라면 마다하지 않고 하셨다.

내가 첫아이를 낳고 엄마가 되고 나니 부모님의 마음을 알 것 같았다. 자식에게 뭔가를 해 주고도 계속해서 더 해 주고 싶은 마음을 말이다. 자식은 눈에 넣어도 안 아픈 존재라는 것을 말이다. 내 모든 것을 내어 주고도 부족한 거 같아 더 채워 주고 싶은 게 부모 마음이라는 것도 말이다. 나의 어리석었던 행동들로 부모님의 마음이 얼마나 아프셨을까? 그 마음을 생각하면 지금도 너무 죄송스럽다.

"똥을 푸는 일을 하더라도 내 처자식들만큼은 절대 굶기지 않을 거다."

우리 아버지의 평생 인생철학이셨다. 평생을 자식들 뒷바라지를 위해 사셨다. 퇴직하신 지금도 결코 쉬는 법이 없으시다. 아버지는 평생 새벽 4시에 일어나셨다. 늘 부지런하시고 성실하시다. 일 안 하고 사시는 모습을 본 적이 없다. 산과 들을 좋아하시는 아버지는 몇 년 전에 집 근처에 땅을 사서 주말에는 엄마와 함께 밭을 일구신다. 작년 여름에는 파란색 컨테이너를 제작해서 설치

하신 후 거의 거기서 사시다시피 하신다.

사회생활을 하면서 부모님을 위해 제대로 해 드린 게 없다. 오히려 나는 아직까지도 부모님께 걱정만 끼쳐 드리는 딸이다. 어릴 때는 우리 부모님은 왜 부자가 아닐까, 라는 생각을 하고 살았다. 내가 부모님에게 어떤 딸이 되겠다는 생각은 하지 못하고 자식이니까 무조건 받아야만 한다고 생각했던 것 같다.

사실 지금도 엄마는 내 걱정뿐이고 아버지와 나 사이에서 힘든 징검다리 역할을 하고 계신다. 열 손가락 깨물어서 안 아픈 손가락 없다는데, 나는 무뚝뚝한 아버지가 평생 나를 사랑하지 않았다고 오해하며 살았던 딸이다. 하지만 더 늦기 전에 집으로 돌아가 아버지를 있는 힘껏 안아 드리고 싶다.

돈 벌면 평생 고생만 한 부모님에게 아버지가 좋아하는 꽃으로 가득한 예쁜 정원이 있는 집을 지어 드리고 싶다. 그곳에서 우리 식구들 모두가 모여 파티를 할 수 있는 날을 꿈꾸며 정해 놓은 목표를 향해 한 걸음 한 걸음 나아갈 것이다. 그리고 이 말을 전하고 싶다.

"엄마, 아버지. 많이 미안하고 또 감사해요. 그리고 두 분 모두 진심으로 사랑합니다. 엄마, 아버지가 내 엄마, 아버지라서 너무 행복합니다."

벤틀리 오너 되기

"엄마, 차가 너무 더워! 엄마 차에도 유치원 버스처럼 에어컨 나왔으면 좋겠다."

그날은 한여름 폭염주의보가 내려진 날이었다. 더위를 참다못한 첫째 아이가 운전석 뒷자리에 앉아 울상을 지으며 말했다. 순간 너무 미안하고 안쓰러워서 차를 두고 택시를 타고 가야 하나 싶었다. 그때였다. 갑자기 차가 덜덜거리면서 그 자리에 서 버렸다. 머릿속이 하얗게 된다는 말이 이런 걸 두고 하는 말이구나, 실감했다. 얼른 차에서 내려 살펴봤더니 차 밑으로 물이 새어 나오기 시작했고 RPM은 반 이상 넘어가 있었다. 하필 왜 이렇게 더운 날에, 그것도 아이들이 타고 있는 이 순간에 이런 일이 일어났는지 하늘이 원망스러웠다. 가만히 있어도 땀이 주르륵 흐르는 날이었기 때문에 불쾌지수 또한 매우 높았다.

결혼하면서 당시 타고 다니던 BMW를 팔았다. 결혼자금에 보태기 위한 것도 있었다. 하지만 시어머니가 아들보다 더 좋은 차를 타고 다니는 예비며느리를 좋게 보지 않는 것 같았기 때문이었다. 첫아이를 낳자마자 아버님이 파란 컬러의 '프라이드'를 선물로 가지고 오셨다. 내가 좋아하는 색상도, 차종도 아니었기 때문에 조금 아쉬웠다. 하지만 아버님이 날 위해 몇 달 전부터 준비하셨다는 말에 너무 감동받았다.

그런데 그 차와 함께한 시간은 고작 1년도 되지 못했다. 남편의 사업이 안 좋아져서 서울생활을 접고 다시 지방으로 내려가려는데 집을 구할 돈이 부족했기 때문이었다. 그 뒤로 한동안 차가 없었다. 그러다 내가 화장품 세일즈를 시작하면서 차가 필요해서 예물로 받은 반지를 팔아 200만 원을 주고 12년 된 '카렌스'를 구입했다.

과거의 나였으면 생각조차 하지 않았을 차를 선택한 것이다. 하지만 카렌스를 구입한 그때의 벅찬 마음을 아직도 잊을 수가 없다. 아이들도 덩달아 너무 기뻐했다. 200만 원을 주고 산 그 차를 보면서 나는 다짐했다. 꼭 반드시 6개월 안에 회사에서 부상으로 주는 '핑크 그랜저'를 받겠다고 말이다. 내 아이들에게 여름에는 시원한 에어컨이 나오고 겨울에는 따뜻한 히터 바람이 짱짱

한 차를 선물하고 싶었다.

200만 원을 주고 산 카렌스로 나는 6개월 동안 2만km를 달렸다. 에어컨이 작동되지 않아서 덥고 라디오 주파수도 잘 잡히지 않아 음악을 들을 수 없어도 내 꿈과 목표를 향해 같이 달려 주는 그 차가 있어서 너무 행복했다. 나에게는 주는 의미가 남다른 차였다.

나는 목표치를 단 4개월 만에 달성했다. 6개월 동안 4억 5,000만 원을 판매해야 받을 수 있는 핑크 그랜저를 4개월 만에 받은 것이다. 아무것도 생각하지 않았다. 오로지 아이들을 더 이상 덥지도 춥지도 않은 차에 태우겠다는 일념뿐이었다. 목표를 달성하고 나서 제일 먼저 아이들에게 엄마가 화장품을 많이 팔아서 회사에서 크고 좋은 새 차를 준다고 귓속말로 말해 줬다. 그때의 아이들의 환호성 소리를 잊을 수가 없다.

아이들이 일어나기 전 새벽 5시 30분. 나는 매일같이 작은 봉지 안에 일회용 커피믹스와 화장품 샘플 하나를 넣고 겉에는 내 이름이 찍힌 스티커를 부착해 하루 300세대의 아파트 우편함에 전단지를 넣었다. 그리고 아이들이 잠자리에 들면 시내 편의점과 종합병원을 돌며 새벽 2~3시까지 미친 듯이 세일즈했다. 핑크 그랜저는 그렇게 얻은 결과물이었다.

차가 없었을 때는 한 달에 구두 굽을 여덟 번 이상 바꿀 만큼

두 다리로 전국을 돌아다녔다. 내 인생을 탓할 시간이 없었다. 아는 사람도 없는 지방에서 내가 아이들을 데리고 할 수 있는 일이란 이 일밖에 없었다. 나는 이 일에서 성공하지 못하면 끝이라고 생각했다.

10월의 마지막 날, 워커힐 호텔에서 나는 핑크 그랜저를 받았다. 내 노력에 대한 보상이었다. 차를 가지고 내려오면서 그동안 힘들었던 일들이 주마등처럼 스쳐 지나갔다. 고객에게 차가운 시선을 받은 일이며, 제품을 다 쓰고선 트러블이 생겼다고 환불하는 고객이며, 새벽까지 그다음 날 판매할 제품들을 포장하다 칼에 손가락을 심하게 베어 피가 철철 났던 모든 일들이 그저 감사하게 여겨졌다. 그렇게 나는 핑크 그랜저와 함께 3년을 달렸다. 목표를 향해 함께 달리며 꿈도 같이 이루었다.

지금 나에게는 핑크 그랜저가 없다. 미국으로 들어가면서 회사에 차량을 반납했다. 그 차를 반납하기 하루 전에 핑크 그랜저와 가장 많이 다녔던 동해안 해안도로를 달렸다. 그동안 내 두 발이 되어 줘서 고맙다는 인사말도 했다. 내 꿈을 위해 같이 달려 줘서 고마웠다고 말이다. 또한 사랑하는 내 아이들에게 시원한 바람과 따뜻한 공간을 제공해 줘서 고마웠다는 인사도 잊지 않았다.

사실 나는 한동안 목표가 없었다. 더 솔직히 말하면 꿈이 없었다는 말이 맞겠다. 돈을 벌 이유가 없어진 게 가장 큰 이유였다.

아이들과 떨어져 살기 시작하면서 꿈은 이 세상에 없는 거라고 나 스스로에게 말했다. 돈을 벌어도 함께 쓸 사람이 없는데 굳이 성공하고 돈을 벌어야 하는 게 맞을까, 라고 스스로에게 물었다. 미친 듯이 앞만 보고 달렸는데 결국은 모든 걸 다 잃었다고 생각했기 때문이다. 만약 내가 아무것도 하지 않았으면 아무 일도 일어나지 않았을 것이고 그러면 아이들하고 헤어지는 일도 없었을 거라고 생각했다. 그렇게 내 꿈을 가두고 내가 가졌던 욕망을 탓했다. 내 실수를 인정하고 그 속에서 보석을 찾고 다시 일어서야 했다. 그런데 나는 오랜 시간 그렇게 하지 못했다.

꿈과 목표가 실현되었을 때 우리가 가장 먼저 하는 일은 아마도 좋은 차를 사는 일일 것이다. 내가 성공했다는 걸 상대방에게 보여 주기 위해서는 좋은 차라는 시각화가 가장 쉽기 때문이다. 내가 핑크 그랜저를 받았을 때도 그런 마음이었다. 그런데 지금의 나에게는 핑크 그랜저를 받기 위해 목표를 세우고 노력했던 그때보다 더 간절히 바라는 삶의 목표가 생겼다.

현재 나는 작가, 강연가, 1인 기업가라는 제2의 인생을 새로 시작하기 위해 준비하고 있다. 사실 두렵지 않다면 거짓말일 것이다. 하지만 더 이상 주저앉아 숨어 있지만은 않을 것이다. 항상 나에게 가장 엄한 잣대를 들이대며 나 스스로를 힘들게 했던 모든 것들을 내려놓을 것이다.

연봉이 10억 원이 되는 순간 '황제의 차'로 불리는 '벤틀리'를 나에게 선물해 줄 것이다. 캐러멜 색상의 가죽시트가 반짝거리는 벤틀리를 타고 조수석엔 나의 개인저서를 쌓아 놓고 전국 투어를 할 것이다. 이 글을 읽고 있는 독자들 중에 벤틀리 딜러분이 계시다면 나를 꼭 기억해 주기 바란다. 머지않아 내가 계약서에 사인을 하러 가는 날이 올 것이기 때문이다.

내가 다시 꿈을 꿀 수 있게 도와주고 세상 밖으로 나오게 해 주신 〈한책협〉의 김태광 대표님께 감사하다는 말을 꼭 전하고 싶다. 또한 내 꿈을 언제나 지지해 주는 지인들에게도 따뜻한 마음을 전하고 싶다.

꿈을 꾸고 꿈이 실현되는 순간을 상상만 하는 것으로 만족하지 않을 것이다. 반드시 벤틀리를 타고 전국을 돌며 강연하는 일을 현실로 만들 것이다. 이제 뒤돌아보지 않는다. 대신 앞도 보고 옆도 보면서 천천히 꾸준하게 목표를 향해 갈 것이다.

1년에 5권씩 책 출간하기

우리 집 식구들은 다들 독서광이다. 언니들 모두 책을 사랑하고 끊임없이 책을 읽는다. 언니들 집에 가면 도서관에 온 착각이 들 정도로 책이 많다. 나는 막내여서 그런지 언니들의 영향을 많이 받았다. 언니들이 전교 1등을 하고 독후감 상을 받아 오면 부모님이 기뻐하셨다. 그걸 보면서 자연스럽게 나도 부모님께 인정받으려면 공부도 잘하고 책도 많이 읽어야 한다고 느꼈다. 근데 중요한 것은 당시 우리 집에는 책이 별로 없었다는 것이었다. 가정형편상 부모님은 우리에게 위인전집 하나만 사 주셨다. 10년이란 시간 동안 우리 네 자매는 그 책을 반복해서 읽고 또 읽었다.

혼자가 되었을 때 나에겐 친구조차 남아 있지 않았다. 사람들에게 혼자가 된 것을 밝히는 게 부담스러웠다. 새롭게 알게 된 사람들이 나에게 혹시나 결혼했냐고 물어볼까 봐 겁나서 사람들을 만나지 않았다. 혼자 된 이유를 물어보면 대답은 할 수 있었다. 하지만 아이들에 대해 이것저것 물어볼 때마다 애써 태연한 척, 씩씩한 척하며 대답하는 내가 싫었다. 그렇게 집으로 돌아와 가슴을 움켜잡고 울어야 했기 때문이다. 차라리 사람들과 단절하는 게 날 위하는 거라고 판단했다. 그렇게 철저하게 나를 혼자 두기로 했다.

나의 유일한 낙은 책을 읽는 일이었다. 책은 내가 경험하지 못한 일들을 간접경험 할 수 있게 해 주는 신기한 도구다. 여행서적을 읽으면 단 몇만 원으로 나는 유럽여행을 할 수도 있었다. 부동산 저서를 읽고 있으면 어느덧 내가 건물주가 되어 있었다. 책은 나에게 아픈 질문을 하지 않았다. 오히려 나를 다독여 주고 미래를 꿈꾸게 해 주는 가장 좋은 벗이었다.

어느 날은 그림에 관한 책을 읽기 시작했다. 그림에 대해 전혀 알지 못하는 나는 책을 통해 명화를 알아 가기 시작했다. 책에 소개되어 있는 그림들을 실제로 보고 싶다는 충동에 사로잡혔다. 어디서 그런 용기가 생겼는지 모르겠지만 어느새 나는 프랑스 루브르 박물관에 걸려 있는 프리다 칼로 그림 앞에 서 있었다. 프랑스에서 한 달 가까이 머무르면서 미술관을 관람했다. 미국으로 가서는 현대미술을 보기 시작했다. 이렇게 나는 여러 나라의 미술관을 다녀와서 그림을 배우기 시작했다. 전시회도 열었고 현재 작가로도 활동 중이다.

내 이력은 다양하다. 13년간 청담동 성형외과에서 상담실장으로 근무했고, 화장품 세일즈로 억대 연봉을 이루기도 했으며, 맘 카페에서는 공동구매 판매자로서 활발한 활동을 하기도 했다. 주말이면 성형외과 상담실장이 되고 싶어 하는 20대 취업준비생들을 대상으로 일대일 컨설팅을 했다. 그리고 어린 아이들이 있어서 직장생활이 힘든 아기 엄마들에게 공동구매 판매 방법이나 거래처를 아낌없이 소개해 줬다.

그들 중에 꽤 많은 사람들이 성공했다. 5,000원이 없어서 마시고 싶은 커피 대신 반찬을 사야 하는 현실이 힘들다며 울었던 A 양. 그녀는 내가 소개해 준 가방 거래처를 통해 자신만의 브랜드를 만들었다. 현재는 파주에 대저택을 짓고 살고 있다. 1년에 한 달 정도는 괌에 가서 살기도 한다.

내게 조언을 구하고 내가 알고 있는 방법들을 공유해 성공한 사람들 중에는 내가 갖고 싶어 하는 벤틀리를 타고 다니는 사람도 있다. 어찌 되었건 그들의 노력으로 성공한 부분이 가장 클 것이다. 하지만 나와의 만남으로 변화되는 그들의 삶을 직접 눈으로 봤다. 그러면서 내가 경험했던 일들을 더 많은 사람들과 나누고 소통하고 싶다는 생각이 들었다.

그러기 위해서는 책을 쓰는 게 가장 빠른 방법이었다. 작가가 되면 강연가가 될 수 있다. 또한 내가 책을 통해 인생의 다양한 변화를 경험했듯이 나와 같이 목마른 사람들에게 도움을 줄 수 있다. 직장이 아닌 직업을 열망하는 이들에게는 기쁘게 할 수 있는 일을 찾게 도와줄 수 있다. 그리고 가족이 있다가 혼자가 된 사람들에게는 그 상처를 누구보다 알기에 공감해 줄 수 있다.

나는 우선 1년에 5권의 책을 출간하는 것을 목표로 세웠다. 어떻게 보면 이루기 어려운 목표처럼 보일 수도 있다. 하지만 이렇게 어려워 보이는 목표를 세워야지만 이루기 위해 노력한다. 누구나 이룰 수 있는 꿈은 꿈도 아니고 목표도 아니라고 생각한다. 큰 꿈을 목표로 세워야만 근처라도 갈 수 있다.

나는 늘 남들처럼 평범하게 살고 싶었다. 평범한 가정을 보면 너무 부러웠다. 왜 나에겐 그 평범함조차 없는 건지, 하늘에 대고 원망을 많이 했다. 왜 하필 불행한 사람이 나이고 왜 나는 모든 힘든 일을 다 겪고 살아야 하는지 묻고 또 물었다. 다른 것도 아니고 그저 평범하게만 살게 해 달라는 건데 그걸 왜 나에게만 주지 않느냐고 악을 쓰며 운 적도 많다. 하루도 쉬지 않고 앞만 보며 달린 결과가 결국에는 늘 비극이냐고 말이다.

그런데 이제는 알 것 같다. 나에게는 평범함이 아닌 특별함을 주셨다는 것을 말이다. 내가 말하는 특별함은 내가 겪었던 아픔이나 시행착오를 말한다. 나는 이것을 아픔이 아니라 특별함이라고 부르기로 했다.

내가 독서를 시작한 것은 아픔을 치유하고 싶었고, 성공하고 싶었기 때문이다. 월급을 받으면 항상 10만 원 정도는 책을 사는 데 썼다. 내 인생에 변화를 가져다줄 수 있는 것은 책뿐이라고 판단했다. 좋은 책을 읽고 싶어 매주 토요일마다 독서모임에도 나갔다. 책을 읽으면 읽을수록 나도 책을 써 보고 싶다는 욕심이 생겼다.

하지만 어떻게 해야 책을 쓸 수 있는지 알지 못했기 때문에 우선은 블로그에 독서 감상문을 쓰는 걸로 시작해 보기로 했다. 책을 사서 읽기만 했지 막상 쓰려고 하니 무슨 말부터 써야 할지 어려웠다. 처음에는 첫 줄을 쓰는 데 한 시간이 걸렸다. '멋진 말로 시작해야 블로그 이웃들이 내 글을 읽어 주지 않을까?'라고 생각했다.

하지만 그건 내 착각이었다. 블로그 이웃들은 내가 무슨 글을 쓰는지 전혀 관심이 없었다. 처음에는 속상한 기분이 먼저 들었다. 하지만 보는 사람이 없다고 생각하니 그다음부터는 편하게 내가 하고 싶은 말들을 다 쓸 수 있게 되었다.

글을 쓰면 쓸수록 더 잘 다듬어진 글을 쓰고 싶었다. 그래서 책 쓰기에 관한 책들을 읽기 시작했다. 그러고는 책에 나와 있는 대로, 매일 독서 감상문을 짧게라도 쓰는 것을 목표로 세웠다. 한 달 정도 매일 한 권씩 독서 감상문을 블로그에 올렸다. 그렇게 한 달 정도 올리니 몇몇 출판사에서 신간 도서를 보내 주기 시작했다. 한 달에 2권 정도 고정적으로 보내 주는 출판사도 생겼다. 물론 보내 준 책을 읽고 독서 감상문을 여러 인터넷서점에 올려 주는 조건이긴 하지만 좋은 결과가 생긴 거 같아 기쁘기만 했다. 책을 쓰는 작가라는 꿈에 한 발 더 다가선 것 같았다. 아직까지도 나는 매달 책을 선물로 받아 독서 감상문을 쓰고 있다.

내 주변에는 책을 써서 성공한 작가 친구들이 몇 명 있다. 친구들은 책을 써서 성공했고 삶을 대하는 방법도 많이 달라졌다. 그들의 사고방식은 굉장히 긍정적이고 따뜻하다. 또한 자신감도 넘친다. 나에게도 항상 동기부여를 해 준다. 그런 친구들이 몇 해 전부터 나에게 책을 쓰라고 권유했다. 나는 작가는 아는 것도 많고 좋은 학벌에 안정적인 가정에서 자란 사람만이 해야 한다고 믿었다. 그래야만 다른 사람들에게 긍정의 에너지를 줄 수 있다고 생각했기 때문이다. 하지만 내가 책을 통해 본 작가들에는 자신의 지식을 나누는 작가도 있었지만 자신의 힘든 상황을 책을 써서 나누는 경우도 많았다. 그래서 나도 작가가 되기로 결심했다.

책 쓰기를 시작하면서 아이들과 함께 살 때 아이들에게 동화책을 직접 만들어 줬던 기억이 떠오르기 시작했다. 책 속에 아이들이 되고 싶은 꿈을 담았다. 등장인물에 아이들의 이름을 넣어 주었다. 그 속에서 아이들이 원하는 꿈을 마음껏 즐길 수 있게 도와주고 싶었다. 아이들의 꿈을 넣은 총 10권의 책을 만들어 냈다. 아이들이 직접 그린 그림을 담아 아이들의 이름으로 책을 출간한 것이었다. 그때 출판사 이름을 내 마지막 이름의 한자인 나타날 현(現) 자를 넣어 현현출판사로 했다. '이루고 나타난다'라는 의미를 넣은 것이다.

책을 쓰면서 나는 아이들과 헤어진 이후 처음으로 보고 싶은 내 아이들과 소통하고 있다. 여기에 꿈을 담고 아이들과의 추억도 담고 있다. 아이들에게 전하지 못하는 말들을 글로 쓰고 있다. 아이들이 꿈을 먹고 자라듯 어른들도 꿈을 먹고 자란다. 내 아이들의 꿈에 많은 성서를 줘 놓고 다른 누군가에게는 동기부여를 해 주는 작가가 되고 싶다는 것, 그것은 어찌 보면 이율배반일지도 모르겠다. 그래서 책을 쓰고자 마음먹기까지 정말 오랜 시간이 걸렸다. 하지만 더 늦기 전에 시작하고 싶었던 이유는 단 하나였다. 지금이라도 추억을 보관하고 앞으로 해 줄 많은 말들을 글로써 남겨 주고 싶기 때문이다.

나는 유명한 작가보다는 마음을 담아내는 작가가 되고 싶다. 잃어버렸던 동심을 찾아내고 꿈을 잃지 않게끔 길잡이 역할을 하는 작가도 되고 싶다. 또한 나의 경험을 아낌없이 나눠 주는, 사람 냄새 풀풀 넘치는 작가로 독자들을 만나고 싶다.

PART 7

딸과 함께
작가의
꿈 이루기

- 김 희 량 -

김희량 청소년수련관 관장, 어린이전문서점 대표, 자녀교육 코칭 전문가, 자기계발 작가

보육학과 교육학을 전공하고 유치원 교사로 근무하다가 어린이전문서점을 열었다. 10년간 서점을 운영하다가
현재는 청소년수련관 관장으로 재직 중이다. 또한 많은 사람들에게 동기부여를 통해 자기계발을 할 수 있도록
도움을 주는 동기부여가로도 활동하고 있다. 현재 유치원 교사와 어린이전문서점을 운영했던 경험을 바탕으
로 '부모를 위한 어린이 독서 코칭' 관련 개인저서를 준비 중이다.

Email youth5love@naver.com   C · P 010.9373.1355

딸과 함께 모녀 작가로 활동하기

"엄마, 이 서점을 접는다는 것은 나의 행복을 접는 거예요!"

나에게는 눈에 넣어도 안 아플 소중한 딸이 한 명 있다. 우리 딸이 태어난 다음 해에 지금은 기억하기도 싫은 IMF가 터졌다. 우리 집도 경제적 위기와 가정 파탄을 맞으며 길거리로 나앉게 되었다. 나는 도망자의 신분이 되었다. 일단 급한 불은 꺼야 하니 세 살배기 딸아이를 데리고 전국을 돌며 무료로 잘 수 있는 기도원을 찾아다녔다. 그때 당시 나는 지푸라기라도 잡는 심정으로 하나님께 매달리며 살려 달라고 떼를 썼다. 그때는 '이 아이를 데리고 어떻게 살아갈까? 차라리 죽을 수만 있으면 이 생을 마감하고 싶다'라는 생각뿐이었다.

그 후, 딸이 네 살이 되던 해 작은 월세방이라도 얻어야겠다고 생각하고 친정엄마가 살고 있는 인천으로 내려왔다. 그러곤 집을 알아보러 다녔다. 당시 부동산에 들렀을 때 마주쳤던 어떤 젊은 부부가 있었다. 그들은 5개월 전 새집을 분양받았는데 갑자기 일본에 가게 되었다고 했다. 그러니 4,000만 원의 대출만 안고 명의 이전을 해 가라는 것이었다.

그분들이 급하긴 했는지 "에어컨이며 방범창이며 새로 맞춘 커튼이며 모든 옵션을 그대로 돈 한 푼 받지 않고 드리고 갈 테니 행복하게 사십시오."라고 했다. 그 순간 얼마나 가슴이 떨리고 고마웠는지 지금 생각해도 가슴이 울컥한다. 그래서 드디어 딸과 함께할 수 있는 20평짜리 예쁜 보금자리를 마련할 수 있었다.

그런데 그것도 잠시, 먹고살 일이 까마득했다. 그래서 직장을 알아보던 중 예전 보육교사를 했던 경력으로 집과 20분 남짓 떨어진 유치원의 종일반 교사로 운 좋게 취직했다. 아이도 유치원에서 얼마 떨어지지 않은 부모님 댁 근처의 선교원에 보내면서 안심하고 직장생활을 할 수 있었다.

그 후 2년이 지나 남동생이 결혼하게 되었다. 그런데 처음 신혼 1년만이라도 독립해서 살고 이후에 부모님을 모시겠다고 했다. 그렇게 신혼집을 찾고 있었다. 나는 이때다 싶어 남동생에게 "누나가 딸과 함께 먹고살아야 해서 서점을 내야겠으니 네가 우리 집에 살고 2,000만 원만 빌려주면 안 되겠니?"라고 제안했다. 동생은 독립하겠다는 말에 부모님이 반대하실 것 같은 분위기였는데 명분이 생겨서인지 흔쾌히 승낙해 주었다. 나는 그 돈으로 인천 서구 심곡동 뒷길의 아홉 평 남짓한 작은 공간에 보증금 500만 원, 월세 25만 원으로 '책사랑방'이라는 어린이 전문서점을 냈다.

딸을 키우면서 독서의 필요성을 절실히 느꼈다. 많은 것을 보고 배웠으면 좋겠다는 마음 때문이었다. 하지만 그 당시에는 딸에게 책을 사 줄 형편이 안 되었다. 그래서 돈도 벌고 딸에게 마음껏 책을 읽을 수 있는 여건을 마련해 줄 수 있는 방법이 무엇일까 고민했다. 그러다 '어린이 전문서점'을 생각해 낸 것이다. 지금 돌아보면 남들이 생각하는, 정말 예쁘게 꾸며진 서점도 아니었다. 오로지 딸에게 마음껏 책을 읽힐 수 있고 함께할 수 있는 공간을 마련한 것일 뿐이었다. 그러니 사실 돈을 번다든지 어린이 교육을 위한다는 사명감에 서점을 운영한 것도 아니었다. 그도 그럴 것이 몇 푼 되지 않는 비용으로 어린이 전문서점을 운영한다는 것은 아마 아는 사람이라면 코웃음을 칠 일이었기 때문이다.

당시 나는 새 책만으로 서점을 운영할 형편이 안 되었다. 그래서 변칙을 써야 했다. 그동안 아이에게 책을 읽히기 위해 아동전집 출판사에서 샘플로 받은 책과, 싸게 책을 구입할 수 있는 총판에서 구입한 책과, 일산 서당이라는 총판에서 구입한 새 책을 진열했다. 그렇게 한쪽 구석에서는 새 책을 판매하고, 또 한쪽에는 헌책과 비품 그리고 전집들을 전시해 놓고 판매와 대여를 시작했다. 서점이라고 해 봤자 여느 잘사는 집 서재만도 못했다. 그런 서점을 '어린이 전문서점'이라고 간판을 내걸고 운영했던 것이다.

그랬지만 나름 동네에서 책도 싸게 대여해 주고 유치원 교사였던 선생님이 추천해 주는 좋은 도서를 싸게 구입할 수 있다는 입소문이 나 그럭저럭 먹고살 만하게 되었다.

그렇게 그동안 먹고살기에만 급급했던 터라 나는 나의 몸을 관리한다는 생각은 상상조차 하질 못했다. 그런데 밤마다 겨우 쉬려고 하면 손가락, 발가락, 손목, 발목 여기저기 통증이 잠을 잘 수도 없을 정도로 나를 괴롭혔다. 나는 그냥 무거운 것을 많이 들거나 배달해서 아픈 것이려니 생각했다. 하지만 지속되는 아픔으로 참을 수 없는 고통을 겪어야만 했던 나는 그동안 돈 때문에 못 갔던 큰 병원을 큰마음을 먹고 찾았다. 그런데 거기서 '전신성 류머티즘'에 '섬유근종'이라는 진단을 받았다. 하늘이 무너져 내리는 것 같았다.

무슨 일을 하냐는 의사 선생님의 질문에 나는 "서점을 운영해요."라고 대답했다. 그랬더니 의사 선생님께서는 "무거운 것을 많이 드시나 봐요? 이 병은 고급 병이라 잘 먹고 잘 관리해야 하는 병이에요."라고 말씀하셨다. 그 말을 들은 이후부터 서점을 그만두어야 하나 하는 고민으로 몇 날 며칠을 깊은 생각에 잠겼다.

갓난아기 때부터 워낙 책을 좋아하던 딸에게 "너는 커서 뭐가 되고 싶니?"라고 물으니 "엄마, 난 작가가 될 거예요!"라고 대답했다. 나는 그런 야심 찬 꿈을 말하는 딸에게 "작가는 가난해!"라는 말도 안 되는 소리를 내질렀다. 그러곤 나중에 커서 취미로 글을 쓰라며 무 자르듯이 딸의 꿈을 잘라 버렸다. 지금 생각하면 딸에게 꿈꿀 기회조차도 주지 않았던 것이다. 하지만 그때는 아이를 학원에 보낼 형편도 안 되는 데다 무엇 하나 뚜렷이 지원해 줄 형편도 안 되었다. 그랬기 때문에 책만 읽으면 나중에 본인이 하고자 하는 뭔가는 되겠지, 라는 막연한 생각으로 딸아이를 책에만 파묻혀 살게 했던 것이다. 지금 생각하면 정말 딸에게 미안한 마음뿐이다.

시간이 흐르자 점점 약을 먹어도 도저히 참을 수가 없을 정도가 되었다. 그때가 딸아이가 초등학교 5학년이 될 무렵이었다. 나는 고민 끝에 서점을 그만두기로 마음먹었다. 그리고 어느 날, 학교 수업을 끝마친 딸아이가 서점 문을 힘차게 열고 책가방을 집어 던지며 책 하나를 꺼내 드는 순간 무거운 마음으로 입을 열었다.

"윤희야! 엄마가 할 말이 있는데, 엄마가 많이 아파서 서점을 그만두어야 할 것 같아."

그런데 이 말이 채 끝나기도 전에 딸은 눈이 정말 튀어나올 듯 놀라며 "엄마, 이 서점을 접는다는 것은 나의 행복을 접는 거예요!"라고 속사포를 쏘아 대듯 말하는 것이었다. 그때의 딸의 외침은 지금 생각해도 가슴에 벼락을 맞은 기분이다.

그 후 1년이 지나 딸아이가 초등학교를 졸업할 무렵 딸에게 다시 한번 조심스럽게 얘기했다. "윤희야, 엄마가 이제는 너에게 책을 사 줄 형편이 되니 앞으로 네가 원하는 책은 모두 다 사 줄게! 서점을 그 만두면 안 될까?"라고. 내 말에 딸아이는 "네… 아쉽지만 이제 엄마 건강도 생각해야 하니까 서점을 그만두고 내가 원하는 책은 모두 사 주기예요."라고 타협해 왔다. 우리는 새끼손가락을 걸어 약속하고 얼마 후 나는 서점을 그만두게 되었다.

나는 그때의 추억을 떠올리며 첫 번째 버킷리스트를 '딸과 함께 모녀 작가로 활동하기'로 정했다. 모녀 작가로 함께 활동하며 많은 이들을 꿈꾸게 할 것이다. 또한 꿈을 이루어 가는 데 동기부여를 더해 주는 자기계발서, 어린이 독서습관 기르기, 자녀교육 지침서, 어린이 동화책, 어르신 동화책, 청소년 자기계발서 등 다양한 분야의 책을 쓸 것이다. 그리고 그것을 바탕으로 동기부여 강연을 하며 많은 사람들에게 희망을 나눠 주는 동기부여가로 살아갈 것이다.

부모님 모시고
가족과 함께 미국여행 가기

'함경남도 함흥시 운흥리 3구 73번지'

내가 특별히 사랑하는 아버지의 고향 주소다. 어머니의 고향 또한 그곳에서 얼마 떨어지지 않은 곳에 있다. 어머니는 아버지보다 앞서 할머니 등에 업혀 서울에 피난을 내려와 있었다. 그런데 우연히 아는 오빠를 통해 만난 아버지가 같은 고향이었던 걸 보면 두 분은 보통 인연이 아닌 듯싶다.

나의 아버지는 실향민이다. 실향민이란 고향을 떠난 후 고향에 자유로이 돌아갈 길이 막혀 타향에서 지내는 사람들을 지칭하는 말이다. 내가 직접 겪어 보지는 못했지만 너무도 두렵고 끔찍했던 6·25전쟁에 대한 이야기는 우리 형제들이 어린 시절 아버지로부터 귀가 따갑도록 들어 왔던 이야기다.

아버지 가족은 부모님과 형, 누나 이렇게 다섯 식구다. 그 끔찍한 6·25전쟁만 아니었어도 함께 모여서 보통 사람들처럼 살아갔을 것이다. 그때 당시 아버지 가족은 모두 함께 피난을 내려왔다. 그러다 다리가 끊겨 더 이상 남한으로 내려올 수 없게 되었다. 그러자 우리 아버지의 어머니께서 "아들아, 너만이라도 남한에 내려가 꼭 살아 있어라!" 하며 등을 떠밀었다고 한다. 그렇게 원치 않게 기차 꼭대기에 오른 것이 다시는 소식조차 들을 수 없는 이산가족으로 살게 된 계기였다. 그나마 외할머니 등에 업혀 일찌감치 가족과 함께 무사히 피난을 내려오신 같은 고향의 우리 어머니를 만난 것이 행운인지도 모르겠다. 지금은 두 분이 매일 티격태격 말싸움을 하시면서도 그때를 생각하며 서로 위안 삼아 살아가신다.

얼마 전 평창 동계패럴림픽이 열릴 당시, 패럴림픽의 성공 기원을 위해 북한의 삼지연 관현악단이 특별공연을 한다고 했다. 이에 한 인터넷 쇼핑몰에서는 일반인 780명가량을 대상으로 초청 응모권 행사를 진행했다. 나는 어떻게 해서든 부모님에게 공연을 보여 드리고 싶었다. 그래서 가족은 물론 그동안 알고 지내던 지인에게까지 응모해 줄 것을 부탁했다. 그러고도 또 혹시 몰라 통일부에 전화도 해 보고 홈페이지에 긴 사연과 함께 글도 올리고 간곡한 부탁도 했다. 그런데 통일부의 대답은 "죄송하지만 현재 이산가족으로 등록된 인원은 약 13만 명가량 되고, 현존해 계시는 분만 6만여 명이 됩니다. 그중 50명만 추첨으로 초대되는 것이라 너무 많은 기대는 하지 마세요."였다.

나는 연로하신 부모님을 생각하니 화가 났다. '아니, 이제 연세가 많아 언제 돌아가실지도 모르는데 이왕이면 연세 드신 분들께 우선적으로 기회를 주면 얼마나 좋을까?' 하는 생각에서였다. 조마조마해하며 눈이 빠지게 기다렸으나 결국은 아무 연락도 오질 않았다. 아마 어릴 적부터 아버지의 안타까운 사연을 듣고 자란 터라 더 속상했는지도 모르겠다. 그나마 통일부에서 다시 전화를 해서 7월에 이산가족 초청행사가 있을 예정이니 그때 꼭 초대하겠다고 약속해 조금 마음이 가라앉았다.

KBS에서는 1983년 6월 30일부터 그해 11월 14일까지 138일, 총 453시간 45분 동안 〈이산가족을 찾습니다〉라는 프로그램을 방영했다. 그 당시 동원된 인력만 해도 KBS 내부 인력과 전화를 받는 아르바이트 학생까지 합쳐 1,000여 명에 육박했다고 한다. 대한민국 전체가 얼마나 관심을 가졌던 프로그램인지 짐작할 수 있을 것이다.

그때 이산가족들이 흘린 눈물은 바다를 뜨겁게 달구고도 남을 정도였다. 우리 가족 역시 해마다 그 애환을 달래려 실향민들이 모여 살고 있는 강원도 속초의 아바이마을을 찾는다. 그곳은 실향민의 문화가 그대로 배어 있는 무동력 갯배가 있는 곳이다.

나는 1남 3녀 중 둘째다. 그중 첫째 언니는 찢어지게 가난한 우리 집안이 얼마나 지겨웠으면 스물다섯 살에 아메리칸드림을 꿈꾸며 지금의 형부를 만나 미국으로 시집갔다. 지금은 모델로 활동 중인 큰딸과 요리사인 둘째 아들, K-pop을 동경하며 열심히 연습생으로 활동하고 있는 셋째 딸, 그리고 손녀딸까지 알콩달콩 행복하게 살고 있다. 한국엔 우리 가족과 여동생, 남동생 가족이 있다.

아버지는 명절 때만 되면 옛날의 가슴 아픈 추억이 자꾸 떠오르시는지 자식들을 앉혀 놓고 하소연을 하신다. "내가 이산가족인 것도 서러운데 아들, 며느리는 명절에만 찾아와 손자 얼굴 한번 보여 주고 코빼기도 비추지 않고, 어떤 간나('계집아이'의 함경도 방언)는 아예 미국으로 시집가 얼굴조차 볼 수 없으니…." 아버지의 한숨이 땅속 깊이 꺼진다. 그렇다고 정말 동생네가 자주 안 오는 것도 아니다. 또한 부모님이 미국을 한 번도 안 다녀오셨다거나 언니가 다니러 오지 않은 것도 아니다. 아버지는 그저 가족이라는 한 울타리 안에서 지지고 볶고 하며 함께하는 걸 원하시는 게다.

언니네 식구는 미국 라스베이거스에서 산다. 세계적으로 잘 알려진 카지노가 많은 관광도시다. 미국에서 애틀랜틱시티와 함께 도박이 허용된 대표적인 도시이기도 하다. 정작 나는 살기에 급급해 그 화려한 도시를 한 번도 가 본 적이 없다.

얼마 전 아버지가 "우리 가족 다 같이 미국에 한번 갔으면 좋겠다."라고 하셨다. 아마도 이 바람이 아버지의 마지막 소원이신 듯싶다. 미국엔 언니 가족뿐만 아니라 이모와 고모네 식구도 있다. 그리고 아버지 친구분들 중 마지막으로 현존하신 두 분의 친구분들도 그곳에 계신다. 오히려 한국보다 더 많은 가족이 살고 있다.

아버지는 올해로 여든여섯이시다. 협심증에 통풍까지 있어 언제 찾아올지 모를 집작스런 위험이 도사리고 있다. 그래서 나는 빠른 시기에 부모님을 모시고 한국의 가족 모두와 함께 미국에 갈 것이다. 그곳에서 가족사진도 찍고 그동안 못 나눈 옛이야기 보따리를 마음껏 풀어놓을 것이다. 아버지가 그토록 원하시는 대로 모든 가족이 함께할 수 있는 기회를 꼭 마련할 것이다. 아마 그날이 흩어진 우리 가족의 '이산가족 상봉의 날'이 될 것이다.

복합문화공간 조성하기

'우리 집은 가난하다. 난 공부를 잘하지도 못한다. 그렇다고 얼굴이 예쁘게 생긴 것도 아니다.'

어릴 적부터 이런 생각들이 나를 자꾸만 작아지게 만들었다. 그런 데다 어느 순간 갑자기 가세가 기울었다. 대학도 중도에 포기하고 내가 돈을 벌지 않으면 안 되는 처지에 놓였다. 그러다 우연히 속아서 들어간 어느 출판사에서 영업이 뭔지도 모르면서 영업을 하게 되었다. 말하자면 출판사의 책을 파는 세일즈맨이었다.

새벽에 출근해 "나는 할 수 있다! 하면 된다! 안 되면 되게 하라!"를 수없이 외치는, 이른바 접근방법이라고 하는 어프로치 연습을 한다. 한 시간가량 혹은 그 이상을 똑같은 대사를 반복적으로 외쳐 가며 상대와 연습한다. 그러곤 현장으로 나가 가가호호

벨을 누른다. '아무도 오라는 데는 없어도 갈 데는 많다'고 상상하며 발바닥에 피가 나도록 다녔다.

처음엔 문전 박대하는 사람들이 너무 두려워 벨을 누르고 도망가기도 했다. 또한 벨을 누르고 '아무도 안 나왔으면…' 한 적도 많았다. 아파트 옥상에 올라가 내 환경을 탓하며 울기도 많이 울고, 어떻게 해서든 이 상황을 극복해야 한다고 수없이 다짐도 했다.

사실 입학금만 대 주면 그다음은 내가 벌어서 다니겠다고 큰소리치며 어렵게 들어간 대학이었다. 그 대학을 부모 몰래 자퇴하고 돈을 벌겠다고 나섰는데 세상은 그리 호락호락하지 않았다. 정말 되는 게 없었다.

나는 가정형편이 어려워 일반 고등학교가 아닌, 여상으로 진학했다. 함께 졸업한 친구들은 은행이며 사무원이며 직장을 다니고 있었다. 하지만 나는 직장이 아닌 대학에 진학했다. 친구들은 내가 엄마를 졸라 대학에 가서 열심히 공부하고 있는 줄 알고 있었다. 그래서 친구들에게 중도에 포기했다고 하자니 나의 자존심이 허락지 않았다. 더욱이 책을 팔러 다닌다고 얘기한다는 건, 정말 생각만 해도 끔찍한 일이었다.

그렇다고 다른 직장을 구하자니 어디 뚜렷하게 다닐 직장도 없었다. 사방천지가 옹벽으로 둘러싸여 있는 기분이었다. 어차피 진퇴양난, 사방팔방 다 막혀 있으니 내가 갈 길은 이 길뿐이라며 시작한 것이 바로 책 영업이었다. 억척같은 노력 때문인가. 나는 누구도 따라올 수 없을 정도의 영업 실적을 올리고 있었다. 지금은 그때의 영업 노하우만 풀어놓아도 책 한 권은 되지 않을까 싶다.

책을 판매하기 위해서는 책의 내용은 몰라도 제목만큼은 거의 외워야 했다. 이것이 유아도서부터 아동문학, 한국문학, 세계문학 등 모든 장르의 책을 가깝게 느끼는 계기가 되었다. 그렇게 해서 얻은 영업 노하우는 훗날 어린이 전문서점까지 운영하는 계기가 되기도 했다.

나는 어릴 적부터 선생님이 꿈이었다. 그 꿈은 아직까지도 변함없다. 물론 어렸을 때는 유치원 선생님이나 학교 선생님만 선생님이라고 생각했다. 그래서 한동안은 보육교사 자격증을 따서 보육교사로 근무하기도 했었다. 그 후 우리 딸을 키우면서 사춘기 청소년들에게 관심이 많아졌다. 그래서 청소년 단체와 수련시설에서 봉사하게 되었다. 그러다 못다 한 공부를 더 해야겠다 생각하고 뒤늦게 청소년지도학을 공부하게 되었다.

'뒤늦게 배운 도적질에 날 새는 줄 모른다'라고 하더니 정말 그랬다. 나는 천성적으로 어린이들과 청소년들을 너무 좋아하고 그들과 얘기하고 함께하는 것을 좋아한다. 그러다 보니 나이가 들었어도 나는 청소년들과 함께 지내는 데 무리가 없었다. 또한 그들과의 간격을 좁히기 위해 레크리에이션 지도사, 웃음치료사, 마술사, 포트폴리오 지도사, 상담사 등 30여 개가 넘는 청소년 관련 자격증을 취득하기도 했다. 그렇게 나름 열심히 지내 온 결과 지금은 청소년수련관 관장이 되어 청소년들과 지역사회를 위해 끊임없이 노력하고 있다.

이렇게 살아온 나는 그동안 수많은 어려움과 시행착오와 실패의 경험을 많은 사람들과 나누고 싶었다. 내가 평소 우리 청소년들에게 자주 해 주는 말이 있다. "기회는 언제나 준비된 자의 것이다."라는.

이탈리아 북부에 있는 토리노 박물관 앞에는 카이로스의 부조상이 있다. 앞머리는 무성한데 뒷머리는 대머리이며, 천사처럼 어깨엔 날개가 달려 있고 발꿈치에도 날개가 달려 있다. 뿐만 아니라 손에는 저울과 날카로운 칼을 들고 있다. 이는 한 번 기회가 왔을 때 무성한 앞머리를 잡아채야 함을 의미한다. 이미 지나고 나면 뒷머리가 미끄러워 잡을 수 없을뿐더러 날개가 달려 빠르게 달아나 버린다. 그래서 우리는 자신에게 주어진 기회를 놓치지 않도록 끊임없이 준비해야 하는 것이다.

그동안 열심히 살아온 나는 이제 그 오랜 경험을 누군가에게 나누어 주는 역할을 하고 싶다. 청소년들에게 또 그들을 지도하는 지도자들에게, 그리고 새롭게 꿈꾸고자 하는 이들에게. 큰 꿈을 꾸고 이루는 데 동기부여를 해 주고 싶다.

그런데 얼마 전, 늘 준비하는 마음을 가지며 살아온 나에게 또 다른 목표가 생겼다. 바로 '복합문화공간'을 만드는 것이다. 내가 생각하는 복합문화공간이란 3층 건물에 중앙이 천장까지 트인 오픈 공간이다. 1층에는 북 카페와 '1인 1책 쓰기 운동' 본부를 만들어 정기적으로 100명의 작가들의 토론회나 세미나 그리고 저자 강연을 들을 수 있는 북 콘서트를 열 수 있도록 할 것이다. 2층에는 작가들의 책 쓰는 공간과 1인 기업가를 꿈꾸는 강연가들의 강의 공간, 직장인 맘카페, 휴게실 등을 만들 것이다.

마지막으로 3층은 청소년들을 위한 공간이다. 하늘이 보이는 다락방처럼 꾸밀 것이다. 지치고 힘든 청소년들의 꿈꾸는 힐링 공간 '휴(休) 카페'를 만들 것이다. 청소년들이 마음껏 꿈을 꾸고, 상상하고, 여유 있게 쉴 수 있는 그런 공간 말이다. 청소년들이 여기서 다양한 직업을 가진 작가나 강연가들을 만나 그들의 꿈을 듣고 더 큰 꿈을 그리게 할 것이다.

누군가 왜 하필 '100명'의 작가냐고 묻는다면 거기에는 다음과 같은 이유가 있다. 우선 성경에 보면 "아브라함이 그 아들, 이삭을 낳을 때가 100세요(창 21:5).", "이삭이 그 땅에 농사하여 그 해에 100배나 얻었고 여호와께서 복을 주시므로 그 사람이 창대하고 왕성하여 마침내 거부가 되니(창 26:12)."라고 적혀 있다.

또한 아이가 태어나면 우리는 100일을 축복하는 돌잔치를 한다. 그리고 물은 100도가 되어야 끓는다. 그 밖에도 100의 완전함을 나타내는 근거는 여러 가지가 있다. 금도 100% 순도를 지녀야 순금이라고 한다. 뭔가 다 채워졌음을 의미할 때 100% 오렌지주스, 100% 천연조미료라고 표현하는 것도 마찬가지다. 이처럼 100이라는 숫자가 선택이요, 축복이요, 온전함이요, 충만하다는 의미에서다. 나는 이곳을 선택받고 축복받은 공간으로 만들 것이다.

나의 꿈은 즉흥적인 생각에서 나온 것이 아니다. 나는 평소 남을 돕는 것을 좋아하고 알려 주는 것을 좋아하고, 함께 어우러지는 것을 좋아한다. 동기부여를 통해 타인의 삶에 희망을 주는 것을 행복이라 여기며 살았다. 그렇기 때문에 나는 많은 청소년들에게 꿈을 주는 동기부여가로 살아왔다. 그리고 이제는 청소년을 넘어 더 많은 사람들에게 새로운 꿈을 꾸게 하는 동기부여가로 살아갈 것이다.

바람개비는 바람이 불어야 돌아간다. 바람이 불지 않을 땐 스스로 달리거나 외부의 바람을 일으켜야 한다. 나는 많은 사람들에게 바람과 같은 역할을 하고 싶다. 꼭 그렇게 할 것이다.

모녀의 꿈을 디자인한
전원주택 짓기

오늘은 나의 아버지와 어머니를 모시고 집들이를 하는 날이다. 집에서는 딸과 사위가 여느 때와 달리 분주하게 움직인다. 2층과 3층이 복층으로 연결된 중앙 천장에는 둥근 달 모양의 조명 3개가 길게 늘어져 환히 비추고 있다. 통유리로 된 거실 밖에는 뭉게구름이 하얗게 피어나 있고 저 멀리에는 작은 섬 너머로 수평선이 길게 늘어져 있다.

잠시 테라스에 다가가 아래를 내려다보니 초록색 잔디 위로 대문까지 가지런히 놓여 있는 대리석의 돌다리가 보인다. 예쁜 꽃과 키작은 나무가 잔디 양옆을 두르고 있다. 한쪽에는 2인용 그네가 앞뒤로 춤을 추고 있다. 그리고 한쪽 구석에는 커다란 감나무 한 그루가심겨 있고 주변 텃밭에는 각종 채소가 자라고 있다. 주방에서 딸이 부른다.

"엄마, 이것 좀 도와주세요."

블랙 앤 화이트 컬러로 깔끔하게 꾸며진 주방에서는 개량한 복을 입은 예쁜 딸이 음식 준비에 여념이 없다. 한쪽에선 평소 빵 굽는 것을 좋아하는 사위가 장인 장모에게 드릴 빵을 열심히 굽고 있다. 나는 잠시 음식 하는 것을 도와준다. 그러곤 손주들이 무엇을 하고 있을까 궁금해서 원을 그리며 모던하게 놓인 층계를 한 계단 한 계단 조심히 걸어 1층으로 내려간다. 흰쪽 벽면 천장에 매달려 있는 와인잔 걸이 밑으로 커피머신과 예쁜 커피 잔들이 놓여 있다. 거의 아래층에 내려오니 원목으로 둘러싸인 벽에는 평소 딸이 좋아했던 애니메이션 주인공들이 담긴 액자들이 걸려 있다. 좌우로 천장까지 닿은 책장에는 다양한 책들이 가지런히 꽂혀 있다.

잠시 창가 쪽을 바라다보았다. 비스듬히 햇볕을 담고 열려 있는, 창살 달린 원목 창문 너머로 예쁜 정원이 보인다. 손주들의 깔깔거리는 소리에 문을 열고 밖으로 나갔다. 대청마루처럼 평평한 마룻바닥이 둥그러니 집 주변을 감싸고 있다. 손주들은 내가 나온 지도 모르고 재잘대며 정신없이 카프라 쌓기 놀이를 하고 있다. 멀리서 미미하게 자동차 소리가 들려온다. 고개를 빼꼼히 내밀어 굽이 길을 바라다보았다. 낡디낡은 아버지의 봉고차가 보인다.

"애들아! 증조 할머니, 할아버지가 오신다."

손주들이 놀던 것을 멈춘다. 그러곤 신이 나 펄쩍펄쩍 뛰면서 자동차가 도착하기만을 목이 빠지게 기다린다. 증조 할머니, 할아버지를 발견한 손주들이 뛰어가 할머니, 할아버지에게 덥석 안긴다. 손주 하나가 집 안으로 쏜살같이 뛰어가더니 부모에게 할머니, 할아버지의 도착을 알린다.

대리석 식탁이 꽤나 넓다. 그 위엔 새벽부터 준비한 맛깔난 음식들로 푸짐한 상이 차려져있다. 그리고 식탁 끝엔 제법 잘 구워진 빵이 놓여 있다. 그것부터 손으로 떼어 먹고 싶을 정도로 맛있게 보이는 빵이다. 식구들은 오순도순 한자리에 모여 각자의 이야기보따리를 풀어놓는다. 식사 후 아버지 어머니가 각기 취향대로 꾸며진 2층 방들을 하나씩 둘러본 후 차 한 잔을 하기 위해 1층으로 내려간다. 한쪽 구석엔 통기타 하나와 바이올린이 놓여 있고 보면대 위에는 여러 장의 낡은 악보들이 가지런히 놓여 있다. 또한 한쪽의 제법 오래된 듯한 턴테이블에서는 조용한 클래식 음악이 흘러나온다.

손주들은 다시 밖으로 나가 잔디밭에서 강아지들과 공놀이를 한다. 어른들은 차 한 잔을 마신 후 집 안을 구경하기 위해 다시 2층을 지나 3층으로 올라간다. 아니 3층이라고 하기 보단 다락방이라고 하는 게 나을 듯하다. 모두 고개를 숙인 채로 삼각형 구조의 방 안으로 들어간다. 온 벽이 원목으로 깔끔하게 정리되어 있다. 벽면에는 중간중간 앙증맞은 선반이 놓여 있고 선반 위는 아기자기한 장식물로 채워져 있다. 양쪽 벽면에 가는 창살로 된 창문이 반쯤 열려 있고 좁고 기다란 통유리 정면으로는 시원한 바다가 보인다.

갑자기 어머니가 "아이고 좋다!" 하며 자리에 드러누우신다. 나도, 딸도 따라 눕는다. 지름이 1m 정도 동그랗게 뚫린 천장으로 파란 하늘이 보인다. 아버지가 "3대 아낙네들 오랜만에 담소나 나누시구려!" 하시며 사위를 데리고 내려가신다. 그들은 다시 정원으로 내려가 한쪽에 펼쳐진 하얀 테이블 앞에 앉는다. 조금은 단조로워 보이지만 블랙 앤 화이트로 깔끔하게 정돈되어 있는 집 뒤로 낮은 산이 보이고 잘 정돈된 잔디밭에서 손주들이 뛰논다. 그것을 바라보는 나의 아버지와 사위가 행복하게 껄껄껄 웃고 있다. 지금 소개한 집이 앞으로 우리 가족이 함께할 집이다.

나는 한동안 우리 딸과 함께 많은 어려움을 겪으며 살았었다. 하지만 나름 서로에게 힘이 되어 주려 노력하며 살아왔다. 지금은 아주 넉넉하지는 않지만 그동안 억척스럽게 생활하면서 남은 빚도 다 갚고 앞으로의 꿈을 향해 달려가고 있다.

누구나 넉넉한 환경에서 생활하지 않는 한, 부모라면 자식에게 많은 것을 해 주지 못한 미안함을 가지고 있을 것이다. 나는 더욱더 그랬다. 예전 우리 부모가 어려웠을 때 나는 대학도 포기하고 영업전선에 나가 열심히 뛰었다. 그래서 가난을 극복하고 이른 바 부잣집 사람들이 부럽지 않을 정도의 부도 누려 봤다. 그러나 딸은 그렇지 못했다. IMF로 가정 경제에 극도의 어려움을 겪었다. 많은 빚더미를 안고 딸과 둘만이 덩그렇게 남겨진 이후로 딸은 한 번도 부가 어떤 것인지 경험하지 못했다. 아니 부는커녕 그냥 가난에 찌들어 살았다고 해도 과언이 아니다.

책을 유난히도 좋아하는 딸은 초등학교 때부터 각종 독후감상은 물론 각종 경진대회며 교내외 행사에서 상이란 상은 다 휩쓸었다. 그랬기에 학교에서는 전교생이 다 알 정도로 유명한 아이였다. 지금도 그때 받았던 상장이 70여 장가량 상장파일에 꽂혀 있다.

딸이 중학교 3학년이 되어 고등학교를 선택해야 되는 시기가 다가왔다. 어려운 집안 형편을 아는지라 본인 스스로 인문 고등학교보다 특성화 고등학교에 진학해 하루라도 빨리 집안에 보탬이 되겠다고 했다. 나는 처음에 강하게 반대했다. 역시 학교에서도 담임선생님이 "이 아이는 공부도 잘하는데 왜 특성화 고등학교에 보내려 해요?" 하며 원서를 써 주려 하지 않았다.

그런데 딸이 자신이 평소 좋아하던 선생님을 찾아가 특성화 고등학교에 진학하려는 강한 의지를 보이며 자신의 소신을 분명하게 말하자 선생님은 나를 학교로 불러서 말씀하셨다.

"어머님, 저도 윤희가 특성화 고등학교에 진학하는 건 정말로 아깝고 속상하지만 윤희의 소신이 너무도 분명하니 그냥 특성화 고등학교에 보내셔도 될 듯해요."

나는 평소 아이의 성격을 잘 알기에 더 이상 딸을 설득하려 하지 않았다. 한편으로는 오히려 '고등학교를 나와 직장생활을 하면서 하루 빨리 가난에서 벗어나게 하는 게 나을 수도 있겠다'라는 게 솔직한 나의 마음이었다. 지금도 그때 생각만 하면 너무 가슴이 아프다. 하지만 딸은 지금도 본인이 특성화 고등학교를 나온 것을 후회는 하지 않는다. 오히려 번듯한 대학을 나오고도 취직을 못해 방황하는 친구들보다 빨리 사회에 진출해 경력사원으로 자리 잡는 것이 낫다고 생각했던 것 같다. 단지 지금도 대학생활을 즐기는 친구들을 보면서 가끔 속상해할 때가 있긴 하지만….

이제 나는 딸을 위해서 평소 나와 함께 이야기를 나누었던 행복한 집을 짓고 살아갈 것이다. 더 이상은 딸에게 외로움이나 가난을 물려주고 싶지 않다. 사랑하는 딸에게 집을 선물하고 싶다.

모녀 작가로 활동하며
1년에 한 번씩 해외여행 하기

나는 버킷리스트에 적어 넣을 것이 너무도 많다. 그중에서 무엇을 먼저 적어야 하나 고민을 많이 했다. 나는 앞서 '딸과 함께 모녀 작가로 활동하기'를 적었다. 그리고 그다음으로 나는 딸과 함께 모녀 작가로 활동하면서 꼭 이루고 싶은 것들을 적어 보려 한다.

어려서부터 책을 너무 좋아해서 꿈도 많고, 먹고 싶은 것도 많고, 가고 싶은 데도 많았던 딸에게 이제껏 엄마로서 딸이 원하는 것을 제대로 못 해 준 것이 항상 마음에 걸렸다. 딸은 항상 여기도 가자, 저기도 가자 했지만 그때 나는 먹고살기 바빠서 해외여행은 고사하고 서울 근교를 제외한 국내 어디를 다닌다는 것마저 생각할 여유가 없었다. 그래서 나는 항상 "그래, 알았어!"라는 영혼 없는 답을 하곤 했었다.

딸은 유난히도 역사를 좋아했다. 세계 여러 나라 신화에 관심이 많았다. 특히 그리스로마신화와 이집트 신화에 관심이 많았다. 미안한 마음에 나는 가까운 박물관이라도 열심히 데리고 다녀야지 했다. 그래서 없는 시간을 쪼개어 여기저기 박물관, 미술관 등을 찾아다녔다.

또한 세계여행을 못 가는 대신 여러 나라 내표 건축물을 미니어처로 만들어 놓은 부천 아인스월드의 연간 회원권을 구입했다. 그러곤 펑펑 눈이 오는 날에도, 바람 불고 비가 오는 날에도, 햇볕이 쨍쨍 내리쬐는 더운 여름에도 시간만 있으면 도시락을 싸 들고 그곳에 딸을 데리고 다녔다. 딸은 그곳을 하루 이틀 다닌 것도 아닌데 갈 때마다 서점에서 미리 준비한 책들을 가지고 비교하며 보고 또 보고 했다. 나에게는 각 나라 건물에 얽혀 있는 재미있는 이야기까지 들려주곤 했다.

두세 번 가니 나에게는 별로 볼 것도 없어 보였다. 그런데도 딸은 무슨 이야깃거리가 그리도 많은지 딸을 데리고 다니는 건지 가이드를 데리고 다니는 건지 착각할 정도였다. 나는 그때 딸의 모습을 보며 '언젠가는 딸과 함께 이곳에 있는 세계 각국의 명소를 꼭 다녀와야지!'라고 생각했었다. 나는 아직도 그때의 딸의 모습을 잊을 수가 없다.

딸은 가끔 나에게 "엄마! 내가 살면서 엄마한테 감사할 일이 참 많지만 그중 제일 감사한 것은 나에게 많은 책을 읽도록 환경을 제공해 주고 책 읽는 즐거움을 주신 거예요."라고 말하곤 한다. 딸은 책을 통해 얻는 즐거움과 행복한 마음을 이렇게 표현하는 것이다.

내가 어린이 전문서점을 운영할 때의 일이다. 많은 엄마들이 우리 딸을 보면서 어떻게 하면 저렇게 책을 좋아하는 아이로 만들 수 있느냐고 매번 질문했다. 또 어떤 엄마는 우리 아이가 어릴 적에는 책을 굉장히 좋아했는데 커 가면서 전혀 책을 읽지 않아 고민이라며 상담을 해 왔다. 나는 그럴 때마다 자녀에게 책을 읽히는 방법과 독서습관을 물어봤다. 그런데 엄마들은 오히려 아이들이 책을 싫어할 만한 방법으로 책을 읽히는 것이었다. 나는 나만의 다양한 독서법 노하우를 알려 주며 꾸준히 책을 읽도록 도와주었다.

나는 어린이 전문서점을 하면서 많은 사람들에게 단순히 책을 팔려고 하지 않았다. 왜냐하면 좀 더 많은 아이들에게 독서습관을 길러 줘 꾸준히 책을 읽게 하는 것이 무엇보다 중요하다고 생각했기 때문이다.

요즘 부모들은 아이들이 스마트폰과 컴퓨터게임에 매달려 있는 것을 매우 안타깝게 생각한다. 그래서 어떻게 하면 한 권의 책이라도 읽혀 볼까 싶어 도서관이며 대형서점엘 데리고 다닌다. 하지만 아이들은 그때뿐, 다시 집으로 돌아오면 예전 모습으로 돌아간다.

나는 아이들이 책을 읽지 않아 고민하는 엄마들과 책을 좋아하는 아이로 키우고 싶은 엄마들에게 딸을 1년에 1,000권 이상 책을 읽는 책벌레로 만들었던 나만의 노하우를 알려 주고 싶다. 그래서 나는 우리나라의 모든 아이들이 행복한 책 읽기를 했으면 좋겠다.

나는 가끔 청소년들과 직장인들을 대상으로 동기부여 강의를 한다. 그들에게 앞으로의 꿈이 무엇이냐고 물으면 "아직 앞으로 무엇을 해야 할지 잘 모르겠다."라고 대답하는 청소년들이 많았다. 또한 "퇴직할 때쯤 생각해 보겠다."라고 대답하는 직장인들도 의외로 많았다. 마치 꿈이 나와는 관계없는 먼 나라 이야기인 것처럼 말하곤 한다. 그렇다고 이들이 정말 꿈이 없어 그렇게 이야기하는 것은 아닐 것이다. 만약 어떠한 것으로든 동기부여를 받는다면 그들은 새로운 꿈을 꾸기 시작하고 그 꿈을 이루기 위해 노력할 것이다.

아일랜드의 극작가며 소설가인 조지 버나드 쇼의 묘비명엔 이렇게 쓰여 있다.

"우물쭈물하다가 내 이럴 줄 알았다."

우리는 살면서 우물쭈물하다가 놓치고 후회하는 일들이 너무 많다. 이럴 때 누군가 적절한 동기부여를 해 준다면 훨씬 빠르게 자신을 만들어 가지 않을까? 그동안 나는 많은 실수를 거듭하며 도전과 노력으로 지금의 나를 만들었다. 이제 나는 동기부여가로 활동하면서 많은 사람들의 삶에 긍정적인 변화를 일으켜 그들이 항상 꿈을 갖고 도전하게 도울 것이다.

딸은 늘 도전하는 엄마의 모습을 보며 자라서 그런지 어떤 일이든 좀처럼 두려워하지 않는다. 그래서 나와 딸은 항상 무언가에 도전하려고 할 때면 서로에게 동기부여를 해 주며 힘이 되도록 응원한다. 이번에 이 버킷리스트를 쓰면서 나는 또 하나의 도전장을 내민다. 딸의 어릴 적 꿈인 작가의 꿈을 다시 살려 주기 위해 나부터 작가가 되어 글을 쓰고 있다. 그리고 나는 딸에게 내가 딸과 함께 책을 써야 하는 이유와 작은 소망이 담긴 꿈을 이야기한다.

첫째, 나와 딸이 책을 통해 많은 것을 배우고 그로 인해 많은 행복을 맛보았듯이 우리도 누군가에게 그 행복을 나눠 주자.

둘째, 나도 그 누군가로부터 동기부여를 받아 꿈을 꾸고 이루려고 노력하는 것처럼 우리도 누군가에게 많은 꿈을 꾸고 그것을 이루어 가도록 힘을 보태 주자.

셋째, 그동안 서로 바빠 함께하지 못한 소중한 나날들을 우리가 서로 꿈꿔 왔던 세계여행으로 보상받자. 그래서 앞으로 네가 책을 통해 그토록 가고 싶어 했던 '이집트 박물관', '노트르담 대성당', '파르테논 신전', '마추픽추', '루브르 박물관' 등 나라 나라마다 숨겨져 있는 역사를 따라다니며 꿈에 그리던 역사여행을 하자.

나는 딸과 함께 그동안 바쁘다는 핑계로 함께하지 못한 아쉬움들을 모녀 작가로 활동하며 털어 낼 것이다. 또한 강연을 통해 많은 사람들에게 동기부여를 해 주는 동기부여가로 살아갈 것이나. 그리고 열심히 실아온 보성으로 1년에 한 번씩 세계역사여행을 할 것이다.

여행은 늘 설렌다. 우리의 인생을 즐거운 여행길이라고 생각한다면 지금 걷는 이 순간도 늘 설레고 아름다울 것이다. 이제 우리 모녀는 또 다른 멋진 여행으로 인생의 아름다움을 채워 나갈 것이다. 그리고 여행길에서 얻은 소중한 것들을 많은 사람들과 함께 나누며 살아갈 것이다.

PART 8

워킹맘 멘토로서
TV 출연해
강연하기

- 이 은 정 -

이은정 엄마 자존감 코치, 자기계발 작가, 동기부여가, 강연가

KOTRA에서 근무하기 시작해 현재는 서울시 산하 공기업에서 재직 중이다. 블로그를 통해 많은 이들과 워킹맘과 엄마의 자존감, 아이의 자존감을 주제로 활발히 소통하고 있으며 현재 이를 주제로 한 개인저서를 집필 중이다.

Email cool.ej1@gmail.com   Blog blog.naver.com/02madame

ADHD의 아이 엄마들
앞에서 강연하기

어렸을 때 나는 학교에서 손꼽히는 특이한 아이였다. 좋아하는 수업은 한마디도 놓치지 않고 집중해서 들었다. 하지만 재미없는 수업의 경우 나는 짝꿍과 수다를 떨거나 교과서에 낙서를 하면서 딴생각을 했다. 매일 숙제를 안 해서 가장 많이 매를 맞는 아이였다. 선생님들이 아무리 혼내도 재미없다고 생각하는 수업에는 주의를 집중하기 어려웠다. 너무 힘들면 화장실을 간다거나 도망가기도 했다. 그럼에도 불구하고 성적은 항상 상위권이어서 다들 나를 신기하게 생각했다.

의도하지 않았는데 나는 재미있고 유쾌한 친구가 되었다. 배려심이나 여러 가지 부족한 부분이 있어도 친구들은 나를 보살피며 챙겨 줬다. 때문에 행복한 학창시절을 보냈다. 그렇게 원하는 대학에 가고 대학원을 가는 데도 문제가 없었다. 그리고 바라던 회사에까지 취업했다.

결혼을 하고 공주같이 예쁜 아기를 낳았다. 그렇게 쭉 해피엔딩일 것 같았는데 그때부터 뭔가 불안하고 우울해졌다. 숙면을 못 이루는 상태가 몇 년간 지속되었다. 고민 끝에 정신과를 찾아갔다. 1차 심리검사 이후 ADHD 의심 진단이 나왔다. 그리고 2, 3차 검사 끝에 ADHD 확진 판정을 받았다.

"보통 아이 때 이런 증상이 있다가 어른이 되면 대개 사라지는데 특이하네요. 조용한 ADHD 케이스여서 모르고 지냈던 것 같아요."

너무 충격을 받아 순간 머릿속이 하얘졌다. 내가 ADHD라는 병을 가지고 있다니. TV에서 본 문제아들에게만 해당하는 줄 알았던 ADHD를 바로 내가 가지고 있다니.

충격적이고 속상한 감정에서 헤어 나오기 위해 ADHD에 대해 자세히 조사하고 과거의 내 모습을 돌아보았다. 나의 생각은 내가 잘 알지만 나의 행동은 남이 더 잘 안다. 남들이 내게 해 주었던 말들을 곰곰이 돌이켜 보았다.

"아니, 책상을 2시간 동안 정리하더니 물건 자리만 옮겼잖아?"

"네가 말하면 쉽게 이해가 되지 않아서 머리에서 정리한 다음에 다시 너한테 이 말이냐고 물어봤었어. 네 말은 한 번 듣고는 알기 힘들어."

"너는 디테일이 떨어져."

"가끔 분노를 표출하는 것만 빼면 좋은 사람이야."

"여러 가지를 지시했는데 딱 하나만 고쳐서 결재 올리면 다 야? 팀장을 무시하는 거야?"

그간 나는 이런 비슷한 말들을 들어 왔었다. 또한 순간적인 분노를 참지 못하고 하고 싶은 대로 말을 내뱉어 가까운 사람들에게 상처를 준 적도 많다. 물건을 잘 잃어버리기도 하고, 중요한 약속을 깜빡하는 데도 익숙하다. 집에서 요리나 청소하는 것도 어렵고 회사에서는 마감일이 되어서야 그 업무를 시작했다.

그렇지만 이 모든 게 내가 ADHD이기 때문이라는 생각은 못했다. 6개월간 방황한 후 나는 한 살이라도 어릴 때 이 문제를 적극적으로 해결해 보기로 했다. 열심히 관련 도서도 읽고 심리상담도 받고 약 처방도 받았다. 나를 보고 따라하는 딸이 있기 때문에 나는 더 노력했다.

정신과에 가서 다른 환자를 마주하는 것이 유쾌한 경험은 아니다. 서로가 서로를 외면하면서 기다리는데 한 사내아이가 엄마와 손을 잡고 들어왔다. 초등학교 4학년쯤으로 보이는 아이는 소파에 앉지를 못하고 서성이거나 자주 손으로 얼굴을 만지며 기다리는 것을 힘들어했다. 엄마는 피곤에 찌든 예민한 얼굴이었다. 저 아이가 나와 같은 증상을 가지고 있음을 딱 봐도 알 수 있었다. 결국 내 이름이 먼저 불려 나는 진료실에 들어갔다. 그리고 병원을 나오는데 그 아이의 엄마가 화장실에 주저앉아 펑펑 울면서 통화하고 있었다.

"우리 아들이 진짜 ADHD래. 설마 했는데, 우리 어떻게 하면 좋아. 내가 무슨 잘못을 했다고 우리 애가… 세상에 어떻게… 어머님한테 뭐라고 해. 선생님한테는. 누가 애랑 놀려고 하겠어. 우리 어떻게 해!"

엄마는 꺼이꺼이 소리 내어 울고 있었다. 처음에는 그 모습이 당황스러웠다. 이렇게 슬프고 심각한 일이었나. 나는 이제 점점 더 좋아질 것이라고, 지금보다 더 멋진 사람이 될 것이라고 생각하며 병원에 다녔다. 그런데 저 엄마는 자신의 아이가 뭐 불치병이라도 걸린 것처럼 슬퍼하고 있지 않나.

그런데 내가 ADHD인 것과 내 자식이 ADHD인 것은 전혀 다른 것이다. 엄마가 자신의 아이를 데리고 정신과에 올 때까지 자식은 ADHD처럼 보이는 행동을 지속적으로 해 왔을 것이다. 그 불길한 징조들을 애써 묵인하다가 곪을 대로 곪아 마음의 고통이 되었을 때 엄마는 자포자기하는 심정으로 온 것이다. 이미 자신이 인정했던 아이의 모습이지만 남이 그것을 콕 집어 말하면 너무 아프고 속상하다.

ADHD는 겉으로 드러나는 증상이라 부모로서는 더욱 견디기 힘들었을 것이다. 그런 아이를 둔 자신도 불쌍했을 것이다. 주변의 체면도 생각해야 하고, 앞으로 겪을 힘든 미래를 생각하니 두려웠을 것이다. 부모에게 자식은 생애 최고의 선물이며 행복이다. 내 품 안에서 따뜻하고 훌륭하게 키워 세상의 존중을 받기를 바란다. 그런데 그렇지 않음을 받아들이는 과정은 쉽지 않다.

울고 있는 엄마의 마음을 충분히 이해했다. 하지만 자신의 ADHD 확진을 듣고 화장실에 간 엄마를 기다리는 아들을 생각하니 마음이 아팠다. 그래서 나는 말해 주고 싶었다.

"어머님! 너무 두려워하지 않으셔도 돼요. 저도 어머님을 주저앉아 울게 한 ADHD 환자예요. 어머님 아들처럼 똑같이 분노를 조절하기 힘들고 주의력 장애도 있어요. 그런데 남들처럼 평범하게 잘 살고 있어요. 결혼해서 예쁜 딸 낳아 잘 키우면서 신의 직장이라고 불리는 공기업에서 8년 차 과장으로 일하고 있어요.

이 모든 것이 어머님 때문이라는 죄책감 갖지 마세요. 저는 성인이 된 후에야 ADHD라는 것을 알았어요. 그런데 아드님은 훌륭한 어머님을 두어서 빨리 알아차렸잖아요. 이제 처방받은 약 먹고 심리상담 받으면서 자신의 내면을 알아 가고 다른 사람들을 헤아리는 법, 주어진 고통을 인내하는 법, 상황을 길게 보고 긍정적으로 다루는 법을 천천히 배워 나갈 거예요.

주변의 체면이나 시선에 흔들리지 마세요. 어머님이 아이를 부끄러워하거나 짐으로 여기면 아이의 자존감은 더 떨어질 거예요.

세상에는 완벽한 사람 없잖아요. 이 아이뿐만 아니라 모든 사람들은 다 각자의 아픔과 약점을 가지고 살아갑니다. 다만 좀 더 빨리, 좀 더 눈에 띄게 알았을 뿐이에요.

아이가 올바른 가치관을 쌓아 자신감 있게 밀고 나갈 수 있도록 응원해 주시면 돼요. 에디슨, 아인슈타인, 모차르트, 피카소 같은 위인들도 다 ADHD였잖아요. 그러니 지금 여기서 주저앉아 울지 마시고 화장실 앞에서 기다리고 있는 아이 손을 잡아 주세요!"

이렇게 말하고 싶었지만, 내가 그 환자라고 말할 용기가 없었다. 마음에서는 크게 소리쳤지만 눈물을 닦는 어머님을 아무 말 없이 보냈다. 어머님 덕분에 아이가 멋진 인생을 살아갈 것이라 위로해 드렸어야 하는데 그럴 용기가 부족했다.

화장실에서 목 놓아 울던 어머님의 모습이 한동안 머리에서 떠나지를 않았다. 그리고 결심했다. 그들에게 따뜻한 위로를 줄 수 있는 방법을 무엇이든 찾아야 한다고. 나의 경험을 전달해서 같은 길을 걷게 될 사람들에게 희망을 줄 수 있는 가장 빠른 길을 알아보았다. 일단 내 이야기를 담은 책을 출간하는 것이 먼저였다.

그래서 올해 1월부터 〈한책협〉의 도움을 받아 책 쓰기를 시작했다. 그리고 올해 안에 엄마의 자존감 회복을 위한 책을 출간할 것이다. 이 주제는 마침 요즘 트렌드와 맞아떨어져 많은 엄마들이 공감할 것이며 베스트셀러가 될 것이라고 생각한다. 이후 나를 찾는 사람들이 늘어나고 나는 엄마들을 위한 강연 무대에 서게 될 날을 꿈꾼다.

나는 그때 말할 것이다. 엄마의 자존감을 높이기 위해 내가 무대에 선 이유는 바로 ADHD를 이겨 냈기 때문이라고. 말은 못하지만 마음이 아픈 자식이 있는 엄마들을 응원해 드리기 위해 내가 여기 왔다고. 결국 엄마의 자존감이 아이의 자존감이니 무너지지 말고 같이 이겨 나가자고. 그때 화장실에서 못했던 그 말들을 그 무대에서 진심을 다해 말할 것이다.

02

부모님께 따뜻한 밥상 차려 드리기

초등학교 3학년 때 식중독이 걸린 적이 있었다. 도저히 설사가 멈추지 않았다. 새벽이 될 때까지 아무것도 먹지 못하고 물까지 토했다. 부모님은 나를 응급실로 데려갔다. 아침이 되니 엄마가 학교를 가라고 했다. 개근상을 타기 위해 가야 한다고. 수액 이외에는 아무것도 먹지 못하고 의지와 상관없이 설사가 나오는데 학교를 갔다. 쓰러질 듯 앉아 있다 3교시쯤 알았다. 이미 설사가 나왔다는 것을. 당황해서 어쩔 줄 몰라 가만히 있는데 냄새가 교실 내에 퍼져 나갔다. 나와 멀리 있는 애들까지 그 냄새를 맡고 웅성거리다 보니 선생님까지 당황하셨다.

나는 더 이상 냄새가 퍼지는 게 싫어서 뛰어나갔고, 친구들은 웃음을 터뜨렸다. 집에 가기 위해 니트 티를 벗어서 똥이 묻은 바지를 가렸다. 엄마가 너무 원망스러웠다. 뻔히 예상할 수 있는 상황인데 나를 꼭 이렇게 웃음거리로 만들어야만 했나. 나는 한참 동안 학교에서 놀림을 당해야 했다. 그때 식중독에 걸렸던 이유가 상한 우유를 먹어서였다. 그래서인지 아직도 흰 우유를 못 먹는다.

보통의 엄마라면 아직 회복도 안 되었고 학교에 가면 더 큰 상처를 받을 수 있으니 일단 집에서 쉬라고 할 것이다. 그런데 어떻게 우리 엄마는 식중독에서 회복되지 않은 열 살짜리 딸더러 학교에 가라고 했을까?

엄마는 나보다 불우한 환경에서 살았다. 엄마가 태어나고 얼마 뒤 친모가 돌아가시고 2명의 계모 밑에서 크셨다. 계모들은 자식을 낳았고 자신의 친자식과 엄마를 심하게 차별 대우했다고 한다. 엄마는 그렇게 한 많은 세월을 보냈기 때문에 자식들에게 무한한 사랑을 주셨다고 말씀하신다.

그런데 나는 그런 기억이 없다. 오히려 엄마는 충분히 사랑을 받지 못했기 때문에 자신을 보호하려는 경향이 컸다. 자식들도 예외는 아니었다. 어렸을 때 엄마는 발로 차서 나를 쓰러뜨리고 어디라고 할 것 없이 벨트나 방망이로 때렸다. 왜 맞는지 몰랐지만 나는 너무 고통스러워 잘못했다고 빌었다. 때때로 빚쟁이들이 집에 와서 행패를 부릴 때도 어린 너희들이 있어야 자신이 구박을 덜 받는다고 엄마가 수모당하는 것을 꼭 지켜보게 했다. 내가 결혼할 때는 자식을 키워 놓으면 보람이 있어야지 아무 도움도 안 주고 혼자 편하게 살기 위해 시집가느냐고 화를 내셨다.

이 세상의 모든 엄마가 그럴 것이라 생각했다. 위에 언니가 있고 밑에 남동생이 있어서 내 엄마가 어떤 엄마인지도 모른 채 무조건 형제들보다 잘 보이려고 노력했다. 특히, 아들을 바랐던 종갓집에서 언니에 이어 또 딸로 태어난 나는 존재 자체를 구박받았다. 원칙이 없었던 엄마의 기분을 맞추고 행복하게 해 드리는 게 내 역할이라고 생각했다.

이제 나는 일곱 살 난 딸을 둔 엄마이고 8년 차 과장으로 사랑과 칭찬을 줘야 하는 입장이다. 그런데 여전히 초등학교 3학년처럼 칭찬을 받으려고 노력했다. 사람들에게 인정받으려고 노력하는 것은 어렸을 때 엄마한테 사랑받으려고 애썼던 마음이 되풀이되는 것이다. 나는 이 상황에서 벗어나고 싶었다. 그래서 내가 잘못하면 주변 사람들이 나를 사랑하지 않을까 봐 두려움을 느낄 때나 일에 관해서는 혼나야 할 것은 혼나야 하는데 나를 비난한다고 느낄 때 그 상황과 내 감정을 분리했다. 그리고 좀 더 객관적으로 내 감정을 거리감 있게 보려고 했다.

이러한 노력으로 나는 그토록 원망했던 엄마를 조금은 이해할 수 있었다. 사실 엄마가 원해서 계모를 두 번이나 만나고 차별대우를 받은 것은 아니지 않은가. 엄마에 비하면 나는 행복한 인생을 살고 있다. 엄마가 아기 때 애착관계를 잘못 형성해서 지금 내가 마음이 힘들어졌다고 원망할 수는 없는 노릇이다. 세상에 뿌리 없는 나무가 없듯이 어미 없는 자식은 있을 수 없다. 이것도 내 운명이라면 어쩔 수 없이 받아들여야 한다.

2011년 7월, 기록적인 폭우가 쏟아진 날 새벽에 진통이 오기 시작했다. 어렵게 택시를 잡아타고 엄마와 병원에 갔다. 의사 선생님께서는 아직 아기가 나오려면 멀었다고, 내일이 되어야 나올 수도 있다고 냉담하게 말했다. 이 정도가 아직 아니라면 도대체 얼마나 아파야 애를 낳을 수 있다는 건지 두려웠다. 식은땀을 흘리며 아파하는 나를 보며 엄마는 말을 잇지 못했다.

"어떡해… 어떡해… 차라리 내가 아픈 게 낫지."

진통이 점점 심해져 나는 온몸을 꼬면서 소리를 지르기 시작했다. 이러다 죽는 줄 알았다. 그때 엄마의 기도 소리가 들려왔다. 그 나지막한 기도 소리와 따뜻한 손길이 불안한 나를 안정시켜주었다.

그 따뜻한 기도 소리를 듣다가 문득 떠올랐다. 엄마는 언니를 친정집에서 낳았다. 새엄마 밑에서 자란 엄마가 아기를 낳을 때 그래도 친정이라고 그 집에 갔는데 진통이 오기 시작했다. 엄마가 아파서 죽을 것 같다고 하자 외할머니는 그 정도로는 애를 낳는 것이 아니라고 했다. 엄마는 조용히 참다가 결국 집에서 첫아이를 낳았다. 어렸을 때는 농담으로 들었던 엄마의 이야기였는데 내가 아파 보니 도저히 상상할 수 없는 일이었다.

나보다 더 어린 나이에 이 고통을 홀로 감당했을 엄마를 생각하니 아무리 아파도 소리를 지를 수 없었다. 나를 위해 기도하는 엄마 앞에서 아파 죽겠다고 소리를 낼 수 없었다. 죽을 때까지 필요한 사람이 친정엄마인데 우리 엄마에게는 그런 사람이 없었다. 가장 최악의 순간에 엄마의 한스러운 세월을 조금 느꼈다.

주부 8년 차인데 쭉 직작생활을 해왔다 보니 아직까지도 요리를 썩 잘하지 못한다. 주로 반찬을 사거나, 햄과 김을 주로 활용하고 혹은 여러 야채로 볶음밥을 해 먹는다. 부끄럽게도 서른여섯 살이 될 때까지 한 번도 엄마에게 내 요리로 밥상을 차려 드리지 못했다. 내가 요리를 해 주면 분명 사위한테 가정교육 잘못 시켜서 미안하다고 먹기도 전부터 사과할 것이다. 엄마가 좋아하는 두부두루치기, 잡채, 불고기, 대게 같은 요리와 따뜻한 밥을 차려 드리고 싶다. 내가 지금 친정엄마가 될 순 없지만 한 많은 세월, 살아 내느라 고생 많았다고 꼭 안아 드리고 싶다. 그리고 이렇게 말해드리고 싶다.

"엄마, 힘들고 어려운 시절에 저희 삼 남매 키운다고 고생 많으셨어요. 저희 등록금을 내고 생활해야 되어서 엄마는 몇 년 동안 모텔을 청소했잖아요. 매트를 몇십 번 들어서 이불을 깔고 화장실 청소하는 일을 끝내고 집에 돌아왔지요. 그러곤 난방이 안 되는 집에서 공부하고 있는 나를 보며 학원도 독서실도 못 보내 줘서 미안하다고 눈물을 흘리셨어요. 그때 내가 할 수 있는 가장 큰 효도라고 생각하고 열심히 공부했어요. 저는 엄마 덕분에 애쓰면서 살아와서 원하는 직장에 좋은 남편 만나 잘 살고 있어요. 엄마 고마워요!

힘들 때, 생일 미역은 장수의 의미를 가져 가위로 자르는 게 아닌데 엄마 생신날 미역국을 끓이면서 이렇게 살면 뭐 하나 하는 생각이 들었다고 했지요. 그래서 미역을 가위로 자르려고 했잖아요. 그러다 아, 우리 막둥이 생각하시면서 가위로 안 자르시고 그냥 먹었지요. 엄마 그때 잘 견디고 살아 주셔서 고마워요! 엄마의 한 많은 세월 제가 다 알 순 없지만, 제가 마음으로 다 안아 줄게요!"

03

워킹맘을 대변해 TV 출연하기

나는 서울시 산하의 한 공기업에 다니고 있다. 최근에 내가 진행한 업무로 서울시가 피소를 당했다. 지난해 4월 여든이 넘은 한 상인의 위법 행위를 확인하고 영업정지 3개월 행정처분을 내렸다. 하지만 상인의 아들이 나타나 억울하다며 서울시에 두 차례 의견서를 제출했다. 나는 이에 대한 반박 자료를 제출하고 서울시는 그대로 영업정지 3개월을 처분했다.

그런데 이 상인의 아들은 내가 회유와 협박을 하여 자신의 아버지가 위법 사실을 인정했지만, 아버지가 난청에 치매여서 그랬다며 다시 행정 소송을 제기했다. 나는 행정심판위원회에 3차까지 답변서를 제출했고, 조사 과정에서 추가로 발견한 불법 행위를 검찰에 고발했다.

소송이 진행되는 동안 다른 업무도, 살림도, 육아도 뭐 하나 제대로 할 수가 없었다. 같이 대응해야 할 서울시와 팀장, 차장님의 의견이 제각각이어서 실무자로서 어떻게 해야 할지 답답했다. 내가 회유와 협박을 했다 하니 상인에게 다시 출석을 요구할 수도 없는 상황이었다. 가장 힘들었던 것은 스스로 자신감이 떨어진 것이었다. 명백하다고 느낀 증거들이 법적으로 타당했는지, 조사 과정에서 내가 경솔하게 대응했는지 끊임없이 스스로를 의심했다.

신뢰를 바탕으로 영업하는 도매시장 상인에게 영업정지 3개월은 그 사람의 숨통을 끊는 일이다. 처음 있는 일이었다. 나뿐만 아니라 우리 회사에서 어떤 누구도 해 보지 않았던 행정처분이었다. 대부분의 사람들은 위험을 무릅쓰며 책임지는 업무에 임하지 않는다. 그러니 내가 처음 증거 자료를 수집할 때 주변에서는 '여자가 대단하다'라는 눈길로 봤다. 그 눈길에, 칭찬에 휩쓸리기도 했다.

그런데 위법 사실에 중점을 두었지만 그 처벌이 받는 사람에게 어떤 의미인지는 충분히 헤아리지 못했다. 게다가 소송이라니. 전혀 예상치 못했다. 남의 눈치만 보고 살았던 내가 회사 일이지만 피소를 당하고 결국 그들을 검찰에 고발하다니, 착한 콤플렉스에 빠져 있던 나에겐 힘든 일이었다.

여자라서 시장에서 잔뼈가 굵은 거친 상인들을 대하기가 힘든 것인가? 한계인 걸까? 핑계인 걸까? 고민하다가 내 남동생을 생각했다. 현재 내 동생은 군인이다. 만약에 내 동생이 적에게 총을 겨누어야 하는 상황이라고 하자. 그런데 지금의 나처럼 "나는 어쩔 수 없이 여기에 왔어. 그런데 난 착한 사람이라서 사람을 죽이기 싫어. 숨어 지낼 거야."라고 한다면 내 남동생은 정말 착한 사람인 걸까? 비겁한 사람인 걸까?

어차피 소송에 들어가면 그 인간의 바닥을 볼 수밖에 없다. 이 것은 사람이 할 짓이 아니야, 라고 생각했으면 아예 안 들어갔어야 한다. 이미 난 프로세스에 올라탔다. 이제는 위로 올라가야지, 아래 로 내려올 수는 없다. 설사 나의 판단이 옳지 않았을지라도 반드시 소송에서 이겨야 한다는 각오로 준비해야 한다고 생각했다.

새롭게 마음을 다졌다. 이제 준비만 잘하면 된다. 하지만 시작 부터 턱 막혔다. 행정 소송 답변서를 작성해야 하는데 법률 용어 도 모르고 관련 지식이 전혀 없었다. 게다가 다른 사람에게 도움 을 청할 줄도 몰랐다. 부탁하는 것이 어렵고 다른 사람을 불편하 게 하는 게 싫어 웬만하면 혼자 일하는 성격 탓이었다. 그래서 이 번 소송도 쩔쩔매며 혼자 준비했다. 그런데 우리 팀 차장님은 현 장을 돌아다니면서 목격자들을 모았고 파트 리더님은 자신의 인 맥을 통해 추가 자료들을 준비했다. 어떤 후배는 나를 도와줄 수 있는 방법을 스스로 생각하다 다른 업무를 도와줬고, 가장 힘든 일을 하겠다며 나서서 함께한 후배도 있었다. 그때 처음으로 알았다. 다른 사람에게서 응원과 도움을 받으면 얼마나 큰 힘이 되는 지를. 사실 나로 인해 회사가 우스워질까 봐 두려웠다. 흔들렸던 순간 나의 마음을 따뜻하게 채워 준 팀원들이었다.

행정심판위원회에 답변서를 제출하는 날 모두들 답변서가 잘 제출되기를 기다렸다. 일단 완성되면 차장, 변호사, 팀장, 본부장 을 거쳐 서울시로 전달된다. 그러곤 서울시에서 검토한 후 행정심 판위원회에 제출한다. 결재라인을 탈 때마다 오·탈자를 지적받고, 법을 모르냐는 무시도 받고, 너희 팀장은 이것을 읽고 결재해 줬 냐며 상사를 욕 먹이고, 마지막으로 서울시 지적까지 받으며 답변 서를 제출했다. 인내심이 한계에 달해 숨이 턱 막혀 오는데 갑자 기 딸의 유치원에서 전화가 왔다.

"어머님! 유나는 오늘 어머님이 데리러 오신다고 말하는데 아 직 연락이 없으셔서요."

그제야 나는 생각났다. 아침에 딸이 유치원 버스를 기다리면 서 말했다.

"유나가 네 번이나 계속 유치원 버스 탔으니까 오늘은 엄마가 데리러 와."

유치원 코스가 우리 집이 마지막이어서 딸은 한 시간 동안 유 치원 버스를 타야 한다. 그게 힘들었던 딸은 내가 직접 유치원에 오기를 바랐다. 그때가 금요일이었으니 월요일부터 목요일까지 네 번이나 딸은 유치원 버스를 타고 집에 온 셈이다. 꼼꼼히도 날짜를 센 딸의 기억력에 미안한 마음뿐이었다. 그래서 회사 업무를 잊은 채 오늘은 엄마가 가겠다고 단단히 약속하고 손도장까지 찍었다. 그런데 도저히 딸에게 가는 것은 불가능했다. 신랑에게 전화했다.

"미안한데 오빠가 유치원에 좀 가 줘. 유나가 기다리고 있대. 난 도저히 불가능해."

신랑이 그러겠다고 했지만 딸과 한 약속을 지키지 못해 미안했다. 회사일로 자존감이 낮아져서인지 딸과의 약속을 못 지킨 내가 참 못난 엄마 같았다. 한없이 마음이 가라앉았다. 일하는 엄마여서 미안했다. 혹시나 딸이 상처를 받지 않을지 걱정되었다. 6시가 넘어서 유치원에서 또 전화가 왔다. 나는 긴장된 마음으로 전화를 받았다

"어머님이 오신다고 해서 말씀을 안 드렸는데… 오늘 유나가 '우린 네가 좋아' 상을 받았어요! 축하 많이 해 주시고 파티해 주세요!"

아! '우린 네가 좋아' 상! 딸에게서 수십 번을 들었다. 한 달에 한 번 아이들이 그 달에 멋진 행동을 한 친구를 추천하고 가장 많이 뽑힌 아이가 선정되는 상이다. 이번 달에는 누가 되었는데, 딸은 자기도 되고 싶다고 했다. '우린 네가 좋아!'라고 적힌 배지도 받는데 그 배지를 가방에 달고 다니는 친구들을 딸은 부러워했다.

"어머! 정말요? 그거 유나가 엄청 받고 싶어 했는데…"

순간 긴장이 풀리면서 울컥했다.

"네! 유나가 더 멋진 친구가 되기 위해서 유치원에서 장난감 양보도 잘하고 집에서는 혼자 밥 먹겠다고 약속도 했어요."

"어머! 정말 감사합니다."

아! 내가 이 이야기를 들으려고 이렇게 힘들었구나. 세상에 이런 날도 있구나 싶어서 눈물이 났다. 일하느라 바빠 가장 소중한 딸과의 약속을 지키지 못했다. 오늘처럼 회사에서도 잘 안 풀리고 아이에게도 제대로 못 해 줘서 미안한 날이 꼭 있다. 하나도 제대로 못하면서 둘을 다 해 보려고 욕심내는 게 벅차게 느껴질 때면 모두 다 놓아 버리고 싶다. 그래도 다행히 오늘은 '그동안 수고했다'라고 위로받아 울컥했다.

일하는 엄마에게는 중요한 것이 또 하나 있다. 바로 나 자신이다. 가정과 직장과 똑같은 크기로 '자신'도 중요하다. 이 세 바퀴는 서로 연결되어 있기 때문에 유기적으로 맞물려 굴러간다. 성공을 위해 일에 매진하다가 가정이 불안하면 나 역시 지킬 수 없다. 육아를 위해 직장을 포기한다면 경력을 이어 나갈 수 없다. 가정과 직장에서 잘하겠다고 애쓰다가 자신을 소홀히 하면 몸과 마음에 병이 생겨 가정도 직장도 지탱하기 어렵다. 세 바퀴가 잘 굴러갈 때 비로소 일하는 엄마로서의 자존감을 찾을 수 있다.

살다 보니 여자의 인생에서 터닝 포인트는 결혼이 아니라 출산이었다. 출산 이후 많은 여성들이 산후우울증, 육아우울증을 호소한다. 일터로 돌아갔을 때는 직장에서 인정받지 못하고 가정에서도 눈치 보며 살아간다.

일하는 엄마로서 행복하게 살아가려면 자신의 가치를 스스로 찾아야만 한다. 단어조차 생소했던 산후우울증, 육아우울증으로 힘들었을 때 '이게 이 정도로 힘든 거였으면 누가 나한테 말해 줬어야 하는 것이 아닌가?' 싶어서 행복해 보이는 선배 엄마들을 원망했다.

나는 후배 워킹맘들에게 그런 원망을 듣지 않을 것이다. 한때 낮았던 나의 자존감을 높이기 위해 노력했던 나만의 노하우를 담은 책을 출간하고 블로그 활동을 이어 나간다. 이후 방송 섭외 요청이 올 것이다. 그러면 나는 후배 워킹맘에게 당신만 힘든 것은 아니라는 위로와 함께 일과 가정의 양립을 위해서는 자신의 가치를 찾는 것이 중요하다고 말할 것이다. 또한 이 세 가지를 균형 잡는 것은 엄마 혼자 불가능하며 주변의 따뜻한 도움, 사회적 시스템이 함께 나서야 한다고 말할 것이다.

04

가족과 봉사활동 가기

2011년 2월에 결혼했으니 지금으로부터 7년 전이다. 스물여덟 내 인생에 전혀 예상하지 못했던 일이 생겼다. 연예인이나 하는 줄 알았던 속도위반을 한 것이었다.

1년간의 백수생활 뒤 어렵게 취업에 성공했다. 그리고 3개월 수습 딱지를 뗄 때 임신 8주 차가 되었다. 임신테스트기의 양성반응을 확인했으면서도 설마 임신이 이렇게 쉽게 될 리가 없다고 생각했다. 산부인과에서 눈으로 확인해야 믿을 수 있을 것 같다. 산부인과에 가서 초음파 검사를 했다. 그런데 눈으로 볼 필요도 없었다. 초음파기를 배에 대자마자 쿵쾅쿵쾅 심장이 뛰는 소리가 들렸다.

이 상황이 당황스러웠다. 모두에게 미안하고 두려워서 눈물이

났다. 아기가 자리 잡고 있을 8주 동안 나는 신입이라 회사 선배들이 주는 술을 다 받아먹었다. 일요일에는 회사 등산까지 따라갔기 때문에 일주일에 일곱 번 술을 마신 적도 있었다. 임신인 줄도 모르고 몸이 피곤해서 감기약도 먹었다. 아이도 걱정되었지만 회사에는 어떻게 말해야 할지 생각하니 머리가 아파왔다. 더군다나 입사하자마자 말이다. 또한 2월에 결혼하는 애가 7월에 아기를 낳는다고 얼마나 수군거릴 것인가 두려웠다.

하지만 그중에서도 가장 어려운 건 엄마한테 말하는 것이었다. 말 못할 고생을 하시면서도 자식들 잘 키웠다는 자부심 하나로 버텨 온 우리 엄마다. 삼 남매 중 나를 가장 자랑스럽게 생각한다는 것을 말하지 않아도 알고 있었다. 그런 내가 엄마를 욕되게 하는 것 같았다. 결혼식 3주 전까지 말할 엄두도 못 내고 있었다. 언제 어떻게 말해야 충격이 덜 하실까 고민하던 때 엄마에게서 전화가 왔다.

"너희들 궁합을 봤는데 올해 안에 아기를 낳는다더라. 아직 결혼도 안 한 너희들이 어떻게 올해 안에 애를 낳니, 신기하지?"

너무 놀라 난 아무 말도 못했다. 한참 동안 수화기를 잡고만 있다가 차라리 잘되었다 싶었다.

"엄마, 그 점쟁이 정말 점 잘 본다. 나 올해 안에 아이 낳아. 임신 4개월이야. 7월 27일이 예정일이야. 거기 정말 용하네."

웃으며 말했지만 부끄럽고 미안했다. 평소의 엄마라면 내 이야기를 듣고 있는 그대로 화를 내시고 상처 주는 말을 퍼부었을 것이다. 칠칠치 못하다는 말까지 들을 마음의 준비를 하고 있었다. 그런데 엄마는 배 속의 아기도 듣고 있다는 사실을 생각했다. 아까와는 다른 목소리로 말씀하셨다.

"우리 딸 많이 컸구나. 축하해. 잘된 일이야. 입덧이 심할 때인데 괜찮아? 4개월이면 아직 안전하지 않은 때이니 조심하고. 아무 걱정 말고 행복한 생각만 해."

어렵게 전화통화를 마치고 한참 동안 울었다. 결국 나는 예상치 못한 임신으로 배 속의 아이와 이제 막 들어간 회사 그리고 날 믿어 온 엄마에게 혼란을 주었다. 나는 분명히 준비되지 않은 상태였다. 그런데 신기하게도 그런 불안감이 들 때 배 속의 아기가 말해 주었다.

"갑작스러운 이 상황에 많은 의문이 들겠지만 제가 태어나서 왜 내가 엄마를 스스로 찾아 왔는지 알려 드릴게요. 아무 걱정하지 마시고 조금만 나를 기다려 주세요."

그 내면의 목소리가 나에게 믿음과 확신을 줬다. 그렇게 태어난 내 딸은 정말로 나의 질문에 답하는 것처럼 의젓하게 자랐다. 딸은 누가 딸인지, 엄마인지 모를 정도 성숙하게 커 왔다. 나는 딸을 믿는다. 우리 딸은 다른 사람을 헤아리면서도 씩씩하게 자기 인생을 살아갈 것이다. 그렇게 되기 위해서 엄마로서 나는 인생의 시련 앞에서 두려워하지 말고 자신감을 갖고 나아가라고 가르칠 것이다.

딸의 모든 시련을 내가 지켜 줄 수 있으면 좋겠지만 항상 함께 할 수 없다. 그래서 나는 여행을 많이 시킬 것이다. 많은 것들을 보고 다양한 사람들과 접촉함으로써 자신에게 부족한 것을 알게 할 것이다. 그로 인한 깨달음은 동기부여로 연결된다. 또한 자신의 고민에 지나치게 몰입하다 보면 이것이 인간이 수행하는 전체 활동 중에서 얼마나 작은 부분을 차지하는지 잊기 쉽다. 꼭 필요한 활동을 하면서 세계를 정확하게 파악하는 균형감각을 배우는 것. 이것이 먼 곳으로 가는 가장 중요한 이유다. 목표가 뚜렷하면 그 상황이 힘들어도 이겨 낼 수 있다.

살아가다 보면 어떤 고난은 도저히 감내할 수 없을 것처럼 크게 느껴질 때가 있다. 이때 가장 좋은 방법은 당분간 자신의 역경을 잊고 더 큰 문제로 힘들어하는 다른 사람을 돕는 것이다. 시선을 다른 곳으로 돌리면 내가 느끼는 고난이 생각보다 별것이 아님을 알고 자신감을 갖게 된다.

이제 내 딸은 초등학교에 입학한다. 지금은 천사 같은 내 딸도 분명 친구나 선생님, 엄마에게 불만이 많아질 때가 올 것이다. 그때가 되었을 때 나는 딸과 함께 가장 가난하고 낮은 자를 만나러 갈 것이다. 우리의 작은 봉사에 해맑게 미소 짓는 아이들을 만날 것이다. 그 친구들을 통해 딸이 당연하다고 생각한 일상이 얼마나 소중하고 행복한지 그 답을 찾았으면 좋겠다. 도움이 필요한 친구들을 기쁘게 함으로써 본인의 소중한 가치를 느끼기를 바란다. 틀에 박힌 자신의 생활에서 벗어나 새로운 곳에서 좋은 에너지를 충전하길 바란다. 세상과의 균형감각을 유지해 객관적으로 자신을 돌아보고, 자신을 지킬 수 있는 자신감을 가졌으면 좋겠다. 결국 가난한 자를 변화시키러 갔지만, 돌아올 때는 그들에게서 더 많은 것을 배워 오기를 바란다.

05

송파구에 집 사고
행복한 가정 이루기

술버릇은 결혼을 한다고 해서 고쳐지지 않는다. 결혼하기 전에 술을 먹고 사랑을 고백하거나 말을 많이 하는 사람은 결혼 후에도 술주정할 소지가 있다고 짐작해야 한다. 술 먹고 정신이 마비되어 하는 행동은 이미 어린 시절에 경험한 탓에 습관이 되어 쉽게 고칠 수 없다.

신랑은 주량보다 술을 과하게 마시고 그 자리에서 뻗어 버리는 버릇이 있다. 내가 대학원에 다닐 때 새벽에 경찰서에서 전화가 왔다. 그 당시 남자 친구였던 신랑이 어디 길가에서 잠들었는데 집 주소가 어떻게 되느냐는 내용이었다. 키가 180cm에 몸무게가 100kg이 넘는 이 거구가 정신을 잃고 쓰러지면 장정 둘이 붙어도 소용없다.

신랑은 택시를 타고 잠드는 경우가 많았다. 진상을 만났다는 택시기사님의 원망을 들으며 택시비를 냈다. 그러곤 집 앞에서 있는 힘을 다해 정신을 차리게 한 다음 들여보냈다. 결혼 전에 이 남자가 이렇다는 것을 충분히 알고 있었다. 도대체 나는 어쩌자고 이런 남자와 결혼했을까.

스물한 살, 개강하는 날에 과모임에서 신랑을 처음 보았다. 신랑은 처음 나를 보았을 때를 기억하지 못하시만 나는 분명히 기억난다. 신랑에게 후광이 비추었기 때문이다. 지금도 그 후광을 그리라면 그릴 수 있다. 달마도의 달마대사처럼 동그란 해가 신랑 머리 뒤에 떠 있었다. 나는 그때 알았다. '내가 처음으로 사귈 사람은 바로 저 사람이다!'라고.

사귀어 보니 신랑은 대단한 사람이었다. 만나는 사람들을 존중해 주고 무시하지 않았다. 누구를 험담하는 것을 본 적이 없다. 복학한 지 얼마 되지 않아 신랑은 학교에서 가장 유명한 인물이 되었다. 압도적 지지를 받아 과 학생회장에 당선되었다.

학생회장이 되자 신랑은 여러 사업을 벌여 돈을 모았다. 그 돈으로 체육대회 경기 종목에 나가는 선수들을 지원해 우승을 이끌었다. 곤경에 처한 친구들을 앞장서서 도와주기도 하고 과 살림이 튼튼해야 한다며 성공한 선배들을 만나 장학금을 모아 왔다. 사람 자체가 매력이 있었다. 인도에 가서 영어를 배우고 이스라엘 키부

츠에서도 다양한 나라의 사람들을 경험했다. 그때 신랑은 스물네 살이었는데 지금 생각해도 리더십도 있고 건전한 청년이었다.

나는 대학교 4학년 2학기, 스물세 살에 코트라라는 공기업에 계약직 사원으로 입사했다. 내가 먼저 공기업에 취업하고 부산을 떠나자 갑자기 신랑은 정신을 차리고 열심히 공부하기 시작했다. 원래 신랑은 대기업보다는 중소기업을 희망했다. 나중에 사업을 하고 싶었기 때문에 학교 선배들이 경영하는 중소기업에서 여러 분야를 배워 보고 싶어 했다. 그런데 국내 굴지의 대기업인 포스코에 입사했다. 신랑한테 왜 중소기업엘 안 가고 갑자기 대기업에 들어갔냐고 물으니 이렇게 말했다.

"은정이 부모님에게 인사드릴 때 중소기업이라고 하면 싫어하실까 봐."

계약직 근무 기간이었던 2년이 가까워지자 코트라 인사팀에서 내게 무기 계약직으로 전환시켜 준다는 메일을 보내 왔다. 그런데 나는 좋은 회사여도 투명인간 취급을 당하면서 계약직으로 살아가기 싫었다. 나의 미래인 계약직 선배들이 어떻게 생활하는지, 어떤 대화를 하는지 봐 왔다. 나는 좋은 경험 쌓았다고 생각하고 하루라도 빨리 나오고 싶었다.

그리하여 나는 스물다섯 살에 이화여대 국제대학원에 입학했다. 내가 대학원에 입학하자 신랑은 엄청 좋아했다. 내가 신촌에 있는 대학원 기숙사로 들어가자 신랑은 회사가 삼성동에 있었는데도 서강대 근처의 원룸에서 살았다.

어학연수 경험도 없는 내가 국제대학원에서 외국 학생들과 경쟁하는 것은 대학생과 초등학생이 같은 레벨에서 공부하는 것과 같았다. 나는 뒤처지지 않기 위해 노력했다. 그들이 한 시간 공부하면 나는 밤을 새워서 따라갔다. 나의 노력을 높이 본 국제대학원장의 추천으로 나는 논문을 써서 한국무역협회에서 주관하는 대회에서 1위를 수상했다. 2009년 8월에 대학원을 졸업한 이후 계속해서 공기업을 준비했다. 월급을 받기 위해 일하지만 나의 노력이 재벌을 배불려 주기보다는 사회에 이바지하기를 바랐다.

백수로 1년을 보낸 후 나는 공기업 취업에 성공했다. 백수로 보낸 1년 동안 나는 매일 도서관에 있었다. 그러는 동안 신랑은 영국에 가서 로펌회사와 계약하고, 일본에 가서는 국제적인 회의를 진행했다. 회사에서는 상위 3%에 해당하는 S등급을 연속으로 받으며 점점 성공한 사회인으로 변해 가고 있었다. 반면에 나는 하루하루 불안감 속에 이제나 저제나 합격 소식을 기다렸다. 하루라도 공부를 안 하면 스스로를 꾸짖고 자책했다.

신랑이 나를 보러 도서관에 오면 자신이 그렇게 초라하게 느껴질 수가 없었다. 회사에는 예쁘고 화려한 아가씨들도 많을 텐데 화장도 안 하고 맨날 같은 옷만 입는 취업준비생이 뭐가 좋다고 저렇게 올까 싶었다. 하지만 신랑은 대학교 때 날 대했던 그 따뜻한 눈빛으로 늘 자신은 괜찮으니 눈을 낮추지 말고 원하는 회사에 입사할 때까지 기다리자고 말했다. 나 스스로보다 나를 더 믿어 준 사람이었다. 작고 초라해졌던 나를 있는 그대로 사랑해 주었다. 신랑이 없었으면 나는 그 기간을 결코 버텨 내지 못했을 것이다.

그때 결심했다. 나의 힘든 시간을 함께해 준 이 사람과 반드시 결혼하겠다고. 이미 술버릇은 중요하지 않았다. 그것을 문제 삼을 수 없을 만큼 난 신랑이 고마웠다. 20대의 순수함을 서로 알고 함께 추억과 꿈을 쌓아 온 사람이었다. 내가 그것을 버리면 나의 20대를 송두리째 잃어버리는 셈이었다.

취업 이후에 결혼하고 싶었지만 막상 모아 놓은 돈이 없어서 결혼할 수가 없었다. 내 사정을 다 아는 신랑은 결혼 자금은 본인이 다 마련할 테니 그냥 지금 결혼하자고 말했다. 비용을 본인이 오롯이 부담하겠다는 말에 미안한 마음이 컸지만, 그럼에도 결혼하고 싶은 마음이 앞섰기에 기쁜 마음으로 받아들였다. 그렇게 우리는 결혼을 하고 송파동의 투 룸에서 신혼을 시작했다.

결혼을 하고 보니 신랑의 술버릇은 생각보다 심각했다. 1년에 한두 번인 줄 알았던 술버릇은 한 달에 한두 번이었다. 그동안 휴대전화에 저장된 어머님, 아버님 번호로 전화가 갔기 때문에 내가 전혀 모르고 있었던 것이었다. 이제는 결혼한 나에게로 경찰서에서 전화가 왔다. 택시기사 아저씨는 집 앞에서 나를 찾았다. 한 번, 두 번 그런 날이 많아질수록 나는 예민해지기 시작했다.

잠을 못 자는 날이 점점 늘어났지만 신랑의 술버릇은 고쳐지지 않았다. 신랑이 이러한 술버릇을 갖게 된 이유는 대학교 때부터 '남자는 남자다워야 한다. 술이 세야 진짜 남자다'라는 강박을 갖고 있었기 때문이다.

그에 비해 주량은 세지 않기 때문에 맨날 쓰러질 때까지 술을 마시게 된 것이다. 천성이 착한 술 알았던 신랑도 사실은 인정 욕심이 많아 남에게 인정받고자 고군분투하는 사람이었다.

습관은 한번 자리 잡으면 무서운 것이다. 쉽지 고쳐지지 않을 것이다. 하지만 우리 부부는 이 문제를 회피하지 않고 적극적으로 해결하기 위해 노력하고 있다. 나와 딸에게 신랑이 얼마나 소중한 사람인지 무의식에서도 인지하게 해 줄 것이다. 술을 많이 먹지 않아도 남자로서 충분히 멋진 사람이라고 스스로 깨닫게 할 것이다. 신랑에게 술을 먹는 데드라인을 정해 주고 반드시 지키도록 하고 있다. 나와 신랑은 지속적으로 이 문제를 수용하고 더 현명한 방법을 찾아갈 것이다.

우리 소득은 둘을 합하면 억대가 훌쩍 넘는다. 그런데 아직 집이 없다. 처음에는 송파에 있는 오피스텔의 투 룸에서 살다가 딸이 내가 다니는 회사의 사내 어린이집을 다니게 되면서 근처 아파트로 이사 왔다. 처음으로 아파트에 사니 경비 아저씨도 있고 엘리베이터도 있고 좋았다. 내 인생이 성공한 느낌이었다. 하나하나 성공을 이뤄 나가는 느낌도 꽤 괜찮았다.

내가 무리를 해서 집을 사자고 할 때마다 신랑은 집값은 곧 떨어진다고, 집을 살 필요가 없다고 주장했다. 특히 송파구는 집값이 너무 비싸 엄두를 못 내기도 했다. 그런데 최근 7년 동안 송파구 아파트 값이 거의 2배 가까이 뛰면서 내 주변 동료들과 친구들은 몇억 원을 쉽게 벌었다. 송파구는 숨만 쉬어도 오른다고, 2년이면 2억 원이 오르고 3년이면 3억 원이 올랐다. 항상 신랑 말이 옳은 것은 아닌데… 사실 내가 간이 작았기도 했다.

반드시 우리가 살 집을 살 것이다. 꼭 부동산으로 돈을 벌고자 하기 때문은 아니다. 우리 딸은 커 가면서 집과 쌓은 추억이 없다. 정확하게 2년마다 네 번 이사했기 때문에 집 어디에도 딸의 어린 추억이 있을 수 없는 것이다. 어렸을 때 여기서 넘어지고, 여기에다가 실례를 하고… 그런 추억이 없다. 이제 추억이 담긴 내 집을 갖고 싶다. 내 집이라는 마음의 평안함을 느끼고 싶다.

2019년 3월이면 지금의 집 계약이 끝난다. 나는 이때를 노릴 것이다. 우선 딸아이의 학군을 고려하고 신랑과 나의 교통편을 고려해 송파구의 좋은 아파트를 봐 둘 것이다. 그러기 위해서는 송파구의 여러 부동산에 들러 공인중개사들과 친해져야 할 것이다.

그러고는 좋은 매물이 나올 때마다 곧바로 알려 달라고 해야겠다. 여러 가지 상황을 잘 고려해본 뒤, 우리 가족이 살기에 좋고 적절한 아파트가 나타나면 거침없이 지를 것이다. 오랫동안 추억을 쌓을 수 있는 그런 집을 사고 싶다. 반드시 이루고 싶은 나의 꿈이다. 그날을 그리며 나는 오늘도 열심히 달려나간다.

PART 9

자동 수입
파이프라인 완성하고
행복한 가정 이루기

- 이 인 해 -

이인해 변호사, 공부법 코치, 동기부여 멘토, 인생 설계 멘토

제47회 사법시험에 합격한 후 변호사로 활동했다. 첫째 아이를 키우면서 불안감과 우울감을 경험하고 자존감이 하락하는 등 힘든 시기를 맞이했으나 7년에 걸친 몰입독서를 통해 이를 극복했다. 이와 같은 경험을 나누고자 독서 동기부여 멘토 및 독서를 통한 인생 재설계 멘토로서 활동하고 있다. 또한 전 국민이 진짜 공부로 인생의 의미와 풍요를 향유할 수 있도록 돕고자 한다.

Email ponenuna@naver.com   Blog blog.naver.com/ponenuna

아버지를 진심으로 용서해 드리기

거실에서 사부작사부작 혼자 놀던 딸아이가 고개도 들지 않고 묻는다.

"엄마, 할아버지 어디 계셔?"

"엄마, 할아버지 이제 못 보는 거야?"

"엄마, 할아버지 보고 싶다."

무심한 듯 아무렇지 않게 내뱉는 딸아이의 질문들을 듣고 갑자기 가슴 한쪽이 아릿해져 온다.

2016년 5월, 친정어머니와 아버지가 각자의 삶을 살기로 결정하셨다. 두 분의 결정에, 아니 정확하게 말하자면 어머니의 홀로서기 결정에 난 적극 찬성했었다. 어머니는 진심으로 홀로서기를 원하셨다. 아버지 이름을 입에 올려 얘기하면 할수록 그간 힘들었던 모든 과거가 생생하게 살아나는 듯 너무 힘들어하셨다. 억울해했고 분노하셨고 진저리를 치셨다. 마음속 깊은 곳에서부터 아버지가 없는 당신의 인생을 꿈꾸셨다.

아버지가 어떤 마음으로 각자의 삶을 결정하셨는지는 모르겠다. 홧김에 하셨을 수도 있다. 내가 이렇게까지 극단적으로 나오는데 너희들이 나를 안 붙잡을 수 있겠나, 하는 근거 없는 자신감에 그런 행동을 하셨을 수도 있다.

나의 아버지 얘기를 잠시 하자면 이렇다. 그분은 어머니와 결혼하고서도 평생 동한 제대로 일을 해 본 적이 없다. 당연히 제대로 된 월급봉투를 가져다준 적도 거의 없었다. 세어 본다면 열 손가락으로도 충분할 것이다. 요즘 말로 하자면 평생 부인의 '등골 브레이커'로 살아왔다고 하면 될 것이다.

남편이 가장의 역할을 하지 못할 때 그 부담은 고스란히 어머니 몫이었다. 내 기억이 닿는 가장 어린 시절부터 청소년기, 성인이 될 때까지 우리 집은 항상 사글세였다. 쉽게 말해 자식 셋이 장성해서 각자의 가정을 꾸려 나갈 때까지 '우리 집'이 없었다는 얘기다. 항상 남의 집에 딸린 대충 지은 셋방에서 다섯 식구가 살았다. 외벽은 마감 없이 시멘트 색이 그대로 드러나고, 재래식 화장실도 다른 집과 함께 사용해야 하는 곳이었다.

한 동네에서도 셋방을 전전하면서 이사도 참 많이 했다. 아마도 월세를 제대로 내지 못해 그런 건 아니었을까 싶다. 그 와중에 할아버지도 모시고 살았었다. 어머니는 항상 살림을 쪼들리며 꾸리셨고, 우리 삼 남매가 학교를 다니던 시절에는 버스비를 마련하기 위해 온 동네 집집마다 돈을 빌리러 다니셨다.

그래도 어머니는 우리 삼 남매에게 아버지 험담을 단 한 번도 하지 않으셨다. 그 덕분에 우리 삼 남매는 어른이 되어 어느 한 사건이 생길 때까지는 아버지를 원망하는 마음이 전혀 없었다. 아버지를 사랑했고 존경했다. 비록 그분은 당신 기분이 좋지 않을 때면 다니던 직장도 그냥 때려치우고, 처절한 노력도 안 하면서 쉽게 돈을 벌려고 하신, 말로는 '성실'을 최고의 가치로 여기시던, 단칸방에 논어와 맹자 등 오래된 고전들을 쌓아 놓으시고 양반의 도리를 논하시던, 찢어지게 가난한 사글세방 시절에도 본인의 취미생활을 위해 오디오 세트, 카메라 세트 등등을 할부로 들이시던, 작아터진 옷장 가득히 와이셔츠와 넥타이와 양복을 쟁여 놓으시던, 그러면서도 어머니에게는 세탁기 한 대 사 주지 않으셔서 매번 손빨래를 하게 하신 분이었어도 말이다. 우리 삼 남매는 그저 우리들 공부 뒷바라지하랴, 생활비 버시랴 간병인 일을 하시며 집에는 2주일에 한 번씩밖에 못 들어오시는 어머니가 안쓰러웠을 뿐이다.

힘들었던 경기도 이천에서의 생활을 뒤로하고 2000년쯤부터 서울 개봉동과 광명시를 전전하는 삶이 시작되었다. 당시 아버지는 기업은행에서 대출을 받아 작은 사업을 하시다가 쫄딱 망하셨다. 어머니가 그 사업자금 대출 연대보증을 서서 어머니도 신용불량자가 되셨다.

그 와중에도 나는 어머니의 흔들림 없는 신뢰와 희생을 등에 업고 사법시험 공부를 계속했다. 여동생은 생명과학과 전공 학부생이었다. 남동생은 군대 복무 중이었다. 아버지는 사업 실패 후 집 안에 틀어박혀 술만 드셨다. 그런 아버지의 기를 살려 주시겠다고 어머니는 간병인 일을 해서 번 돈을 전부 아버지에게 맡기셨다. 하지만 절제를 모르시는 아버지에게 돈을 맡긴 건 어머니의 큰 실수였다. 적지 않은 생활비였음에도 아버지는 월세를 제때 내지 않아서 집주인이 방을 빼라고 할 정도였다.

2002년, 여동생이 서울시립대학교 생명과학과 재학 중 외부초청 교수님의 강의 시간에 뛰어난 실력을 보여, 그 교수님 연구실에 거의 스카우트되다시피 대학원 진학을 권유받아 합격했다. 첫 학기 등록금만 마련해서 납부하면 그 이후에는 교수님께서 학비를 지원해 주겠다는 약속까지 받아 놓았다.

어머니는 아버지에게 여동생의 대학원 등록금 납부를 신신당부하셨다. 하지만 그러마고 철석같이 약속하셨던 아버지는 납부 기일을 넘겨서야 돈이 없어 등록하지 못했다고 털어놓으셨다. 차라리 돈을 구할 수 없다고 솔직하게 얘기하셨으면 어머니가 어떻게 해서라도 대학원 등록금을 마련하셨을 텐데 말이다.

평생 허황된 말만 하고 약속 어기기를 밥 먹듯이 하던 아버지를 한 번만 더 믿어 보자 했던 것이 잘못이라면 잘못이었을까. 인생의 한 줄기 빛이었던 대학원 진학의 기회를 어처구니없게 날려 버린 여동생. 당신에게는 미덥지 못한 남편이지만 아이들에게는 그래도 '아버지' 노릇을 할 것이라 기대했던 어머니. 그 모든 상황을 지켜본 나와 군복무 중이던 남동생 모두 그때 아버지에게 너무나도 큰 실망, 아니 절망감이라고 해야 할까, 그런 감정이 생겨 버렸다.

아버지에게 남았던 실낱같던 희망 한 줄기가 사그라진 사건이었다. 슬펐다. 마음이 너무 아팠다. 원망스러웠다. 그러면서도 당신의 잘못을 인정하지 않는 아버지가 도무지 이해가 되지 않았다. 한번 깊어진 골은 더더욱 깊어져만 갔다. 2003년 사법시험에 실패하자 제일 먼저 사법시험 포기를 권하신 것도 아버지셨다. 집안 형편이 너무 힘드니 취직을 하든지 아르바이트를 하든지 돈을 벌어 오면 좋겠다는 완곡한 표현이셨다.

결국 나는 그때까지 사법시험을 위해 준비했던 각종 교과서, 요약서, 법전, 노트 등을 다 쓰레기통에 버려 버리고 작은 출판사에서 아르바이트를 했었다. 아버지는 군대 제대를 한 남동생에게도 노골적으로 돈을 벌어 오기를 바라셨다. 마음이 약한 막내는 아버지 말대로 복학 전에 아르바이트를 하며 복학 시기를 더 늦추려고 했었다.

이 모든 상황을 정리하신 건 어머니셨다. 절망 속에 빠져 있던 여동생을 보듬어 주셨다. 여동생은 힘든 방황을 끝내고 공무원 시험을 준비해서 단기간에 합격했다. 나에게는 지금 포기하면 이도 저도 아닌 어정쩡한 인생이 된다고 하시며 한 번 더 사법시험에 도전해 보라고 하셨다. 당신이 뒷바라지해 줄 수 있을 때까지는 해 주신다는 말씀을 하시면서 말이다. 또한 남동생에게도 네 전공으로 대학원을 나오지 않으면 공돌이밖에 안 된다고, 무슨 일이 있어도 대학원은 가라고 말씀하셨다.

결국 나는 2004년 5월부터 이를 악물고 사법시험 공부를 다시 시작해서 2005년 제47회 사법시험 1차와 2차에 동시 합격했다. 사법연수원 신분이 되자 은행에서 1억 원의 신용대출을 해 주었다. 그 돈으로 서울 개봉동의 반지하 월세집이 아닌 1층의 방 3개짜리 빌라 전셋집을 얻을 수 있었다. 남동생은 대학원에 진학해서 석사학위를 받았고, 지금은 작지만 내실 있는 회사에서 잘 근무하고 있다. 아버지가 사업자금으로 빌려 쓰셨던 기업은행 채무, 당신 혼자 쓰신 각종 신용카드 채무 등 총 4,000만 원에 가까운 돈도 5년에 걸쳐 다 갚아 드렸다.

이렇게 상황이 호전될 때까지도 아버지께서는 그냥 집에 계셨다. 2002년 여동생의 대학원 사건 이후로 어머니께서는 아버지에게 생활비 운영권을 맡기지 않으셨다. 당신 수중에 돈이 없게 되자 아버지의 신경질과 예민함은 날이 갈수록 심해지셨다. 예전 같 았으면 그런 아버지가 안쓰러워서 어머니는 다시 아버지께 돈을 드리고 삼 남매도 적게나마 용돈을 드렸을 것이다.

하지만 그렇게 하는 것이 결코 아버지를 돕는 것이 아니라는 것을 알게 되었다. 매번 일만 벌이시고 뒷감당을 못 하시는 분이 셨다. 수중에 들어오는 돈은 뒷일 생각 안 하고 그냥 펑펑 써 버 리는 분이셨다. 수중에 돈이 없으면 신용카드를 이용해서 돈을 쓰 셨다. 뒷감당은 어머니 몫이었고, 나중에 내가 돈을 번 수 있게 되 면서부터는 내 몫이 되었다.

평생을 그렇게 사셔서 그게 당연한 줄 아는 분이셨다. 우리 가 족 이외의 남들, 특히 가까운 친척들조차도 아버지의 본모습을 알 지 못했다. 아버지의 하소연만을 듣고 어머니와 우리 삼 남매를 욕하셨다. 하지만 우리는 아버지에게 일체의 경제적 원조를 끊어 버리는 것이 아버지 인생을 도와드리는 것이라 결론 내렸다. 그리 고 솔직하게 말하자면 아버지에 대한 원망을 그런 식으로 풀려고 했던 마음이 없었던 것도 아니다.

아버지를 제외한 온 식구들이 아버지에게 사실상 등을 돌리게 된 것이다. 아버지는 또 그게 서운하고 화가 나셨다. 당신은 충분 히 10년 넘게 용서를 구하며 쭈그리고 살아왔는데 뭘 더 용서를 구하냐며 화를 내셨다. 왜 자식들 셋 모두가 어머니 편만 들고 아 버지 편은 들지 않느냐고 역정을 내셨다.

그런 각자의 억울함과 분노, 실망감이 쌓이고 쌓여 2016년 5월 아버지와 어머니는 각자의 삶을 살기로 하셨다. 아버지는 딸들과도 연을 끊으신다고 하셨다. 따로 살기로 하셨으니 아버지의 거처가 있어야 하는데, 아버지께 돈이 있을 리 만무했다. 또 장녀인 내가 아버지 거처를 마련해 드려야 했다. 하지만 전셋집이 상태가 좋지 않아 마음이 불편하다. 물론 아버지는 모르신다. 아니 모르고 싶으실 것이다. 사람들에게는 아들이 집을 마련해 주었다고 얘기하고 다니신다.

아버지와 인연을 끊고 지낸 지 거의 2년이 다 되어 간다. 남동생에게 전해 듣는 아버지의 소식은 여전하다. 돈이 떨어지면 간간이 야간 방범 일을 하시고, 건강도 예전만큼은 못하시단다. 하긴 이제 칠순이 되셨으니 여기저기 아프지 않은 곳이 없으실 게다.

결혼을 해서 부부의 인연을 맺고 아이들을 낳아 가정을 꾸려 보니, 솔직히 말하자면 아직까지는 아버지가 이해가 되는 게 아니라, 더욱더 이해가 안 되고 납득이 안 될 뿐이다. 아버지는 왜 그렇게 사셨을까, 아버지는 어머니께 왜 그러셨을까, 아버지는 왜 당신 생각만 하시는 걸까, 아버지는 왜 그렇게 책임감이 없으실까 등등 아직도 아버지에 대한 원망의 마음이 가득하다.

그런데 이상하게도 용서하고 싶지 않은 아버지를 생각하면 마음 한구석이 아프다. 딸아이가 할아버지 얘기를 할 때마다 마음은 더 아파 온다. 말간 얼굴로 할아버지가 보고 싶다고 얘기하는 딸아이를 보고 있으면, 또 영문도 모른 채 외할아버지와의 인연이 끊겨 버린 둘째 아이를 보고 있으면 그 아픈 마음은 더 커져만 간다.

내가 이렇게 하는 것이 잘하고 있는 것일까. 나는 내 의지대로 아버지와의 인연을 끊었다. 하지만 내 아이들은 영문도 모른 채 엄마 때문에 강제로 외할아버지와의 인연이 끊겨 버렸다. 엄마 앞에서 외할아버지 이야기를 하는 것도 조심스러워진 일곱 살 첫째 아이를 볼 때마다 혼란스럽다.

아무리 이상하고 개차반 같은 사람이라도 아버지는 아버지인데 말이다. 아버지라는 사람이 없었으면 나라는 존재가 이 세상에 나올 수 없었음은 부정할 수 없는 사실이다. 그래서 원망스럽지만 내가 안고 가야 하는 존재가 아버지라는 결론을 내렸다. 원망과 화를 담아서 아버지를 바라보고 있으니 내가 너무 괴롭다. 세상에 완벽한 사람은 없다. 나 역시 결점투성이 인간이다. 그런데 왜 아버지의 결점에는 그렇게 예민하게 굴고 못 받아들여서 이렇게 괴로운 시간을 보내고 있는 걸까. 만약 아버지께서 돌아가시면? 그때 난 후회하지 않을 자신이 없다. 이건 내가 무엇인가 잘못하고 있다는 증거다.

아버지나 나의 잘잘못을 떠나 이제는 그저 아버지라는 존재 자체만으로 모든 부족함을 감안하고 떠안는 것이 나의 몫이라는 생각이 든다. 그저 나를 이 세상에 나올 수 있게 해 주신 것만으로도 감사하며 살아야겠다고 마음먹었다. 이런저런 것을 다 떠나 그렇게 해야 내 마음이 평온해질 것 같다. 그냥 그 모습 그대로, 불완전한 모습 그대로 아버지를 받아들이기로 했다.

빠른 시일 내에 아버지에게 제대로 된 거처를 마련해 드릴 것이다. 그리고 아이들에게 외할아버지와의 추억을 쌓을 수 있는 기회를 줄 것이다. 아버지도 딸인 나와의 인연은 끊고 싶으실지 몰라도 손주들과의 인연은 끊고 싶지 않으실 것이다. 이번 설에는 남동생을 통해서 아이들 세뱃돈을 챙겨 주셨다.

입 밖으로 꺼내기가 죽기보다 힘든 이 말을 하면서 이 글을 마무리할까 한다.

"아버지, 저를 이 세상에 태어나게 해 주셔서 감사합니다. 아버지께 드릴 말씀은 그것뿐입니다. 아이들에게 좋은 외할아버지가 되어 주세요. 부족한 딸 때문에 마음고생 하셨다면 용서를 빕니다. 건강하세요."

어른들의 인생재설계 메신저 되기

2013년 8월 15일. 내가 다시 태어난 날이다. 나의 첫 번째 탄생은 부모님으로부터였지만, 나의 진짜 인생이 시작된 것은 바로 이 날이다. 동시에 우리 부부와 가족의 진짜 삶이 시작된 날이기도 하다. 좋은 대학에 입학했을 때나 사법시험에 합격했을 때, 결혼을 했을 때 혹은 첫 출산을 했을 때도 내가 다시 태어났다는 강렬한 느낌은 없었다. 그날 이전의 나와 그날 이후의 나를 구분 짓는 것은 바로 책 읽기, 독서였다. 사람은 변하지 않는다고 했던가. 아니었다. 사람은 바뀔 수도 있다. 내가 그 증거다. 나는 제대로 된 책 읽기를 시작하면서 완전히 다른 사람이 되었다. 내 인생의 '맥락', '정체성'이 완전히 변하게 된 것이다.

2010년에 결혼하고 2012년에 첫째 아이를 낳았다. 첫째 아이는 유난히 예민한 아이였다. 신생아 시절부터 유난히 잠이 없고 자주 놀라며 깨는 아이, 품에 안고 있어야만 간신히 잠드는 아이, 백일이 지나고 돌이 지나면서부터는 초강력 '엄마 껌딱지'가 된 첫째 아이 덕분에 몸도 마음도 너덜너덜 만신창이가 되었다. 남들은 잘도 아이를 키우던데 나만 왜 이런가, 남들 아이는 순해서 잠도 잘 자고 먹기도 잘 먹던데 우리 아기만 왜 이렇게 예민한가, 내가 낳은 아기도 키우기 힘들어하는 나는 모성애가 없는 사람인가 등 별별 생각이 다 들었던 시절이었다. 퇴근해서 집에 온 남편을 붙잡고 매일매일 울었던 날들이었다.

정말 죽을 것 같아서, 살기 위해서, 너무나도 예민한 아이를 조금이라도 이해해 보려고 책을 읽기 시작했다. 일단 책을 읽으니 안심이 되었다. 나만 육아가 힘든 게 아니라는 위로를 받았다. 어떻게 하면 시행착오를 줄이면서 아이를 키울 수 있는지, 먼저 아이를 키운 선배들의 이야기를 읽으니 그나마 마음이 조금은 진정되었다. 내가 어느 대학을 졸업했고 사법시험에 합격했으며 변호사였다는 사실은 아이를 키우는 데 전혀 도움이 되지 않았다.

나는 어려서부터 어른들 말씀을 잘 듣는 착한 아이였다. 공부도 곧잘 했다. 삼 남매의 맏딸로서 동생들도 잘 보살피고 어디 하나 모난 곳 없이 평범하게 자랐다. 중·고등학교 시절, 다른 친구들이 사춘기를 겪으며 격동의 시기를 보낼 때도 마음속으로야 부모님께 반항하고 가출도 하고 일탈도 했지만, 겉으로는 굉장히 무난하게 사춘기를 통과했다.

인생의 꿈이나 장래희망도 어려서부터 부모님, 특히 아버지로부터 알게 모르게 세뇌당한 법조인이었다. 그게 나의 꿈인 줄로만 알았다. 법조인이 되기 위해 열심히 공부했고 비록 재수를 했지만 좋은 대학에 입학했다. 대학 입학 후에도 캠퍼스의 낭만을 좇기보다 빨리 법조인이 되어 힘든 우리 집에 보탬이 되어야 한다는 생각에 3학년부터 사법시험을 준비하기 시작했다.

하지만 법조인이라는 꿈이 나는 누구인가, 내가 진정으로 원하는 것은 무엇인가, 내 인생을 어떻게 살고 싶은가 같은, 인생에 대한 깊은 고민과 질문의 과정이 생략된 '가짜 꿈'이어서 그랬을까. 처음부터 치열하게 시험을 준비하지는 않았고 그 결과는 당연히 낙방이었다.

법학과 졸업반이 될 때까지 사법시험만 준비하고 취업 준비는 전혀 하지 않은 까닭에 바로 취업시장에 뛰어들지도 못했다. 이러다 이도저도 아닌 고시낭인이 될 수도 있다는 두려움 속에 어려운 집안 형편을 생각하며 궁지에 몰려 사법시험 공부를 계속했다. 그러다 결국 스물아홉의 나이에 합격했다. 시험에 합격했을 때 느낀 나의 감정은 해냈다는 성취감이 아니라 정말 다행이라는 '안도감'이었다.

평생 모범생으로 착한 아이로 커 왔기에 주어진 업무는 최선을 다해 잘해냈다. 하지만 그 일이 나의 가슴을 뛰게 하지는 않았다. 주어진 업무를 처리하는 주중을 지나 주말이 되어서야 잠깐 생기가 돌고, 일주일의 휴가를 낼 수 있는 여름휴가를 1년 내내 기다리던, 설 연휴나 추석 연휴에 공휴일이 겹쳐서 연휴 기간이 짧아지면 너무나 아쉬워하던 시절이었다. 고백하자면, 부끄럽지만 당시의 나는 이른바 연봉만 높은 '현대판 노예'의 삶을 살고 있었던 것이다.

그런데 출산과 육아로 인생 최고로 힘든 시절 책을 읽기 시작하면서 내 마음속에서 무엇인가 꿈틀대기 시작했다. 좋은 대학을 나오고 좋은 직업을 갖는 인생만이 성공한 인생이 아니라는 것을 알게 되었다. 예전부터 수없이도 들었던 그 문구가 나의 가슴 저 깊숙한 곳을 흔드는 경험을 하게 되었다. 그 시절 읽었던 책들 한 권 한 권은 나의 무지와 선입견과 오만함을 깨부수는 도끼가 되었다. 마치 장님이 눈을 떠 세상을 보았을 때의 환희를 맛보는 것 같았다.

그렇게 책 읽기를 통해 내가 새로 태어나자, 배우자와 나를 힘들게만 한다고 생각했던 아이가 새롭게 보였다. 아이를 어떻게 키울 것인지, 부부의 인생을 어떻게 살아갈 것인지, 지금 하고 있는 일의 의미가 무엇인지 등등 책을 제대로 읽기 전의 나에게 남편이 했던 말들이 인생선배로서 건넨 말들이었음을 깨달았다. 무지한 나를 기다리고 또 기다려 준 남편이 진심으로 고마웠고, 남편과의 결혼이 내 인생 최고의 행운이라고 생각했다. 그리고 아이의 존재 자체가 큰 기쁨이 되었고 아이 인생의 무한한 가능성을 축복하게 되었다.

2013년 8월 15일. 진정한 독서를 통해 무지에서 깨어난 나와 남편은 우리 부부가 앞으로 어떻게 살아야 할지, 아이를 어떻게 키워야 할지에 대해서 '진짜 대화'를 했다. 그리고 내가 어떻게 살아야 할지, 내가 진정으로 원하는 것이 무엇인지에 대해 고민하고 나름대로 답을 내리는 시기를 보냈다.

아마도 나처럼 어른이 되어서야 비로소 인생을 다시 생각해 보는 사람이 많을 것이다. 요즘 학교는 내가 다닐 때보다도 훨씬 더 대학입시가 전부인 세상이 되었으니까 말이다. 그저 부모님이 좋다고 하는, 남들이 괜찮다고 멋지다고 해 주는 대학에 들어가고 스펙 쌓기에 몰두해서 취직하고, 결혼하는 인생. 그런 인생은 겉으로는 멋져 보이고 좋아 보여도 죽어 있는 인생일 뿐이다.

암흑 같았던 인생의 긴 터널에서 나는 책 읽기로 한 줄기의 희망을 보았다. 그리고 인생을 새로 계획할 수 있었다. 앞으로 내 인생이 어떻게 전개될지 너무 궁금하고 기대된다. 하루하루가 설렘의 연속이다. 지금은 100세 시대라는 말이 누구도 의심하지 않는 당연한 명제가 되었다. 눈부신 과학 및 의료기술의 발전으로 마흔이 넘은 나도 120세를 넘어 200세까지 살 수 있다고 예상되는 시대다. 남은 인생이 최소 80년 이상이 되는 셈이다. 어른의 인생 재설계가 반드시 필요한 이유다.

　책 읽기는 어른들에게 두 번째 인생의 의미를 다시 찾게 해 주고 진정한 나와의 대화를 가능하게 해 주는 최소한의 방법이자 가장 효율적이며 실패 없는 도구다. 내가 몸소 겪었던, 책 읽기를 통한 다시 태어남의 경험을 인생의 돌파구를 찾는 많은 사람들과 공유하고 싶다. 그리하여 그들이 진짜 자신의 인생을 살면서 눈빛에 다시 생기가 돌기를, 하루하루가 축복이고 감사임을 느끼며 살기를 진정으로 원한다.

1년에 한 달만 일해도 되는
사업시스템 만들기

이 세상에서 가장 부자인 사람은 누구일까? 당연히 세상에서 돈이 가장 많은 사람, 이를테면 워런 버핏이나 빌 게이츠일 텐데 무슨 그런 바보 같은 질문을 하느냐고 생각할지도 모르겠다. 이 세상에서 가장 행복한 사람은 누구일까? 이 질문 역시 사람마다 각기 다른 답변들이 나올 테니 괜한 질문일 수도 있겠다.

내가 생각하기에는 '시간'을 지배할 수 있는 사람이 가장 부자이고 행복한 사람인 것 같다. 처음부터 내가 부와 행복에 대해 '시간'에 방점을 두었던 것은 아니다. 나 역시 보통 사람들과 마찬가지로 돈이 많으면 많을수록 부자이고, 자신이 하고 싶은 일을 한다든지 아니면 일상의 소소한 기쁨들을 경험하는 것이 행복의 요소라고 생각했었다. 그런데 출산과 육아를 계기로 어떤 조직이나 사람에게 구속되지 않은 자유로운 시간을 경험함과 동시에 '부'와 관련된 여러 책들을 보게 되면서 부와 행복에 가장 중요한 요소는 '시간'이라는 결론을 내리게 되었다.

결혼해서 첫째 아이를 낳기까지 나는 매우 평범하게 살았다. 초등학교나 중·고등학교 시절 착실하게 학교를 다니고 나름대로 열심히 공부해서 좋은 대학에도 들어갔다. 기간이 조금 길어지긴 했어도 스물아홉 살에 사법시험에 합격해서 변호사라는, 남들이 선망하는 직업을 갖기도 했다. 결혼해서 첫째 아이를 낳고 변호사 일을 그만두고 육아에 전념했다. 그럴 수 있었던 데는 남편이 한 의사로서 한의원을 운영하고 있어 외벌이만으로도 가정경제를 꾸려 나갈 수 있었던 점이 크게 작용했다.

남편의 배려 속에 오로지 살림과 육아에 집중하게 되었다. 그러면서 첫째 아이를 돌봐야 하는 제약이 있긴 했으나 성인이 된 후 처음으로 하루 24시간을 돈 걱정 하지 않고 온전히 누리는 경험을 할 수 있었다. 어린 시절부터 친정의 가정형편이 굉장히 어려웠기 때문에 '돈'이라는 문제는 항상 내 마음을 쪼그라들게 만들었다. 나의 뼛속까지 배어 있는 지나친 겸손과 자신감 결여에는 아마도 어린 시절부터의 지속적인 경제적 어려움도 큰 부분을 차지하고 있을 것이다.

남편은 이런 나의 어린 시절의 경험과 그로 인한 콤플렉스를 모두 안아 주었다. 나에게 맏딸의 짐은 이제 그만 내려놓아도 좋다고, 돈 걱정은 하지 말고 쉬고 싶을 때까지 쉬어도 된다고, 변호사로 일하기 싫으면 평생 하지 않아도 된다고 얘기해 주었다. 살면서 누군가로부터 이렇게 아무 조건 없는 전폭적인 지지를 받은 것은 처음이었다.

태어나서 처음으로 돈 걱정 없이 누군가의 지지를 받으면서 자유로운 시간을 향유하고 음미하는 시간들이 독서하는 시간들과 함께 쌓여 갔다. 그리고 그동안 돈 생각, 업무 생각, 미래에 대한 불안 등으로 쪼그라들어 있던 마음이 서서히 펴지기 시작했다. 여유가 생기고 마음이 너그러워졌다. 인생이 참으로 풍요롭고 감사하게 느껴졌다. 그렇다. 내가 원하는 대로 나의 시간을 쓸 수 있는 지금이 진정한 부자의 시기인 것이다.

남편에게도 진정한 부자의 인생을 선물해 주고 싶다. 남편 혼자서 가정경제를 짊어지게 한 것에 대해 미안함을 표현하면 남편은 웃으면서 다음 생에는 내가 일하고 자신이 '셔터맨'을 하면 되니 미안해할 필요 없다고 말한다.

팀 페리스는 그의 저서 《나는 4시간만 일한다》에서 일주일에 4시간만 일하면서도 만족할 만한 수입을 얻을 뿐 아니라, 살고 싶은 곳에서 살고 일하고 싶을 때 일하는 진정한 자유를 누리고 있다고 말한다.

일주일에 4시간이면 한 달에 대략 16시간, 1년에 대략 192시간이다. 달리 계산하면 6주마다 24시간, 즉 단 하루만 일하는 시간에 투자하는 것이고, 1년 중 8일만 일하게 된다. 1년 중 무려 51주의 시간을 지배할 수 있는 진정한 부자의 삶이다.

처음부터 팀 페리스처럼 일주일에 4시간만 일할 수는 없을 것이다. 하지만 궁극적인 사업시스템은 내가 지배할 수 있는 자유로운 시간을 최대한 확보하는 방향으로 갈 계획이다. 이에 적합한 사업은 현재 나의 재능과 흥미, 능력, 삶의 의미를 고려했을 때 지식창업 분야다. 전형적인 변호사로 일하지는 않을 것이다. 그것은 일의 노예로 살면서 가장 소중한 지금의 시간을 죽여 없애는 자살행위나 다름없다. 변호사 일이 의미 없다는 뜻은 아니다. 변호사 일을 소명으로 여기고 그 소명에 자신의 모든 것을 거는 인생이 그 자체로 가치 있는 인생임을 부인하는 것은 아니다.

자유로운 시간 속 독서를 통해 나에 대한 관찰의 시간을 가져봤다. 그 결과 나라는 사람은 어떤 것을 알아 가는 지적 호기심이 왕성하고 그것이 충족되었을 때 굉장한 만족감을 얻는 사람임을 알게 되었다. 지적 호기심을 충족하고자 하는 다양한 형태의 공부, 배움의 과정을 경험하는 자체로 성취감을 느꼈고, 성취감이 쌓일수록 자신감과 자존감도 높아져 갔다.

세상에서 나와 같이 지적 호기심이 왕성한 사람들과 진정한 공부와 배움의 즐거움을 함께하고, 사람들이 이를 통해 성취감을 얻어서 궁극에는 자신감과 자존감이 회복되도록 도움을 주는 메신저가 되고 싶다. 변호사라는 자격증은 나의 새로운 사업에 요긴하게 쓰일 수도 있고, 아니면 전혀 쓰이지 않을 수도 있다. 자격증은 내가 아니다.

두 아이의 엄마로서 육아는 내 인생의 중요한 부분이다. 때문에 아이들 육아 시기와 나의 사업 시기의 원만한 조절은 반드시 짚고 넘어가야 하는 부분이다. 우리 부부는 아이기 이릴 때는 기능하다면 제1양육자와의 안정적인 애착 형성을 통한 '감정'의 학습이 매우 중요하다고 생각한다. 그렇기 때문에 둘째 아이가 다섯 살이 될 때까지는 아무래도 내가 육아를 전담해야 할 것이다. 어떻게 보면 육아에 전념하는 이 시간이 버려지는 것처럼 보일수도 있을 것이다. 하지만 결국엔 그것이 나에게도 아이들에게도 득이 되는 것임을 확신한다. 멀리 돌아가는 길이 결국엔 빨리 가는 길이라는 옛 현인들의 말을 따르기로 했다.

둘째 아이가 다섯 살이 되는 2020년까지는 나의 지식사업을 위한 준비 단계 및 사업 초창기가 될 것이다. 이 기간 동안에는 내가 경험한, 인생을 바꾸는 진정한 책 읽기의 힘, 아이들을 키우면서 얻은 육아의 지혜 등을 기록하고 정리할 것이다. 이 기간 동안 최소 3권 이상의 개인저서를 출간하고 이를 토대로 강연을 다닐 것이다. 동시에 인터넷 기반 사업플랫폼의 형태를 갖추어 놓을 계획이다.

둘째 아이가 유치원에 다닐 수 있는 2021년부터는 본격적인 교육프로그램을 운영할 것이다. 교육프로그램은 기본적으로 인생을 바꾸는 진정한 책 읽기에 대한 프로그램부터 시작해서 역사탐방, 문화탐방, 과학탐방 등으로 그 분야를 넓혀 갈 생각이다.

새로운 프로그램을 시작하기 전에는 그 분야에 대해 최소한 3권 이상의 저서를 출간하는 것을 목표로 하고 있다. 〈한책협〉에서 〈책쓰기 과정〉을 듣고 개인저서를 쓰는 지금 책 쓰기만큼 확실한 공부법이 없다는 확신이 들었다. 해당 분야에 대해 적어도 3권의 책을 쓴다면 그 분야에 대해서는 누구에게도 부끄럽지 않은 수준이 될 것이다.

이렇게 내가 다시 꿈을 꾸고 앞으로 다가올 인생을 기대하며 살 수 있게 된 것은, 온전히 남편 덕분이다. 이 지면을 빌려 정말 고맙다는 말을 하고 싶다. 이제는 내가 남편에게 자유로운 시간을 선물하고 싶다. 아이들에게도 시간을 지배하는, 진정한 부자의 삶을 살아갈 수 있는 태도를 엄마아빠의 삶을 통해 보여 주고 싶다. 상상만 해도 마음이 충만하고 설렌다.

1년에 책 1권씩 쓰기

올해 2월 25일, 17일 동안 진행됐던 평창 동계올림픽의 폐막식이 열렸다. 우리나라는 전통적인 메달밭이었던 쇼트트랙, 스피드스케이팅뿐만 아니라 스노보드, 컬링, 봅슬레이, 스켈레톤 등 불모지와도 같은 종목에서도 메달을 따내며 온 국민을 열광하게 만들었다. 정말 동계스포츠의 황무지와도 같은 한국에서 이처럼 놀라운 성적을 일궈 낸 선수들이 자랑스럽고 고마울 뿐이다.

스피드스케이팅 중 매스스타트 경기에서는 이승훈 선수가 초대 금메달리스트가 되었다. 그런데 전문가들은 한결같이 이승훈 선수의 금메달에는 함께 출전한 정재욱 선수의 역할이 굉장히 중요했다고 말한다. 정재욱 선수가 다른 선수들 앞에서 스케이팅을 하며 페이스메이커의 역할을 했기 때문에 이승훈 선수가 뒤에서 체력을 안배하며 막판 스퍼트를 낼 수 있었다는 것이다.

사실 맨 앞에서 달린다는 것은 스피드스케이팅, 마라톤과 같은 스포츠에서만 힘든 것이 아니다. 야간 운전도 마찬가지다. 주변에 밝은 빛을 내는 건물이나 가로등이 드문 캄캄한 도로의 맨 앞에서 주행하는 것은 굉장히 신경을 집중해야 하는 일이다. 그러나 나보다 앞서가는 차량이 한 대만 있어도 운전은 훨씬 수월해진다. 앞서가는 차량의 불빛을 보며 적당한 거리를 유지하면서 따라가면 되니까 말이다.

이런 이야기를 하는 이유는 내가 1년에 1권씩 책 쓰기를 하겠다고 마음먹을 수 있었던 계기를 설명하기 위해서다. 사실대로 말하자면 나는 책 읽기를 좋아하고 사랑하는 사람이지 책 쓰기에는 전혀 관심이 없는 사람이었다. 출산과 육아로 정신적, 육체적으로 매우 힘들던 시기에 책을 통해 위로받고 새로운 세상을 만나게 되었다. 육아서에서 시작한 독서는 자기계발, 인문학, 심리학, 부동산, 주식 등 그 분야를 특정할 수 없을 정도로 퍼져 나갔다. 독서로 불붙은 지적 호기심이 과학 분야에도 미쳐 '박문호의 자연과학세상'에서 개최하는 '137억 년 우주의 진화' 수업, 뇌과학 수업도 듣게 되었다.

서른일곱에 첫째 아이를 낳고 책 읽기를 통해 새로운 세상을 만난 나는, 며칠 동안 밥을 굶은 사람이 음식을 먹어 치우듯이 닥치는 대로 책을 읽었다. 밤을 새워 책을 읽는 날들도 많았는데 전혀 피곤함을 느끼지 못할 정도로 책에 빠져 있었다.

주변 사람들에게 책 읽기의 즐거움에 대해 열변을 토했고 만나는 사람들마다 책을 선물했다. 진심으로 사람들이 책 읽기에 빠져서 새로운 인생을 살기를 원했고 그런 간절함은 지금도 여전하다. 어떤 책은 읽는 내내 가슴을 뛰게 하는 책도 있었다. 그럴 때는 나처럼 책을 좋아하는 사람에게 전화해서 흥분된 마음을 전했다. 아니면 만나서 한 시간 넘게 책 얘기만 한 적도 있다. 지금도 그렇지만 그 당시 나의 가장 간절했던 소원은 딱 3일만이라도 집안 살림 신경 안 쓰고, 육아에서 벗어나 아무런 방해 없이 책을 보는 것이었다.

그렇게 책에 미쳐 지낸 지 5년 정도가 지났다. 그런데 책을 읽으면 읽을수록 세상에는 책이 정말 많다는 것을, 내가 읽어 왔던 책들은 우주 속의 먼지만큼이나 하찮은 양인 것을 알게 되었고 겸손해졌다. 또한 세상에는 내가 명함도 못 내밀 만큼 책에 미쳐 있는 사람들이 많다는 것도 알게 되었다. 문제는 겸손해지는 것에서 끝나지 않고 자신감과 의욕이 점점 사그라들었다는 점이다. 책을 읽어도 왠지 나에게 남는 것이 없다는 느낌까지 드는 등 그야말로 총체적 난국을 맞이한 것이다. 사람들은 모르는 나만의 고민이었다.

그러다 2017년 초에 친구를 통해 〈한책협〉을 알게 되었다. 〈한책협〉의 김태광 대표 코치는 20년간 200여 권의 책을 써냈다. 1년에 10여 권을 썼다는 것도 놀라운데 이를 20년 동안이나 지속했다니 처음엔 거짓말이 아닐까 의심했다. 하지만 그것은 사실이었다. 그는 성공해서 책을 쓰는 것이 아니라 책을 써야 성공한다고 주장하면서 전 국민 1인 1책 쓰기 운동도 전개하고 있다.

남편은 결혼 초부터 책을 쓰고 싶어 했다. 남편이 먼저 〈책 쓰기 과정〉에 등록해 개인저서를 집필하게 되었다. 그 과정을 옆에서 지켜보고 있자니 굉장히 치열하게 집중하는 모습이 아름다워 보였다. 또한 〈한책협〉의 책 쓰기 코칭이 매우 체계적으로 보여 흥미가 생기기 시작했다. 남편은 내가 책 쓰기에 관심을 보이자 즉각적으로 〈책 쓰기 과정〉에 등록해 책을 써 보라고 강력하게 추천해 주었다.

둘째 아이를 출산한 후 찾아온 심한 우울증을 해결할 길이 없던 나는 남편의 적극적인 지원에 힘입어 〈책 쓰기 과정〉에 등록하고 수업을 받게 되었다. 책의 주제 정하기, 제목 만들기, 목차 만들기, 원고 쓰기 등 책 쓰기에 대한 세세하고도 실질적인 코칭을 받았다. 지금은 코칭 받은 것을 토대로 초고를 쓰고 있는 중이다.

책 쓰기를 시작하자 놀라운 변화가 생겼다. 먼저 둘째 아이 출산으로 심한 우울증이 있었는데 이것이 감쪽같이 사라져 버렸다.

책 쓰기에 열중하다 보니 우울할 틈도 없게 된 것이다. 그리고 5년 넘게 미친 듯이 책 읽기를 하면서 찾아온 슬럼프 역시 거짓말처럼 없어졌다. 책을 쓰기 위해 책을 읽으니 책만 읽을 때보다도 훨씬 더 능동적이고 적극적인 책 읽기가 가능해졌다. 써야 할 원고 주제와 관련된 책들을 50권 가까이 단기간에 집중적으로 읽게 되면서 한 분야에 대해 심도 있고 폭넓은 독서도 가능해졌다.

'이거다!' 싶었다. 평생 동안 지치지 않으면서 즐겁게 책을 보는 것이 꿈이었는데, 그 방법을 생애도 찾은 것이다. 1년에 책 1권 쓰기라는 목표를 세우면 1년 동안 책을 쓰기 위해 관련된 분야를 공부해야 한다. 그리고 공부를 하려면 당연히 책을 읽을 수밖에 없다. 새로운 분야를 알게 되는 기쁨은 물론이고 책이라는 나의 분신까지 생기는 그야말로 일석이조의 해결책인 셈이다.

책 쓰기라는 것이 누구나 쉽게 할 수 있는 일은 아니다. 그렇기 때문에 시중에는 책 쓰기에 대한 노하우를 담은 책들이 굉장히 많고 책 쓰기 강의를 하는 사람도 꽤 있다. 하지만 20년 동안 200여 권의 책을 써내고, 성공해서 책을 쓰는 게 아니라 책을 써야 성공한다는 믿음을 가진 사람은 김태광 대표 코치밖에 없었다. 나아가 책 쓰기에서 끝나는 것이 아니라 책을 통해 퍼스널 브랜딩 하여 1인 기업가로 발돋움하라고 얘기하는 곳도 〈한책협〉밖에 없었다.

앞서서 길을 닦아 놓은 〈한책협〉과 김태광 대표 코치의 길을 감사하는 마음으로 따라가겠다. 만약 혼자서 이러한 길을 가야 했다면 시간과 노력이 엄청나게 소요되었을 것이다. 그러나 스피드스케이팅 경기에서의 페이스메이커, 캄캄한 도로 위에서 앞서 주행하는 자동차와 같은 〈한책협〉과 김태광 대표 코치가 있기에 뒤에서 비교적 편하게 1인 지식창업의 길을 갈 수 있게 되었다. 감사하게 생각한다.

나는 1년에 책을 1권씩 쓰면서 작가로서의 삶을 살 것이다. 그리고 더 나아가 책 쓰기를 통해 나의 가치를 높이고 나의 지식과 경험을 전달하는 메신저로서의 삶을 살 것이다.

온 가족이 함께하는
역사·문화탐방 프로그램 운영하기

2017년 5월. 성인 남자 키보다 높이 쌓인 눈 벽 사이로 난 계단을 오르고 또 올랐다. 하늘을 향한 그 계단은 끝도 없이 이어져 있었다. 한 계단, 두 계단, 세 계단…. 올라가는 계단 수가 많아질수록 첫째 아이의 짜증과 불만과 힘겨움을 토로하는 목소리도 점점 커져 갔다.

"엄마, 나 힘들어."

"엄마, 나 업어 줘."

"엄마, 그냥 내려가면 안 돼? 나 백두산 올라가기 싫어!"

보통 등산이었으면 첫째 아이 부탁대로 업어 주고 안아 주면서 올라갔을 것이다. 하지만 그 산행은 보통 산행이 아니라 백두산 등정이었다. 남편과 나는 아이에게 백두산을 온전히 혼자 힘으로 오르게 하는 경험을 선물하고 싶었다.

손을 잡고 어르고 달래면서 한 계단, 한 계단 올라갔다. 너무 힘들어하면 계단에 쪼그리고 앉아 잠시 쉬었다. 함께 탐사를 갔던 선생님들도 첫째 아이에게 잘한다고 응원과 격려를 아끼지 않으셨다. 그런 여러 선생님들의 응원과 격려, 여섯 살에 백두산에 혼자 올라가는 아이는 너밖에 없을 것이라는 엄마와 아빠의 약간은 과장된 호응 속에 첫째 아이는 결국 백두산을 혼자 힘으로 올라갔다.

백두산 정상에 올라서 첫째 아이는 무엇을 느꼈을까. 민족의 명산 백두산의 정기를 흠뻑 받아 조금은 용맹한 사람이 되었을까? 백 번 올라가서 두 번 보기 때문에 '백(100)두(2)'산인 그곳의 천지를 첫 등정의 기회에 볼 수 있어서 가슴 벅찬 감동을 받았을까? 그건 아닐 것이다.

첫째 아이는 아마도 혼자서 그 많은 계단들, 무려 1,442개나 되는 계단들을 엄마나 아빠가 안아 주지도 않았는데 혼자 올라왔다는 뿌듯함을 느끼지 않았을까. 그리고 그 뿌듯함은 자신감과 자존감의 한 씨앗이 되어 살아가는 동안 아이를 지켜 줄 큰 나무로 자랄 것이다. 지금도 첫째 아이는 당시의 백두산 등정을 이야기할 때면 그때 자신이 누구의 도움도 받지 않고 혼자서 1,442개의 계단을 올랐음을 강조하고 또 강조한다. 이런 경험과 경험에서 오는 느낌은 누구의 이야기를 들어서 또는 책을 많이 본다고 해서 얻을 수 있는 감정이 아니다.

2016년 연말에는 첫째 아이와 함께 '르누아르의 여인전'을 보러 갔다. 음악이나 미술에 문외한인 엄마 때문에 첫째 아이는 그때까지 제대로 음악회나 미술전시회를 경험한 적이 별로 없었다. 음악은 클래식이 나오는 라디오를 틀어 주고, 미술품은 그림책에 유명한 그림이나 작품이 나오면 책에 적혀 있는 설명을 읽어 주는 것이 전부인 수준이었다. 항상 그런 셈이 미안했는데 운 좋게 화가 르누아르에 대한 기본적인 안내, 그의 작품에 대한 해설뿐만 아니라 르누아르풍 작품 만들기 체험까지 할 수 있는 어린이 프로그램을 알게 되어 바로 신청했다.

그날 전시회에서 르누아르의 그림을 보고 감동과 충격을 받은 것은 아이뿐만이 아니었다. 마치 살아 있는 듯 반짝이는 그림 속 여인들의 눈동자, 만지면 아기 피부처럼 보드라울 것만 같은 피부, 찰나의 동작을 그린 그림인데 마치 춤을 추고 있는 듯한 작품들을 보면서 나는 적잖은 충격을 받았다. '아, 이래서 다들 박물관이나 전시회에 가서 두 눈으로 직접 작품을 감상하는구나'라는 생각이 들었다.

고등학교 때 미술선생님이 레오나르도 다 빈치의 〈최후의 만찬〉을 직접 봤을 때 느꼈던 웅장함과 생생함은 말로는 다 표현할 수 없다고, 사진으로 보는 것과는 차원이 다른 것이었다고 침을 튀겨 가면서 열변을 토하셨는데, 그 심정을 조금이나마 알 수 있을 것 같았다. 아이는 르누아르의 그림을 어떻게 느꼈을까 너무 궁금했다.

아이는 미술관의 어린이 프로그램을 다 마치고 한 손에는 자기 손으로 만든 작품을 들고 환하게 웃으며 달려와 내 품에 와락 안겼다. 아이를 품에 안고 전시회가 재밌었는지, 르누아르 화가의 그림은 어땠는지, 수많은 그림들 중 마음에 드는 그림이 있었는지 등 궁금한 것을 물어보려는데 아이가 먼저 이런저런 말들을 쏟아냈다. "엄마, 그림 속에 있는 사람들이 꼭 살아 있는 것처럼 보였어.", "르누아르 할아버지 그림이 내 스타일이야.", "엄마, 르누아르 할아버지는 그림 그리는 게 너무 좋아서 나중에는 손에다 막대기를 감고서 그림을 그렸대." 등 아이는 쉴 새 없이 조잘댔다. 조잘대는 그 입이 너무 사랑스러웠다. 얘기하면서 반짝반짝 빛나는 눈은 꼭 별처럼 예뻤다.

집에 와서도 르누아르에 관련된 책들을 찾더니 한참 동안을 보았다. 뿐만 아니라 고흐와 고갱, 마티스 등 유명한 화가의 책들도 같이 보면서 화가들의 화풍을 나름 진지하게 비교했다. 그러더니 자기는 역시 르누아르 할아버지의 그림 스타일이 제일 좋다는 결론을 내리기도 했다. 이 모든 과정을 지켜보면서 웃음이 나기도 하고 대견하기도 하고, 그동안 음악회나 전시회 같은 것을 많이 경험시켜 주지 못한 것이 미안하기도 했다.

사실 고백하자면, 어려운 가정형편 때문에 어린 시절 전시회나 음악회를 가 보는 것은 꿈도 못 꿔 봤다. 해외여행은커녕 국내여행조차 가 본 적이 없었다. 초등학교 3학년, 고등학교 1학년 때 두 번 외할머니 댁인 전남 신안의 증도에 가 본 것이 우리 가족여행의 전부였다.

고기도 먹어 본 사람이 잘 먹는다는 말이 있다. 전시회나 음악회를 다녀 본 경험, 여행을 해 본 경험이 없으니 당연히 그 분야에 대해서는 자신감이 없었다. 대학에 다닐 때 친구들과 함께 음악회나 전시회에 갈 기회가 여럿 있었다. 친구들은 너무도 자연스럽게 음악회에서 클래식 음악을 음미했다. 정확히 어느 대목에서 박수를 쳐야 할지 몰라 긴장하면서 옆에 앉은 친구들이 언제 박수를 치는지 주의를 기울이던 내 모습과는 너무도 달랐다.

전시회에 가서도 마찬가지였다. 전시회를 어느 방향으로 둘러봐야 하는지, 그림은 어느 정도 떨어져서 봐야 하는 것인지, 작품당 체류시간은 얼마나 되어야 하는 것인지 등 사소한 것 하나하나가 다 신경이 쓰였다.

그런 불편함은 내성적인 성격의 나를 더더욱 책을 통한 간접 경험에 만족하게 만들었다. 그 젊은 시절 조금만 더 용기 내어 부지런히 어학연수든지 여행이든지 전시회나 음악회 참여 등을 경험해 보지 못한 것이 아쉬울 따름이다. 이 모든 것이 '습(習)'이 되지 않아 부자연스러웠기 때문일 것이다.

내 아이들은 나와 다르게 자랐으면 좋겠다. 많은 것을 경험했으면 좋겠다. 전시회나 음악회를 많이 다니고, 해외여행을 많이 다녀서 아이들이 얻는 것은, 이른바 많이 알고 있다는 유식함은 아닐 것이다. 해 봤다는 경험들이 쌓이고 쌓여 자연스러움이 될 것이다. 그리고 자연스럽다는 느낌은 어떤 일을 할 때 주저 없이 행동할 수 있는 자신감으로 작용할 것이다.

문화적 경험이 일상 속에 자연스레 자리 잡게 하는 가장 쉬운 방법은 가족과 함께하는 것이다. 밥을 먹고 잠을 자는 것처럼 가족과 함께 문화적 경험을 하고 여행을 한다면 그것은 특별한 이벤트가 아닌 일상이 될 것이다. 그리하여 아이들에게 자연스레 스며들 것이라 본다.

그런데 아쉬운 것은 기존의 문화탐방, 역사탐방 프로그램 중 '가족'을 대상으로 하는 전문적인 프로그램을 찾기가 힘들다는 점이다. 아이들만 참여할 수 있는 프로그램보다는 부모나 형제자매 등 온 가족이 함께하는 프로그램이 훨씬 더 자연스럽게 아이의 일상에 스며들 수 있을 텐데 말이다. 가족이 같은 주제를 함께 경험했으니 서로 할 얘기가 얼마나 많겠는가. 첫째 아이는 엄마, 아빠와 함께한 만주-백두산 탐사 이야기를 생각날 때마다 이야기한다. 르누아르 전시회도 마찬가지다.

온 가족이 함께하는 문화탐방이나 역사탐방 프로그램은 아이들에게만 좋은 것이 아니다. 함께하는 부모들에게도 탐방의 주제에 대해 공부할 수 있는 기회가 될 것이다. 아이들과 어떤 문화나 역사에 대한 일방적인 지식 전달이 아닌 '대화'를 할 수 있다는 것은 너무나 멋진 일일 것이다. 하지만 아이들과 문화나 역사에 대해 대화하기 위해 평소에 공부한다는 것은 시간적으로나 물리적으로 그리고 심리적으로 거의 불가능한 일이다.

때문에 내가 운영할 온 가족이 함께하는 문화탐방, 역사탐방 프로그램에서는 해당 주제에 대해 깊이가 있지만 장황하지 않은 핵심 내용이 들어간 자료집을 기본으로 제공할 것이다. 그리고 그 자료를 토대로 효과적으로 공부하는 방법, 공부를 통해 자료의 내용을 나의 것으로 만들 수 있는 기술도 알려 줄 계획이다. 물론 재미있게! 아이들은 재미없는 것은 죽어도 안 할 테니까 말이다.

내가 만든, 온 가족이 함께하는 문화탐방, 역사탐방 프로그램으로 전국 각지와 전 세계를 누비는 행복한 가족이 늘어났으면 좋겠다. 그것이 나의 기쁨이고 소명이다.

PART 10

하고 싶은 일 하며
경제적으로
자유로운 삶 살기

- 박 은 지 -

박은지 | '헬레나 인터내셔널' 대표, 해외영업 전문가, 자기계발 작가, 동기부여 강연가

어릴 적부터 영어로 대화하는 것을 좋아했다. 그래서 연세대학교 영어영문학과로 진학했다. 졸업 후에는 TBS 영어뉴스보도국에서 리포터로 근무했다. 또한 세계를 무대로 비즈니스를 해 보고 싶다는 마음에 해외영업에도 도전했다. 현재는 글로벌 비즈니스 리더를 목표로 한 발 한 발 나아가고 있다.

Blog blog.naver.com/book_jockey

1,000억 원대 매출의
여성 CEO 되기

올해 1월, 나는 내 이름으로 된 무역회사를 창업했다. '헬레나 인터내셔널'. 내가 창업한 회사 이름이다. 헬레나는 나의 영어 이름으로, 내 이름을 걸고 결코 부끄럽지 않은 회사를 만들겠다는 다짐에서다.

지난 3년간 해외 영업을 하면서 나는 정말 내 일을 즐겼고 사랑했다. 일을 하면 할수록 더 재미있고 즐거웠다. 해외 영업을 하면서 정말 영광이었던 것은 매년 2~3차례 스카우트 제의를 받았다는 것이다. 같이 해외 출장을 다녀온 타 회사 사장님들께서 자신의 회사로 오라며 좋은 조건을 제시해 주셨다. 이런 사장님도 계셨다.

"은지 씨가 무역회사를 창업하게 되면 꼭 나한테 알려 주라고.

우리 제품은 꼭 은지 씨한테 맡기고 싶어."

나에게는 이직을 통해 몸값을 올리는 것보다 이런 사장님들의 말 한마디가 더 큰 기쁨과 보람이었다. 나는 그저 내 일을 열심히 그리고 즐기면서 했을 뿐인데 다른 분들이 나를 이렇게 평가해 준다는 것이 기뻤다. 다른 사람들에게도 나의 에너지가 전해졌나 보다.

헬레나 인터내셔널을 창업하기 전 나는 사업계획서를 썼다. 무역회사를 창업했지만 나는 무역회사에만 머물지 않겠다는 비전을 만들었다. 헬레나 인터내셔널의 주요 사업 부문을 네 개로 나누었다.

첫째, 무역회사 본연의 업인 무역업. 글로벌 경쟁력이 있는 한국 제품들을 세계 각국에 수출하는 것이다. 또한 한국에서 통할 만한 기술력 있는 외국 제품들을 수입해 오는 것이다. 이런 수출과 수입 업무는 무역회사의 가장 기본적이고 본질적인 사업이다.

둘째, 무역회사지만 제조도 함께 한다. 내가 산업재 제품을 수출하는 해외 영업을 하다 보니 무역업은 결국 제조와 함께 가지 않으면 결코 오래갈 수 없다는 생각이 들었다. 제조업 입장에서는 어느 정도 규모가 커지면 무역회사를 거치지 않고 직접 수출하길 원한다. 무역회사 입장에서도 거래 규모가 큰 제품은 직접 제조를 해서 매입원가를 낮출 필요가 있다. 그래야 거래에 있어서 힘을 가질 수 있다.

셋째, 무역 아카데미. 나는 해외 영업을 시작하면서 정말 맨땅에 헤딩했다. 수출 매출이 많지 않았기 때문에 사내에는 해외 영업 전문가가 없었다. 나를 가르쳐 줄 사수가 없었다. 그래서 정말 그야말로 공부를 해 가며 일을 치러 내야 했다. 시중에 나온 책중에 무역과 관련된 책을 모조리 사서 읽었고 한국무역협회에서 진행하는 무역아카데미에 등록해 이론적인 지식을 쌓아 나갔다. 하나부터 열까지 뭐 하나 쉬운 것이 없었다. 하지만 모르기 때문에 더 열심히 배워 나가자는 마음으로 일을 해 나갔다. 그러다 보니 어느 순간 어떤 궤도에 올랐다는 생각이 들었다. 그래서 나의 이론적 지식과 경험으로 얻은 노하우를 학생, 후배, 해외 영업 직무 종사자들에게 전하고 싶다.

넷째, 중소기업의 자생적인 해외 영업이 가능하도록 하는 인큐베이팅 사업. 내가 만난 많은 중소기업 대표님들은 해외 영업 담당자를 채용하고 관리하는 데 어려움이 많다고 하셨다. 규모가 작은 기업의 경우 무역회사를 통한 수출로 해외 거래선을 확보할 수 있다. 하지만 규모가 어느 정도 있는 기업의 경우 결국은 자체적인 해외 영업을 해 나가야 한다. 그러기 위해서는 능력 있는 해외 영업 담당자가 있어야 하고 그들이 회사에 잘 적응해 안정적인 수출을 가능케 해 줘야 한다. 그래서 내가 가르친 학생들 중에서 추천할 만한 학생이 있다면 중소기업 사장님들께 소개해 드리고 싶다. 평균 2~3년 정도 그들이 회사에 적응해 실질적인 성과를 낼 수 있도록 돕는 인큐베이팅 사업을 하고 싶다.

헬레나 인터내셔널의 사업계획서를 쓰면서 나는 최종적인 비전을 '글로벌 경쟁력이 있는 중소기업의 해외 진출을 돕는 플랫폼'이라고 썼다. 내가 즐겁게 일할 수 있고 누구보다 잘 할 수 있는 무역업을 통해 나의 회사뿐만 아니라 다른 회사들의 해외 진출을 돕고 싶다.

내가 존경하는 기업가인, '스노우폭스'의 김승호 회장님은 되고 싶고 갖고 싶은 것이 있으면 누구보다 솔직하게 욕망하라고 하셨다. 그리고 하루에 백 번씩 그것을 쓰고 되뇌라고 하셨다. 그 말을 듣자마자 '1,000억 원대 매출을 올리는 회사'를 만들고 싶다는 생각이 나의 뇌리를 스쳤다. 올해 무역회사를 창업했으니 나는 1,000억 원대 매출의 회사를 만들기 위한 로드맵을 그려 나가고 있는 셈이다.

내게 1,000억 원은 절대적인 숫자가 아니라 어떤 '단계'를 의미하는 상징적인 숫자다. 한 기업이 커 나가는 데 있어서 회사의 규모와 매출에 따른 단계가 있게 마련이다. 매출 1,000억 원은 어느 정도 회사가 조직과 시스템을 갖추고 그다음 단계로 나아갈 수 있는 인프라가 구축되어 있는 수준을 의미한다고 생각했다. 실제로 매출 1,000억 원의 '퀀텀점프'를 이뤄 낼 수 있는 단계로 진입했다는 것을 의미한다고 한다.

'퀀텀점프(Quantum Jump)'란 물리학 용어로, 양자 세계에서 양자가 어떤 단계에서 다음 단계로 갈 때 계단의 차이만큼 뛰어오르는 현상을 뜻하는 말이다. 즉, 어떤 일이 연속적으로 조금씩 발전하는 것이 아니라 계단을 뛰어오르듯이 다음 단계로 올라가는 것을 말한다. 경제학에서는 이러한 개념을 기업이 사업구조나 사업방식 등의 혁신을 통해 단기간에 비약적으로 실적이 호전되는 경우에 차용하고 있다. 내게 매출 1,000억 원대라는 목표는 그다음을 위한 1차적 목표인 것이다.

현재 한국에서 1,000억 원대 이상 매출을 올리는 회사는 몇 개나 될까? 자료를 찾아보니 2018년 현재 매출 1,000억 원 이상의 기업은 약 500여 개다. 창업 후 1,000억 원의 매출을 올리기까지는 평균 17.4년이 걸린다고 한다. 1,000억 원대의 매출을 이루는 벤처기업의 가장 큰 원동력은 해외시장 공략인 것으로 나타났다. 이러한 기업의 평균 수출금액은 529억 원, 매출액 대비 수출 비율은 24.9%로 조사되었다.

결국 매출 1,000억 원대 이상의 기업을 만들어 내기 위해서는 우리나라를 넘어 세계시장을 타깃으로 삼아야 한다. 그런 의미에서 내가 해외 영업 분야에서 경험을 쌓고 무역업을 하나의 주된 사업 부문으로 선택한 것은 어쩌면 1,000억 원대의 매출을 올리는 기업으로 가기 위한 필연적인 선택을 아니었을까?

앞서 말한 김승호 회장님께서 강의 중에 하신 말씀이 있다.

"내겐 정말 끝내주게 일을 잘하는 직원들이 너무나 많습니다."

이 이야기를 듣고 김승호 회장님이 참 부러웠다. 나는 김승호 회장님의 4,000억 원의 자산보다도 그가 '끝내주게 일을 잘하는 직원'을 많이 데리고 있다는 사실이 더 부럽다. 일하면서 창업자의 도전적인 기업가 정신 못지않게 중요한 것이 회사의 허리가 되는 탁월한 관리자라는 것을 느낀다.

우리 집안은 3대에 걸쳐 사업을 해 오고 있다. 할아버지대에도 아버지대에도 사업을 해 왔다. 그렇기 때문에 내가 사업의 길로 들어선 것은 어쩌면 '피'로 물려받은 DNA때문일지도 모른다. 내가 열 살 때 아빠는 창업을 하셨고 지금까지 그 사업은 잘 운영되고 있다. 하지만 조금 아쉬운 점이 있다면 관리자들의 역할이다. 단언컨대 아빠는 아빠를 뒷받침해 줄 직원 2~3명만 있어도 더 큰 비즈니스를 만들어 내고도 남을 사람이다. 그런데 중소기업에서는 책임감 있고 일에 융통성이 있는 관리자 2~3명을 구하는 것이 참 어렵고 힘든 일이다.

그런 상황을 지켜보면서 커 온지라 나도 사업을 해 나가면서 어떤 사람을 관리자로 두어야 할지, 그런 관리자들의 업무 능력을 키워 주려면 어떻게 해야 할지, 그런 관리자들에게 어떤 비전을 심어 줘야 할지 많은 고민을 해 왔다.

내가 작은 규모의 회사를 운영한다면 스스로 모든 부분을 컨트롤하면서 의사결정의 권한을 가질 수 있다. 그야말로 나 혼자 회사를 장악하며 이끌어 나갈 수도 있다. 그러나 1,000억 원대 이상의 매출을 올리는 회사를 만들겠다는 1차적 목표를 가진 이상 나 혼자만이 아닌, 나와 함께해 나갈 수 있는 사람을 찾고 시스템적으로 흘러갈 수 있는 회사를 꾸려 나가고 싶다. 그래서 나와 함께하는 직원들이 이 회사라서 더 성장할 수 있었고, 이 회사라서 일할 맛이 나고, 이 회사라서 진심을 다해 일할 수 있었다는 생각이 들게끔 하고 싶다.

나는 1,000억 원대 매출의 회사를 이루어 내는 것이 나 혼자만의 힘으로 되지 않는다는 것을 너무나 잘 알고 있다. 그래서 그 회사를 함께 만들어 나갈 사람 그리고 회사의 이익을 함께 나누며 인생의 보람과 기쁨을 누릴 사람들을 찾아 나설 것이다. 또한 기다릴 것이다. 아무리 좋은 사람을 만나도 나 자신이 바로 서지 않으면 그들을 품을 수 없다는 것 또한 잘 알고 있다. 그래서 오늘도 나 자신을 바르게 다잡는다. 그것이 1,000억 원대 매출의 회사를 만들어 내는 첫걸음이니까.

존경할 수 있는 배우자 만나기

내가 평소 좋아하고 따르던 언니가 결혼을 앞두고 있어 언니와 예비 형부와 함께 식사를 했다. 예비 형부 옆에서 밝게 빛나는 언니를 보면서 언니가 평소에 그렇게나 바라던 '존경할 수 있는 배우자'를 만났다는 생각이 들었다. 언니의 결혼식이 끝난 후 나는 언니에게 물었다.

"언니 형부 정말 괜찮은 분이더라. 어떻게 만났어? 내게도 비결을 알려 줘."

"은지야. 정말 믿기지 않겠지만 나는 배우자를 위한 기도를 하며 형부를 만났다고 생각해. 기도를 하면서 내가 어떤 사람을 바라는지 명확해지더라고. 그래서 그 사람을 만났을 때 그에게 확신이 생기더라. 너도 배우자를 위한 기도를 해 봐."

나는 언니의 그 말에 '에이 설마'라는 생각과 함께 '정말 그런 일이 생길까?'라는 생각이 들었다. 그래도 일단 한번 해 보자 싶어서 기도문을 읽기 시작했다. 그런데 기도문을 읽으면 읽을수록 내가 원하는 배우자상을 정리해 나갈 수 있겠다는 생각이 들었다.

"그 사람이 하고자 하는 일이 힘겨워도
극복할 수 있는 힘을 주시고
자신의 인생을 밝고 활기차게
살아갈 수 있도록 도와주소서."

〈배우자를 위한 기도〉의 일부분이다. 나는 이 구절을 읽으면서 나의 배우자는 '자아성찰'이 되어 있는 사람이었으면 좋겠다는 생각이 들었다. 20대에 나는 '나'를 공부하는 데 많은 시간을 쏟았다. 나는 누구이고, 무엇을 좋아하며, 무엇을 잘할 수 있는지, 어떤 일을 하면서 살아가고 싶은지, 어떨 때 행복하고 어떨 때 불행한지 나는 나에 대해 끊임없이 묻고 답을 얻어 나갔다.

그렇게 자신을 살피고 주변을 돌아보니 내 삶에 더욱 중심이 잡히고 내가 옳고 바른길로 나아가기 위해 노력하고 있다는 것을 깨달았다. 그래서 나는 자아성찰이야말로 사랑을 하기 위한 1단계라고 생각한다. 나의 배우자는 부디 스스로에 대해 잘 알고 그 힘으로 자신의 인생을 밝고 활기차게 살아 나가는 사람이었으면 좋겠다.

> "그리고 우리가 만나게 될 때
> 서로 자신들의 삶에 충실하고
> 서로를 사랑할 수 있는 마음을
> 가질 수 있도록 도와주소서."

사실 내 주변에는 그야말로 스펙 좋은 남자들이 많이 있다. 요즘 젊은 사람들이 흔히 말하는 결혼하기 좋은 남자들. 학력, 집안, 직업이 좋아서 결혼적령기의 여자들이 혹할 만한 사람들이 많다. 그러나 나는 그런 스펙보다는 서로를 향한 마음이 가장 중요하다고 생각한다. 일반화하기는 어렵지만, 대체적으로 스펙 좋고 성공에 대한 열망이 가득한 남자들은 배우자를 찾을 때 자신을 위해 헌신할 수 있는 '현모양처'를 찾는다.

그러나 나는 다른 사람을 위해 헌신하는 삶보다 나의 인생을 살아 나가는 것이 중요한 사람이다. 이 말이 남편이나 아이를 외면하고 내 성공만을 위해서 달려 나가겠다는 의미는 아니다. 내 삶과 인생을 내가 가고자 하는 방향으로 그려 나가고 싶고 그런 나의 의지를 충분히 인정해 주는 상대였으면 좋겠다. 그래서 이 기도문에서 말한 '서로 자신들의 삶에 충실하고 서로를 사랑할 수 있는 마음'이 참 중요하다고 생각한다.

"자신의 삶뿐만 아니라 다른 사람들의 삶에도

마음으로 사랑을 베풀 수 있는

그런 사람들로서 만날 수 있도록 도와주소서."

스무 살이 되어 내가 정말로 꿈꾸던 연세대학교에 입학했을 때, 나는 주변 친구들 생각의 크기에 놀랐던 적이 있다. 신입생 오리엔테이션을 위해 학교를 둘러보고 있을 때 친구들과 앞으로의 계획에 대해 이야기를 나누었다

그때 한 친구가 "나는 공부를 열심히 해서 나라를 위해 일하고 싶어. 불합리한 부분을 해결하고 그래서 많은 사람들의 삶에 영향을 줄 수 있는 사람이 되는 게 꿈이야."라고 말했다. 난 정말 충격을 받았다. 지금껏 나는 나 자신에 대해서만 생각하는 사람이었는데 내 옆의 친구는 우리나라를 생각하고 있었다.

그때부터 나도 내가 하는 말과 행동이 다른 사람에게 어떤 영향을 끼칠지, 나는 타인에게 어떤 좋은 영향을 줄 수 있을지 고민하는 습관이 생겼다. 그렇게 내 인생을 나만의 인생이 아니라 다른 사람에게도 선한 영향력을 줄 수 있는 인생으로 넓게 생각하다 보면 절대 허투루 살아갈 수 없다.

나의 배우자도 자신과 가족을 넘어 다른 사람에게도 선한 영향을 끼치고자 하는 큰 비전을 가지고 있으면 좋겠다. 그런 비전

이 있다면, 살아가면서 숱한 유혹이 닥쳐와도 항상 바른 선택을 할 수 있을 것이다. 또한 지치고 힘든 일이 있어도 또 한 번 힘을 낼 수 있을 것이다.

〈배우자를 위한 기도〉를 읽으며 생각을 정리해 보니 내가 정의하는 '존경할 수 있는 배우자'의 모습이 그려졌다. 바로 자아성찰이 되어 있는 사람, 자신의 삶에 충실하고 상대방을 인정해주는 사람, 다른 사람들의 삶에도 사랑과 선한 영향력을 줄 수 있는 사람이다. 정말 언니의 말처럼 기도문을 읽을수록 내 마음이 평안해졌다. 그리고 복잡했던 머릿속이 정리되어 갔다.

기도문을 읽으면서 곰곰이 생각해 보니 내가 상대에게 바라는 점이 결국은 내가 상대에게 가져야 할 마음가짐이었다. 나도 스스로를 바로 세우고 나아가고자 하는 방향을 성찰해 나갈 것, 상대방을 인정하고 존중해 줄 것, 그리고 다른 사람에게 모범이 되고 영향력을 끼칠 수 있는 삶을 살아 나갈 것. 이 세 가지를 염두에 두고 내 삶을 경영해 나가겠다고 다짐한다.

남편, 아이와 세계여행 하기

"엄마! 이번 방학 때는 우리 어디에 여행 가요?"

"은지 어디 가 보고 싶니? 엄마랑 사회 교과서 보면서 어디 갈지 정해 볼까?"

엄마는 방학 때마다 나를 해외로 보냈다. 여행 장소는 꼭 다음 학기 사회 교과서를 참고해서 정했다. 예를 들면 열세 살 겨울방학 때 엄마는 내게 세계 3대 박물관 투어를 다녀오라고 했다. 영국 대영박물관, 프랑스 루브르박물관, 바티칸 박물관을 둘러보기 위해 서유럽 4개국을 도는 일정이었다. 나는 난생처음 유럽에 가서 정말 눈이 휘둥그레질 만큼 즐거웠다.

얼마 지나지 않아 나는 엄마가 왜 그때 나를 유럽에 보냈는지 이해할 수 있었다. 다음 학기 사회 교과서에 세계사가 시작되었고 내가 직접 눈으로 보았던 것들이 교과서에 실려 있었다. 다른 친구들처럼 교과서를 달달 외우는 공부가 아니었다. 나는 정말 살아 있는 공부를 하고 온 것이다.

주말을 맞아 가족여행을 갈 때도 마찬가지였다. 다음 학기 사회 교과서에 삼국시대에 관한 내용이 나오면 엄마는 가족 여행지를 공주, 부여, 경주 등으로 계획했다. 경주에서는 신라시대에 유명했던 선덕여왕의 발자취를 따라갔다. 공주와 부여에서는 무령왕릉과 낙화암을 둘러보며 백제의 번성했던 문화를 간접경험 할 수 있게 해 주었다.

엄마의 그런 교육방침은 항상 내가 즐겁게 공부할 수 있는 원동력이었다. 한 학기 앞서 내가 공부할 내용을 미리 눈으로 보고 직접 경험하고 왔으니 즐겁지 않을 수 없었다. 보통 사회는 암기 과목이라고 생각하지만 내겐 외울 필요가 없고 눈으로 보고 느낀 것을 정리하기만 하면 되는 것이었다. 어느 날 그런 생각이 들었다.

'나를 키운 8할은 엄마의 지혜였구나.'

엄마는 내게 자연스럽고 일상에 녹아드는 교육을 한 것이었다. 내가 방문하고 경험하는 모든 것이 피와 살이 된다는 것을 알고 계셨다. 그렇게 엄마는 내 삶을 기획해 주셨다. 엄마 덕분에 내 삶은 항상 풍요롭고 감사와 행복이 넘쳤다.

30대가 되고 보니 나는 어떤 엄마가 되고 싶은지 고민하게 된다. 나는 종종 엄마에게 이렇게 말했다.

"엄마, 나는 엄마 같은 엄마가 될 수 있을까? 엄마가 내게 준 사랑이 너무 커서 이다음에 내 자식들에게 이 정도의 사랑을 줄 수 있을까 싶어."

그러면 엄마는 그저 싱긋이 웃으셨다. 부모의 사랑이 한없이 커서 자식이 그 자식에게 이 정도까지 해 줄 수 있을까를 고민하게 하다니. 참으로 존경스럽고 감사한 일이다.

엄마의 지혜로운 교육방식은 내가 내 아이들에게 교육하고자 하는 방향성을 만들어 주었다. 내가 결혼해서 가정을 이루고 아이가 생긴다면 남편, 아이와 함께 전 세계를 여행하고 싶다. 서른 두 살이 된 올해까지 나는 50개국을 방문했다. 남편, 아이와 함께 여행하면서 200개국을 방문해 보는 것이 나의 최종적인 목표다.

여행의 가장 큰 장점은 무엇일까? 여행을 자주 하면 다양성을 인정할 수 있는 여유가 생긴다. 각 나라마다 문화가 다르고 그래서 살아가는 방식은 정말 다양하다. 중동 국가에 가면 여자들이 히잡을 쓰고 있지만, 미국에 가면 어떤 옷차림도 통용된다. 인도에 가면 손으로 밥을 먹지만 서유럽이나 북미지역에서는 음식마다 써야 하는 식기가 순서대로 정해져 있다. 이처럼 다양한 문화를 경험해 보면 그것을 이해하고 저마다의 문화를 인정할 수 있는 여유가 생길 것이다.

또한 어떤 상황에도 대처해 나갈 수 있는 문제해결력과 기지가 발휘될 것이다. 여행을 하다 보면 정말 예상치 못한 상황이 많이 펼쳐진다. 그런 상황을 하나하나 겪어 나가면서 아이들이 문제를 해결해 나가는 방식을 배우게 될 것이다. 또한 어떤 상황을 직면하든지 간에 모든 일에는 해결책이 있다는 것을 알게 될 것이며, 끊임없이 고민하고 방법을 모색해 나가는 지구력과 기지를 길러 나갈 수 있을 것이다.

남편과 아이와 함께하는 여행은 무엇보다 많은 시간을 같이 공유할 수 있다는 것이 가장 큰 장점이 될 것 같다. 인생에서 가장 중요한 것이 가족이라고 말하면서도 살다 보면 당장 눈앞에 해야 할 일에 밀려서 가족과의 시간은 미뤄 둔 채 살아가게 된다. 하지만 남편과 아이와 함께 여행을 할 수 있다면 생애 가장 즐겁고 행복한 시간을 보낼 수 있지 않을까? 설사 여행을 하면서 다투는 일이 있다 한들, 그것 또한 서로를 이해해 나갈 수 있는 계기로 삼을 수 있을 것 같다. 가족과 함께 여행을 다니는 것은 인생을 살아가며 내가 가장 잘한 일 중의 하나로 기억될 것 같다.

모바일에서 바코드를 인식하게 만드는 애플리케이션 '스캔'을 개발한 젊은 기업가 개럿(Garrett)은 가족들과 함께 전 세계를 여행하고 있다. 그의 가족은 개럿과 함께 '버킷리스트 패밀리'라는 이름으로 전 세계를 여행하며 찍은 사진을 SNS에 올린다. 전도유망한 젊은 기업가가 또 다른 성공을 위해 달리는 것이 아니라 가족들과의 시간을 소중히 생각하고 어린 두 아이들과 함께 여행길에 오른 것이다.

아프리카에 가서 현지 아이들과 함께 어울려 노는 모습, 바다에서 스노클링을 하는 모습, 네팔 지진 복구 현장에서 같이 봉사하는 모습, 심지어 한국을 방문했을 때는 지하철을 타고 광장 시장에 가서 길거리 음식을 먹는 모습을 SNS에 올렸다. 그들은 아이들에게 현지의 문화를 흠뻑 느낄 수 있게끔 했고 아이들의 해맑고 천진난만한 모습을 SNS에 올려 전 세계인들의 이목을 집중시켰다.

나는 그가 한 번의 성공 이후 더 큰 부를 위해 달린 것이 아니라 가족들과의 시간, 아이들에게 잊지 못할 경험을 만들어 준 선택에 대해 정말 큰 박수를 보낸다. 성공을 맛본 사람은 더 큰 성공을 위해 옆도 뒤도 보지 못하고 전력 질주하게 마련이지만 개럿은 그러지 않았다. 그래서 개럿의 선택은 더 대단하다.

버킷리스트 패밀리처럼 남편, 아이와 함께 여행할 생각을 하니 상상만으로도 너무나 행복하다. 일생 동안 추억할 수 있는 우리 가족만의 스토리가 생긴다면 그보다 더 큰 기쁨은 없을 것 같다.

04

대륙별로 내 집 마련하기

2017년 5월, 꼭 10년 만에 시카고에 다시 왔다. 10년 전이나 지금이나 휘황찬란한 건물이 늘어서 있는 풍경은 여전하다. 10년 전 나는 영문학을 전공하는 대학생으로서 UCLA에서 서머스쿨을 듣고 친구와 함께 미국 동부를 여행하고 있었다. 건축의 도시, 시카고. LA에서는 8주간 공부했고, 뉴욕도 친구와 여행한 적이 있는데 시카고는 첫 방문이었다. 그런데 미시간호와 밀레니엄 파크가 있어서 LA처럼 자연 친화적이면서도 뉴욕처럼 높은 빌딩이 흐드러지게 서 있는 시카고에 푹 빠져 버렸다. LA와 뉴욕이 적절히 합쳐진 듯한 느낌의 도시 시카고. 10년 만에 다시 시카고에 오니 10년 전 이곳에서 미국에서 살고 싶다고 생각했던 그때가 떠올랐다.

10년이 지난 지금, 나는 해외 영업을 하고 있다. 미국에서 살고 있진 않지만 1년에 15회 정도 출장을 다니며 바쁜 일상을 보내고 있다. 이번 시카고행은 내가 꼭 거래를 성사시키고 싶은 회사의 구매담당자를 만나기 위해 온 것이었다.

아침 일찍 일어나 오후에 있을 중요한 미팅을 준비하면서 호텔 앞 리버워크를 조깅하고 왔다. 사무용 건물이 줄지어 서 있는 시카고의 도심 리버워크를 산책하며 '가장 좋아하는 도시가 어디냐고 물으면 항상 답하던 시카고에 와서 조깅하고 있구나'라는 생각에 행복해졌다. 곧 있을 미팅에 대한 무남삼이나 불안힘은 전혀 없었다. 내가 앞으로 여기서 만들어 낼 성과와 실적, 미래에 대한 설렘으로 가득했다.

내가 무엇을 하면서 살아야 할지, 내가 좋아하는 일은 무엇인지, 나는 언제 행복한지 '나'에 대한 고민으로 가득 차 있을 때 나는 《인문학 습관》의 저자이자 나를 공부하는 학교 〈인큐〉를 운영하고 있는 윤소정 선생님께 카톡을 보냈다.

"선생님, 잘 지내시죠? 저는 지금 미국 출장 왔어요. 10년 만에 시카고에 왔더니 꼭 미국 진출을 성사시키고 싶다. 미국에 법인을 만들어야겠다. 내가 원하는 때에 원하는 곳에 갈 수 있는 경제적, 시간적 자유를 구축해야겠다. 미국에 꼭 집을 사야겠다. 많은 계획과 꿈들이 샘솟아요."

"은지 님, 잘 지내죠? 그 길이 옳아요. 왜냐하면 자연스럽기 때문이에요. 은지 님의 꿈과 계획을 항상 응원하고 있어요."

선생님의 말 한마디에 나는 눈물이 주르륵 흘렀다. 마음이 시키고 있지만 정작 딱 마음먹기가 어려워 망설이고 있던 차에 '당신의 계획이 옳다'라는 선생님의 말 한마디는 내 마음을 녹아내리게 했다. 그러고는 정말 할 수 있겠다는 열의가 가득 차올랐다.

미국에 진출하기. 미국 법인 세우기. 미국에 집 사기. 내가 일하고 있는 분야는 건설중장비 제조업이다. 그런데 이 분야의 굵직한 회사들은 시카고 같은 미국 중부지역에 본사를 둔 경우가 많다. 그래서 미국 법인을 세운다면 시카고에 세워야겠다고 다짐해 본다.

곰곰이 생각해 보니 시카고는 겨울이 너무 춥고 눈이 많이 와서 생활하기 힘드니까 집은 캘리포니아에 마련해야겠다. 겨울에도 따뜻한 캘리포니아의 수영장이 딸린 집을 사서 남편과 아이와 수영도 하고 바비큐도 해 먹어야지. 나의 사랑스런 친구들과 지인들을 미국으로 초대해야지.

어느 날 나의 지인인 P 약사님과 함께 식사를 하다가 깜짝 놀란 적이 있다. 약사님의 아이들은 중국 상하이에 있는 국제학교에 다니고 있다고 했다. 그래서 주말마다 비행기를 타고 상하이와 창원을 왔다 갔다 하고 있다는 것이었다. 세상에! 그렇구나. 부산 김해공항과 중국 상하이 국제공항은 비행 편이 자주 있고 비행시간도 90분이면 되니 정말 불가능한 일도 아니었다. 나도 주 1회 서울을 밥 먹듯이 드나들고 있으니 창원과 상하이를 드나드는 것도 불가능한 일은 아니라는 생각이 들었다.

약사님은 요즘은 영어를 잘하는 사람들이 너무나 많고, 중국의 가능성을 볼 때 중국어를 잘하면 큰 무기가 될 수 있겠다는 생각이 들었다고 했다. 그래서 양질의 교육을 시키고 싶어서 상하이에 집을 마련하고 아이들을 국제학교에 보내고 있다는 이야기를 해 주었다.

그날 밤 나는 내 마음이 꿈틀대고 있다는 생각이 들었다. 왜냐하면 나 역시 해외 영업 일을 하면서 중국인 바이어들을 많이 상대하게 되는데 영어로 소통하는 데는 한계가 있다는 생각이 들었기 때문이다. 글로벌 비즈니스를 하는 중국인들은 거의 영어가 가능해서 의사소통에는 별 무리가 없다. 그래도 내가 그들의 모국어를 말할 수 있다면 보다 깊은 유대관계가 맺어질 수 있는 것은 당연한 일이었다.

이내 나는 중국어 공부를 해야겠다는 생각이 들었다. 그리고 그 공부의 목표는 상하이에 있는 글로벌 MBA에 등록해서 중국에서의 기반을 만들고 중국을 이끄는 비즈니스 오피니언 리더들과 소통하는 것에 두었다.

다음 날부터 내게 중국어를 가르쳐 줄 수 있는 과외선생님을 물색하기 시작했다. 아무래도 나는 회사도 다니고 출장도 많기 때문에 정해진 시간에 학원을 가기 힘들다. 그러므로 과외선생님을 구해 주 2회 정도 과외를 받으며 중국어 공부를 할 생각이었다. 그렇게 중국어 과외를 받으며 공부한 지 1년이 지났다. 나는 기본적인 인사말, 안부를 묻고 간단한 대화가 가능한 수준으로 성장했다. 아직 너무나 부족하다. 하지만 일단 중국어에 관심을 가지고 공부를 시작하고 중국 글로벌 MBA에 도전하겠다는 목표가 생기자 왠지 모르게 든든해졌다.

상하이 집값은 서울 강남 수준으로 비싸다고들 한다. 하지만 내게 이루지 못할 목표는 없다는 생각이 들었다. 나는 회사를 운영하면서 상하이에 집을 마련하고 글로벌 MBA에 진학해 중국의 비즈니스 리더들과 친구가 되어 즐거운 생활을 할 생각에 벌써 마음이 설렌다.

미국과 중국에 기반을 마련해야 할 명분과 계획이 생기고 나니 이왕 목표를 세울 거면 '대륙별로 내 집을 마련해 볼까?'라는 생각이 들었다. 스페인, 포르투갈을 여행할 때 보니 포르투갈 포르투가 너무 예쁜 해안도시던데, 포르투가 좋을까? 아니면 낭만적인 파리? 아니면 역사와 전통이 흐르는 로마나 밀라노? 유럽은 나라 간 이동이 자유롭다. 그러므로 유럽의 어느 도시에 집을 마련하든 시간적, 경제적 여유만 있다면 내가 가 보고 싶은 도시를 마음껏 여행할 수 있을 것이다. 호주나 뉴질랜드 같은 오세아니아에 집이 있다면 한국이 여름일 땐 그곳이 겨울이고 한국이 겨울일 땐 여름일 것이다. 그러니 언제든 내가 좋아하는 날씨에 내가 살고 싶은 곳에서 살 수 있을 것 같다.

한 지인은 제주도에 집을 마련해서 자연 속에 들어가 푹 쉬고 싶다는 꿈이 있었다. 그런데 그런 이야기를 한 지 얼마 되지 않아 제주도에 집을 마련했다고 하길래 어떻게 그렇게 빨리 집을 마련했냐고 물으니 이렇게 대답했다.

"제주도에 집이 있다고 해도 일이 있으니 1년에 며칠이나 있을까, 라는 생각이 들었어요. 그래서 저처럼 제주도에 집을 마련하고 싶어 하는 지인 2~3명을 더 모았지요. 그렇게 같이 돈을 모아 집을 샀고, 서로 일정을 조율해서 각자가 원할 때 제주도 집을 이용하기로 했어요. 가끔은 같이 제주도로 가서 시간을 보내고 오는데 마치 펜션에 놀러 온 것처럼 즐겁더라고요."

아무리 돈이 많고 아무리 대륙별로 내 집이 있으면 뭐 하나? 함께할 사람들이 없다면 그보다 불행한 일은 없을 것이다. 세계 각국에 근사한 집을 마련해서 가족과 지인들을 초대해야지. 따뜻한 조명 아래 맛있는 음식과 함께 지혜와 혜안이 넘치는 이야기로 집 안을 가득 채워야지, 다짐해 본다.

장학재단 만들어
사회에 선한 영향력 끼치기

　나는 항상 나 자신이 과대평가받아 왔다고 생각한다. 내가 가진 능력은 10밖에 안 되는데 나의 스펙이나 경력은 내 능력을 100으로 보이게 했다. 원래 내가 가진 능력보다 훨씬 더 큰 그릇이 되게끔 만들어 준 것은 교육의 힘이었다.

　나는 똑똑한 사람이기보다는 자기애와 열정이 넘쳐서 목표를 이뤄 내기 위해 발버둥 치는 사람에 더 가까웠다. 그래서 초등학교 때부터 스스로 서점에 가서 과목별 문제집을 사 와 그 문제집을 다 끝내기 위해 하루에 몇 페이지씩 풀어야 할지 계산했다. 중학교 때는 수석졸업이라는 목표를 위해 시험 기간에 새벽 3시까지 공부하고 다시 새벽 5시에 일어나 또 공부했다. 고등학교 때는 이른바 'SKY(서울대·연세대·고려대)'라고 불리는 대학에 진학하기 위해 정말 사력을 다했다.

그런 나의 열정과 악착같은 목표의식은 부모님의 서포트를 만나 정말 큰 시너지를 발휘했다. 내가 다니고 싶은 학원이 있으면 언제든 보내 주셨고, 하고 싶은 공부나 해 보고 싶은 경험이 있다면 언제든 지원해 주셨다. 가끔 서울대에 진학한 학생들이 "전 교과서 위주로 열심히 공부했어요."라고 인터뷰한 것과는 달리 나는 참 사교육을 많이 받았다.

사교육을 아무리 많이 받아도 정작 본인의 목표의식과 노력이 없다면 결코 좋은 결과를 만들어 낼 수 없다. 그래서 나는 가끔 후배들의 부모들에게 말한다. 절대 부모의 적극성이 자식의 의지를 앞서서는 안 된다고.

나는 열정이 넘치고 하고자 하는 의지와 목표가 있었다. 그리고 거기에 부모의 지지와 사교육이 더해지니 내가 가진 본연의 능력 그 이상의 결과물이 나왔다. 참 감사한 일이다. 나의 경험에 비추어 하고자 하는 의지가 있는 사람에게 교육의 힘이 더해진다면 그 사람의 미래는 상상 그 이상의 결과물로 돌아온다는 것을 잘 알고 있다.

내 일생을 돌아보니 생각의 범위가 한층 더 깊어지고 내 그릇이 커진 계기는 여행과 교육이었다. 그중에서도 '해외 탐방 프로젝트'를 수행한 이후 나는 정말 많이 성장했다. 세상을 보는 안목이 달라졌고 통찰력을 가지게 되었으며 세계관이 확장되었다.

내가 경험한 '해외 탐방 프로젝트'는 연세대학교 경영학과에서 진행된 산학협력 프로젝트였다. 당시 국내 유수의 기업들이 연세대학교 학생들에게 해외 탐방의 기회를 주었다. 기업이 제시한 프로젝트 주제에 대한 대안을 제시한 학생들이 PT면접을 거쳐 선발되었다. 선발 된 이후에는 기업 실무진과의 소통을 통해 가설을 세웠다. 그러고는 방학 때 직접 해외로 나가 그 가설을 테스트해 보고 해결책을 제시하는 프로젝트였다.

당시 나는 '이랜드'의 캐주얼 패션 브랜드인 '후아유'의 미국 진출 전략을 세우는 프로젝트에 참여했다. 3명의 팀원들과 함께 1,600만 원의 장학금을 받아 한 달 동안 미국 뉴욕으로 갔다. 뉴욕에서 우리는 후아유의 자체적인 경쟁력 분석뿐만 아니라 경쟁사의 장단점을 도출했다. 그리고 우리의 포지셔닝을 어떻게 해야 할지 전략을 짜내는 데 혼신의 힘을 다했다.

우리는 뉴욕에서 유동인구가 많은 지역에 나가 하루 종일 3,000여 명의 착장을 사진으로 찍었다. 사람들이 어떤 디자인의 옷을 많이 입는지, 어떤 색을 선호하는지, 한 착장에 소비자 가격은 얼마나 될지 분석했다. 뿐만 아니라 표본에 있는 소비자들을 초청해 그룹 인터뷰를 진행하면서 우리가 설정한 가설들을 더 깊게 테스트해 보기도 했다.

그런 과정 속에서 사람들은 쇼핑할 때 굉장히 화려하고 밝은 디자인의 옷에 눈길이 닿지만 결국 구매하는 옷은 검정색 옷이라는 현상을 발견했다. 그런데 아이러니하게도 밝고 활달한 캘리포니아 서퍼의 이미지를 내세우는 브랜드인 후아유에는 검정색 옷이 거의 없었다. 단순하지만 아주 큰 발견이었다. 우리가 도출해 낸 포인트를 검증하는 과정을 거쳤고 그 결과물을 프로젝트 PT시간에 기업 실무진 앞에서 발표했다. 실무진은 굉장히 흥미로운 이야기라며 우리의 이야기에 귀 기울여 주셨고 다음 시즌에 적극 반영하겠다고 피드백을 주셨다.

약 한 달이라는 시간 동안 뉴욕에 머물며 프로젝트를 진행하고 결과물을 만들어 내는 과정 속에서 나와 팀원들은 굉장히 많이 성장해 있었다. 현상을 분석하고 평가하는 방법, 시장 환경을 파악하고 그 안에서 자리를 잡는 방법, 상권을 분석하는 법, 새로운 문화권에서 현지화하는 법, 그리고 심지어 팀원들과 효과적으로 의사소통하는 방법도 배울 수 있었다.

나는 지금도 대학생 후배들에게 정말 적극적으로 해외 탐방 프로젝트에 참여할 것을 권하고 있다. 각 대학교에서 진행하는 해외 탐방 프로젝트나 산학협력 프로그램뿐만 아니라 LG에서 진행하는 '글로벌 챌린저'처럼 기업에서 직접 진행하는 경우도 있으니 적극적으로 기회를 찾아 나서라고 말하고 싶다.

나는 스스로가 여행과 교육으로 인해 많은 성장을 이뤘다고 믿는 사람이다. 그래서 다른 사람에게도 꼭 그런 기회를 주는 사람이 되고 싶다. 내 이름 혹은 우리 부모님의 이름을 딴 장학재단을 만들어 학생들에게 글로벌 경험을 할 수 있는 기회를 제공하는 것이 꿈이다.

미국에서는 가장 명예롭게 생각하는 일이 가족들과 함께 재단을 만들어 노블레스 오블리주를 실천하는 일이라고 한다. 부를 이룬 사람들이 그 부를 사회적 문제를 해결하는 데 사용하고, 다른 사람에게 선한 영향력을 끼치기 위해 노력한다는 점이 굉장히 존경스러웠다.

우리나라에도 장학재단이 많이 있다. 그러나 나는 단순히 학교 등록금이나 장학금만 주고 끝나는 것이 아니라 글로벌 경험을 제공하는 장학재단을 만들고 싶다. 그런 경험들이 모여 사고의 확장을 가능하게 할 것이다. 그런 사고의 확장은 또 다른 목표의식을 만들어 낸다. 그런 목표를 이루려는 노력을 통해 세상을 보는 시각이 달라질 것이라 확신한다.

대학교 때 교환학생으로 미국에서 공부한 적이 있다. 그때 만난 한 선배님은 석·박사 과정을 위해 미국으로 온 상태였다. 그런데 집안이 넉넉하지 않았지만 '문정장학회'의 장학금으로 미국에 올 수 있었다고 했다. 방학 때 한국에 가면 그 장학금을 받는 학생들끼리 식사도 하고 네트워킹을 하기도 한다고 했다. 그 자리에 가면, 앞으로 더 열심히 공부해야겠다는 생각과 함께 꿈에 대한 열망이 굉장히 커진다는 것이었다. 그 선배의 꿈은 석·박사를 끝내고 실무적 경험을 쌓은 후 나라의 예산을 담당하는 정부기관으로 가서 나라에 도움이 되는 사람이 되는 것이라고 했다. '문정장학회'를 통한 미국에서의 유학 경험은 그 선배의 인생에서 굉장히 큰 터닝 포인트가 되는 것이고, 크게 보면 나라를 위한 성장의 기회가 되는 것이기도 했다.

내가 인생을 살아가면서 느낄 수 있는 가장 큰 기쁨은 다른 사람의 인생에 터닝 포인트를 만들어 주는 것이다. 내가 부모로부터, 학교로부터, 사회로부터 받은 혜택과 성장의 기회를 다른 사람에게도 나눠 줄 수 있는 사람이 되고 싶다. 그래서 다른 사람들이 스스로 한 번도 느껴 보지 못했던, 상상해 보지 못했던 세계를 경험하게 하고 그 경험이 또 다른 사람에게도 영향을 주는 선순환을 그리고 싶다.

장학재단의 설립은 그런 내 꿈을 실현하기 위한 하나의 방편이라는 생각이 든다. 감히 꿈꿔 보건대, 내가 설립한 장학재단을 나의 아들, 딸들이 대를 이어 꾸려 나갈 수 있으면 얼마나 좋을까? 생각만 해도 뿌듯해지는 이 꿈을 위해 내가 먼저 그 스타트를 끊어야겠다.

PART 11

1인 창업에
성공해 원하는
꿈 이루기

- 김 소 정 -

김소정   미술치료사, 부모교육 코치, 동기부여가, 강연가

미국에서 미술심리치료학 석사학위를 취득한 뒤 미국 뉴욕시 시립미술관, 롱아일랜드 요양병원, 뉴저지 주 맹인센터 등에서 미술치료사로 근무하였다. 현재는 귀국해서 미술심리치료학 박사과정을 밟고 있는 동시에 미술치료사로서 자녀의 심리문제로 고통 받고 있는 부모들을 대상으로 상담을 진행하고 있다. 또한 부모와 자녀의 마음을 치유하고 성장을 돕는 치료사로서 육아에 관한 책을 집필 중이다.

Email   dsj2064@gmail.com   C·P   010.4947.1491

세상의 수많은 딸들에게
멋진 롤 모델 되기

　지금도 그렇지만 우리 엄마는 강한 여자였다. 하지만 엄마도 처음부터 그렇게 강한 사람은 아니었다. 우리 엄마는 아버지를 잘 만나 호강하며 사는 사람이었다. 큰 마당이 있고 끊임없이 손님이 들락거리고 그 손님들을 대접하기 바빴던 그런 큰 집에 우리는 살았었다.

　집안일을 봐 주시는 아주머니가 늘 계셔서 아이가 넷인데도 우리 집은 유리알처럼 빛났다. 엄마 곁에 가면 항상 좋은 화장품 냄새가 났다. 옷장에는 예쁜 옷들이 즐비했으며, 엄마 옷을 입어 보고 몰래 화장품을 발라 보는 것은 어렸을 때 내가 제일 좋아하는 놀이 중의 하나였다. 나도 항상 좋은 옷에 가죽신발을 신고 다녔다. 동네 친구들은 나를 좋은 집에 사는 애, 예쁜 옷이 많은 공주 같은 애라고 말하곤 했다.

그러나 그 꿈같은 생활은 오래가지 못했다. 내가 초등학교 2학년 때 아빠의 사업이 부도나면서 우리 집은 말 그대로 '망했다'. 우리는 큰 집을 팔고 아주 작은 아파트로 이사를 오게 되었다. 아직도 그 집에 이사 온 첫날, 이렇게 작은 방이 있다는 사실에 신기해했던 때가 생각난다.

사업 실패로 망연자실한 아빠를 대신해 엄마가 생계에 뛰어들어야 했다. 한 번도 일해 본 적 없는 엄마는 미용실 보조로 들어가 수건을 빨면서 일을 배우셨다. 늦은 나이에 보조로 들어가셨지만 1년 후에 돈을 모아 미용실을 차리셨다. 그렇게 우리 사 남매를 키우시기 위해 다시 일어나셨다.

우리 엄마는 다른 엄마처럼 도시락을 예쁘게 싸 주시거나 비 오는 날 우산을 가지고 기다리시지는 못하셨다. 하지만 사 남매를 기르시기 위해 어려움을 극복하시고 스스로 노력해서 자신의 것을 이루신 강한 분이셨다. 그런 엄마를 보며 자연 나는 자연스럽게 엄마를 롤 모델로 삼게 되었다. 엄마처럼 어떤 좌절도 이겨내고 스스로 설 수 있는 그런 강한 여자가 되고 싶었다.

사 남매 중 둘째였던 나는 어렸을 때부터 꿈도 많고 욕심도 많았다. 중학교 2학년 때 담임선생님이 종이에 꿈을 적어 보라고 반 아이들에게 말씀하셨다. 그때 처음 나는 마음속으로 꿈꾸던 것들을 구체화시키면서 내가 이루고 싶은 것들을 종이에 적었다. 지금으로 말하면 버킷리스트였다. 이것은 지금도 내가 치료실에서 만난 아이들에게 많이 실시하는 것들 중 하나다. 버킷리스트를 적은 아이들은 미래에 대해 꿈과 희망을 품었고 어둠 속에서 빛을 내려고 노력했다.

나는 버킷리스트를 종이에 적어 내려갔다. 첫째는 미대 진학, 둘째는 미국 유학을 가서 내가 원하는 공부를 하는 것이었다. 그때의 우리 가정환경으로는 결코 이루어질 수 없는 것들이었다. 하지만 나는 버킷리스트가 적힌 종이를 책상 앞에 붙이고 꼭 이루겠다고 다짐하곤 했다.

버킷리스트에 '미대 진학'을 적으니, 진짜 미대에 갈 수 있을 것만 같았다. 하지만 힘든 엄마한테 차마 미술을 하고 싶다고 말할 수 없었다. 나는 일기장에 미대를 가고 싶다는 마음을 담아 써서 엄마가 잘 볼 수 있는 부엌 찬장에 올려놓았다. 매일 아침 일찍 일어나 엄마가 확인했는지 안 했는지 살펴보는 게 내 일이었다.

어느 날 아침에 일어나서 찬장을 보니 내 일기장의 위치가 조금 바뀌어 있었다. 엄마가 본 것이다. 나의 가슴은 두근거렸다. 저녁에 엄마가 나를 부르시더니 "소정아, 미술을 배우고 싶니?"라고 물어보셨다. 나는 드디어 내 꿈을 이룰 수 있다는 생각에 철없이 그렇다고 대답했다. 그렇게 나는 미술을 시작하게 되었다.

요즘도 그렇지만 그때 입시미술학원의 수강료는 정말 비쌌다.

그때 그 학원비를 엄마가 어떻게 감당했는지 지금도 상상이 되지 않는다. 그렇게 대학에 들어갔다. 그러곤 졸업해서 굵직한 기업에 디자이너로 취직했다. 남들한테 말하기 좋은 회사의 디자이너였다. 내 미래는 밝아 보였다. 회사 이름을 얘기하면 대부분 "좋은 데 다니시네요."라고 말했다.

그 말을 들으면 우쭐했지만 거기까지였다. 회사는 크고 멋있었지만 그 안에서 나의 존재감은 작았다. 나는 나의 존재감을 찾기 위해 중학교 때 버킷리스트로 적었던 '미국으로 유학 가서 내가 원하는 공부하기'를 이루기로 마음먹었다.

나는 결국 사표를 내고 유학을 강행했다. 그때 내 수중의 돈은 내가 시집갈 때를 대비해 엄마가 내 월급을 받아 적금을 들었던 700만 원이 고작이었다. 그것은 미국에서의 몇 개월의 생활비조차 되지 않는 돈이었다. 그러나 난 가고 싶었다. 왠지 가면 어떻게든 내가 원하는 것들이 다 이루어질 것만 같았다. 미술을 시작했을 때와 같이 난 엄마를 설득했고 엄마는 힘들게 나를 미국에 보냈다.

그러나 미국에 간 지 몇 개월 후에 나는 남편을 만나 결혼했다. 남편은 내 꿈을 지지해 주고 도와주는 고마운 사람이다. 공부를 계속하겠다고 남편과 약속하고 결혼했으나 바로 임신을 해서 공부를 포기해야 할 상황이었다. 주위에는 유학 와서 결혼하고 정착한 사람들이 많았다. 결혼과 함께 공부를 접은 사람도 많았다. 나는 그들처럼 되기 싫었다. 다시 말하면 내 꿈을 포기하기 싫었다.

나는 만삭의 몸에도 토플시험을 보고 학교에 들어갈 준비를 했다. 남들은 나에게 그렇게까지 할 필요가 있냐고 했다. 어떤 사람은 결혼했으면 남편 덕 보며 그냥 살라고까지 했다. 하지만 그럴수록 오기가 생기고 꼭 꿈을 이루고 말겠다는 생각이 강하게 들었다.

아침에 학교에 갈 때 남편이나 베이비시터 집에 아이를 맡기고 저녁에 학교에서 돌아오는 길에 아이를 찾아왔다. 그렇게 힘들게 학교를 다녔다. 사는 곳에서 학교가 멀어 왕복 2시간을 운전해서 다녀오면 늘 나는 녹초가 되었다. 하지만 꿈이 이루어지고 있다는 생각에 항상 기뻤다.

그렇게 학교를 다니던 중 우연히 들은 심리학 수업에 매료되었다. 그러다 심리학과 미술을 접목시킬 수 있는 미술치료라는 분야를 알게 되었다. 사람들에게 치료사로서 선한 영향력을 주고 싶은 마음이 들었다. 그렇게 또 준비하고 대학원에 들어가게 되었다. 영어가 서툰 외국인을 잘 안 쓰는 정신병원에서 일도 하고 큰 뮤지엄에서 암 환자를 대상으로 미술치료를 진행하기도 했다. 그걸 보면서 '저러다 말겠지' 하던 사람들이 하나둘씩 나를 인정하기 시작했다.

이러다 보니 내 딸은 남들과는 다른 엄마를 두게 되었다. 미국에서 그 흔한 오븐에 쿠키 한번 구워 주지 못했다. 나는 항상 학교를 다니고 있었기 때문에 우리 엄마처럼 집에 없는 엄마가 되었다. 집에 있을 때면 매일 컴퓨터랑 씨름하면서 페이퍼를 쓰기 바쁜 엄마였다. 발표가 있는 날에는 영어 대본을 만들어 달달 외우고 가야 했다. 미술치료를 하면서는 내 말이 다르게 전달되지 않도록 항상 긴장하고 있었다.

아이와 놀아 줘야겠다고 마음먹은 날엔 어색하기 그지없었다. 어디를 가야 할지 모르겠고, 어떤 것을 딸에게 해 줘야 할지도 몰랐다. 내 딸은 그렇게 자랐다. 나는 항상 그런 내 딸에게 미안한 마음이 있었고 부족한 엄마라고 생각했었다.

그러던 어느 날, "우리 엄마는 미술치료사야. 마음이 아픈 사람들을 치료해 주고 있어."라면서 친구들한테 엄마를 자랑하는 딸을 보았다. 눈물이 났다. '그래, 난 부족한 엄마가 아니야. 난 딸에게 자랑스러운 엄마였어'라는 생각이 들었다. 그동안의 노력을 한꺼번에 보상받는 느낌이었다.

엄마들이 흔히 하는 말이 있다. 엄마로서 자신이 한없이 부족하다고… 내 딸은 나처럼 안 살았으면 좋겠다고…. 나는 지금도 내 딸이 엄마처럼 살고 싶다고 당당하게 말할 수 있는 내가 되기 위해 노력하고 있다. 요즘 내가 잘 살고 있는가를 가장 빠르게 확인할 수 있는 길은 내 딸의 반응을 보는 것이다. 내 딸은 어느 순간부터 나를 엄마가 아닌 여자로서 평가하기 시작했다. 사람들 앞에서 당당하고 멋진 엄마를 좋아하며 최선을 다해서 꿈을 향해 달려가는 엄마를 자랑스러워한다.

난 엄마로서 부족하다고 생각했다. 따듯한 밥을 준비해 아이가 학교에서 오기를 기다리는 엄마도 아니었고 잘 놀아 주는 엄마도 아니었다. 하지만 내가 그렇게 노력하면서 꿈을 이루어 가는 것을 내 딸은 지켜보고 있었다. 그런 나를 내 딸은 자랑스러워한다. 나의 엄마처럼 나도 누군가에 끊임없이 도전하고 좌절에도 꿋꿋이 일어서는 엄마였다. 내 딸에게 나는 그런 엄마, 그런 여자였다. 우리 엄마가 그랬듯 그게 내 딸에겐 내가 줄 수 있는 가장 큰 상이었다는 것을 알았다.

나는 이제 버킷리스트를 다시 쓰고 있다. 이루고 싶은 것들을 하나씩 쓰고 있으며 나는 그것들이 꼭 이루어질 거라고 믿는다. 그 꿈들을 이루기 위해 나는 먼저 책을 쓰기로 했다. 내가 책을 쓰면 독자가 될 내 딸과 세상의 딸들에게 '엄마의 역할'에 자신들의 한계를 규정짓지 않으면 자신이 하고 싶은 일들을 충분히 이룰 수 있는 사람이 된다는 희망의 메시지를 전할 수 있을 것이다. 나는 내 딸과 세상의 딸들이 나를 롤 모델로 삼고 값진 삶을 살아갈 수 있게 도와줄 것이다.

나는 이제 내 분야의 전문성이 담긴 책을 쓰고 내 경험과 지식을 전하는 강연가, 더 나아가 1인 창업가가 될 것이다. 내가 미술치료사가 되기로 결심했던 이유처럼 더욱 파급력 있게 사람들에게 선한 영향력을 행사할 것이다. 나는 책 쓰기가 그 밑거름이 될 것이라고 믿는다. 앞으로 몇 년 후, 내가 어떤 사람이 되어 있을지, 사람들에게 어떤 영향을 주고 있을지 생각만 해도 근사한 일이 아닐 수 없다.

가족과 함께 캠핑카로
미국 대륙 횡단하기

미국에서 7년 정도 살았다. 넓은 세상을 보고 내가 좋아하는 공부를 마음껏 하기 위해 미국을 갔다. 하지만 세상을 넓게 바라보기에는 그 시절 내 마음은 넉넉지 못했다. 나의 존재감을 찾겠다는 꿈을 품고 미국으로 유학을 갔기 때문에 미국에서 내가 하고 싶은 공부를 마음껏 하면서 미국생활을 즐길 수 있을 거라고 생각했다. 하지만 내가 상상했던 미국생활이 아니었다. 내가 상상한 미국생활은 화려하고 파티가 많은, 〈섹스 앤 더 시티〉에 나왔던 그런 생활이었다. 하지만 그런 생활은 나와는 거리가 멀었다.

뉴욕 주에서 세 번째로 큰 도시인 '로체스터(Rochester)'라는 곳에 처음으로 갔다. 거기에서 나는 RIT(Rochester Institute of Technology)라는 미국 대학교의 영어를 배우는 과정인 ESL에 들어갔다.

그곳에는 젊은 친구들이 많이 있었다. 그 아이들도 나처럼 꿈을 이루기 위해 온 아이들이었다. 영어를 배우는 것뿐만 아니라 다양한 나라에서 온 아이들을 만나면서 그 나라의 문화를 알아가는 것도 재미있었다. 아이들은 때가 되면 여러 지역을 여행 다녔지만 어렵게 미국을 온 나는 적은 돈을 쓰는 것조차 쉽지 않았다. 내 머릿속은 어떻게 하면 미국에서 대학교를 들어갈까, 라는 생각으로 가득 찼다. 오로지 내 목표만이 보일 뿐이었다.

그러던 중 그 학교에서 공부 중이었던 남편을 만나 결혼하게 되었다. 공부를 하러 미국을 왔기 때문에 당시만 해도 결혼은 내 계획에 없었다. 하지만 남편이 공부를 계속할 수 있게 도와주겠다는 확신을 줬기 때문에 핑크빛 미래를 상상하며 결혼했다.

남편은 내 꿈을 지지해 주고 많이 도와주는 사람이었지만 결혼은 현실이었다. 남편 역시 유학생이었기 때문에 생활은 녹록지 않았다. 싱글 때와 많이 달라진 내 생활은 나에겐 감당하기 어려운 것이었다. 더구나 바로 임신하면서 나는 학업을 포기해야 할 상황에 처하게 되었다. 달라진 내 삶과 언어의 장벽, 낯선 세상이 너무 무서웠다. 집 안에서 창밖을 볼 때면 창살 없는 감옥에 갇혀 있는 느낌이었다.

걸어서 갈 수 있는 거리에 슈퍼도 없었다. 하물며 나는 운전도 하지 못했다. 그래서 아이를 안고 남편이 오기만을 창밖을 보며 한없이 기다렸다. 그런 나 자신이 무능하고 한심해 보였다. 꿈을 포기하고 이렇게 살 수는 없다는 생각에 무작정 미국 대학교에 들어갈 때 필요한 토플(TOEFL) 시험을 보러 다니기 시작했다. 왠지 내가 여기서 주저앉아 버리면 한국에 있는 모든 사람들의 비웃음거리가 될 거 같았다. 아이를 돌보면서 공부를 하는 것은 여간 힘든 일이 아니었다. 아이가 낮잠을 자는 시간에 틈틈이 공부해야 했다. 아이가 아프기라도 하면 그날 하루는 공부 한 자 할 수 없었다.

다행히 학교를 들어갔지만 땅덩어리가 넓은 미국에서 학교를 다니려면 왕복 2시간의 운전을 해야 했다. 운전 연수를 받은 다음 날 나는 학교를 가기 위해 운전대를 잡아야 했다. 첫날 미국 사람들도 자주 못 넘는다는 조지워싱턴 다리와 트로우 넥 다리를 운전해 건넜다. 아직도 그때를 생각하면 아찔하다.

운전해 갈 수 있는 곳들은 많아졌지만, 내 마음은 항상 불안에 차 있었다. 학교에 가면 집에 가서 아이를 돌봐야 한다는 생각에 바빴고 집에 오면 과제 하기에 바빴다. 문득 주변의 다른 부부들은 여행도 다니고 재미있게 사는 것 같은데 나만 이렇게 사는 게 아닌가, 라는 생각이 들었다. 내가 원하는 삶이 과연 이런 것이었나? 라는 물음표를 항상 가지고 있었다. 그땐 몰랐었다. 그게 꿈을 향해 가는 과정이었다는 걸… 지금 다시 돌아간다면 그 시간도 즐기면서 살 수 있을 것 같다.

그 시절 나는 상황만 탓하면서 주변을 돌아볼 줄 몰랐다. 지금 그때 사진을 보면 미국은 참 멋있는 나라였다. 공원에 나무도 많았고 적은 돈으로 여행도 갈 수 있었고 여러 가지 경험을 해 볼 수 있었다. 하지만 난 마음에 여유가 없어 그것을 마음껏 즐기지 못했다.

주변에서는 내가 결혼도 하고 공부도 하는 팔자 좋은 여자라고 생각했다. 지금 생각하면 팔자 좋은 여자가 맞았는데 나는 주변 사람들이 나의 힘듦을 몰라준다고 불평만 했다. 꿈을 향해 가는 과정은 힘들었다. 그리고 시련도 많이 찾아왔다. 그래서 다 포기하고 싶은 적도 많았다.

그때 나는 소나기를 맞고 있었다. 하지만 그때의 나는 내가 겪고 있는 시련이 소나기처럼 금방 지나간다는 사실을 모른 채 나 자신이 불행하다고만 생각했다. 꿈이 있어 목표를 향해 달려가고 있었지만 그 여정이 쉽지 않았다. 소나기처럼 지나가는 시련이고 내 꿈을 이루는 과정이었다는 것을 그때 알았더라면 내 미국생활은 굉장히 달라졌을 것이다.

나는 버킷리스트에 '가족과 함께 캠핑카로 미국 대륙 횡단하기'를 적었다. 이 버킷리스트는 나에게 많은 것을 의미한다. 꿈을 향해 가는 과정의 힘듦에 주변을 보지 못했던 나에게 다시 한번 기회를 주려는 것이다. 새장 안에 갇혀서 주변을 보지 못했던 내가 성공해 더 넓은 세상을 보려는 것이다. 지금의 나라면 충분히 그 세상을 즐길 수 있을 거 같다. 캠핑카는 내 남편의 드림카다. 참 미안한 생각에 내가 내 남편에게 해 주려는 포상 같은 것이라고나 할까? 내 꿈을 위해 함께 달려온 남편에게도 선물을 해 주고 싶다.

중학교 2학년 때 적은 버킷리스트들을 다 이루었는데도 그것이 축복이었는지 알지 못했다. 그냥 이루는 과정들이 힘들었고 버거웠다. 지금도 갓 결혼한 친구들이 나보고 애 돌봐 주는 사람도 없는 미국에서 어떻게 공부까지 했냐고 물어보곤 한다. 그때의 나는 그냥 꿈만 보고 뛰었다. 하지만 내 주변을 살펴보지 못했다. 내 주변의 사람들과 내가 즐겁게 누릴 수 있는 작은 것들을 알아보지 못했다. 그래서 나에게 가족과 함께 미국 대륙을 횡단한다는 것은 큰 의미다.

물론 그것 또한 쉽지 않은 일이 될 것이다. 집이 아닌 캠핑카에서 생활을 하는 것은 불편하고 힘들 것이다. 그리고 그 넓은 미국 땅들을 밟아 본다는 게 무섭고 두려운 일일 수 있다. 하지만 나는 지금 안다. 내가 충분히 즐길 준비가 되어 있다는 것을. 내가 이미 경험해 보았기 때문에 난 알 수 있다. 힘든 것들이 있어도 뭔가를 이루기 위한 과정이고 그 과정마저 축복이라는 것을.

내 딸에게도 큰 세상을 보여 주고 싶다. 엄마는 누리지 못했던 그 세상을 보여 준다면 내 딸은 나보다 빨리 알 수 있을 것이다. 무언가를 이루기 위한 여정의 행복과 그것을 달성했을 때의 기쁨을. 사람들이 착각하는 것이 있다. 성공하면 하고 싶은 것들이 많음에도 정작 지금 하고 싶은 것은 미루는 것이다. 하지만 지금이 있기에 미래가 있는 것이다. 지금이 없으면 내 미래도 없는 것이다. 나는 사람들에게 힘든 일이 있어도 주변의 아름다운 것을 하나라도 찾아보라고 말하고 싶다. 그러면 지금 이 순간이 더 풍요로워질 수 있을 것이다.

미국 대륙횡단은 내 나이에 대한 도전이기도 하다. 내가 몰랐던 것들을 깨달은 지금, 나이는 먹었고 예전만큼 힘이 없을 수도 있다. 하지만 정신의 행복을 찾기 위해서 나는 꼭 갈 것이다. 그리고 그때는 어떤 시련이 와도 견딜 수 있는 힘을 나는 지금 가지고 있다.

나는 내가 적은 버킷리스트가 꼭 이루어질 것이라고 믿는다. 믿으면 그것이 곧 현실이 되고 현실은 훨씬 더 풍요로운 삶으로 보상해 줄 것이다.

5년 안에 잘나가는
미술치료사, 사업가로 성공하기

세상에는 하고 있는 일이 싫으면서도 돈 때문에 하는 사람이 많을 것이다. 하지만 나는 돈보다도 지금 하고 있는 '미술치료사'라는 일이 정말 좋다. 어렸을 때부터 나는 남들의 말을 들어 주는 것을 좋아했다. 친구들의 고민을 상담해 주고 같이 해결할 수 있는 방법들을 찾아 가는 것을 좋아했다. 그래서 내 주위에는 항상 친구들로 넘쳐 났다. 그것은 내가 미국으로 유학 가서 미술치료라는 분야를 처음 알았을 때 '바로 이거다' 하며 공부를 시작한 이유 중의 하나였다.

이 분야의 공부를 시작했을 때 흥미와 기대도 높았지만 의문도 많았다. 사람의 마음을 미술치료가 정말 치유할 수 있는가에 대한 의문이었다. 그래서 미국에 있을 때 나의 슈퍼바이저한테 "정말 사람들이 미술치료를 통해서 변화하느냐? 어떻게 해야 사람들이 변화하느냐?"라고 물어본 적이 있다. 하지만 그는 정확한 답을 주지 않았다. 너의 방식대로 찾아 나가야한다는 모호한 대답만 할 뿐이었다.

지금 나는 그가 왜 그렇게 대답했는지 알 것 같다. 그에 대한 답을 나는 일을 하면서 찾았다. 나는 그와 다른 사람이었다. 그는 그 말이 하고 싶었을 것이다. 그와 내가 자란 환경이 다르고 살면서 어떤 일들을 겪어 냈는지도 다르다. 때문에 내담자를 대하는 데도 자신만의 방식이 있다는 것이었다. 나만의 방식을 찾아 가라고 그때 그는 말하고 싶었던 것이다.

잘나가는 미술치료사였던 그가 나의 슈퍼바이저가 된 것은 정말 운이 좋았다. 많은 학생들이 실습을 나가게 되는데 어떤 사람을 슈퍼바이저로 만나느냐가 앞으로 어떻게 일을 할 것인가를 결정짓는 것과 같았다.

실습을 할 당시 나는 육아와 공부를 병행하느라 심리적으로 많이 지쳐 있었다. 실습을 나가는 곳도 대부분 집에서 멀었기 때문에 나에게는 그것도 스트레스가 되었다. 그렇기 때문에 나는 누군가 나에게 내가 하는 일이 힘들지만 가치 있는 일이라고 말해 주는 것이 무엇보다 절실했다.

그는 우리가 하는 일이 가치 있는 일이라는 것을 보여 줄 뿐 아니라 나를 가치 있는 사람으로 느끼게 해 주었다. 내가 하는 것을 관심 있게 봐 주고 앞으로 나아갈 수 있도록 든든한 조력자가 되어 주었다. 나는 그가 실시하는 미술치료를 보면서 그의 말 하나하나를 노트에 적었다. 그의 말은 내담자들의 마음을 움직였으며 그로 인해 하나둘씩 행동에 변화가 생기는 것을 볼 수 있었기 때문이다.

누군가 그렇게 선한 영향력을 사람들에게 주는 것을 보는 것은 정말 기쁜 일이었다. 그 사람이 나를 끌어 주는 사람인 만큼 나도 그럴 수 있을 거라는 믿음을 갖게 되었다. 나도 그런 치료사가 되고 싶다. 그는 나의 멘토다. 지금도 그를 생각하면서 만나는 사람들에게 그런 영향력을 주는 사람이 되려고 노력한다.

미술치료사로 일하면서 느낀 점은 진심이 있으면 통한다는 것이다. 내담자를 대할 때 진심으로 대하고 사랑으로 바라본다면 그들은 어둠 속에서 빛을 내기 시작한다. 하루가 다르게 그들은 반짝반짝 빛을 내기 시작한다.

그들은 미술작품을 만드는 과정에서 창조력을 발산하며 시간과 공간을 뛰어넘는 것들을 만들어 낸다. 나는 많은 사례들을 접하며 내담자들이, 특히 많은 아이들이 그 과정에서 자신의 잠재력을 보여 주는 것을 봤다. 나는 그럴 때마다 놀라지 않을 수 없었다. 나로 인해 누군가의 잠재력이 끌어내지고 그로 인해 삶이 좋아진다면 그것만큼 행복한 일도 없다.

한번은 시각 장애인들이 다니는 학교에서 일할 때였다. 영어는 서툴렀지만 그곳에 있는 사람들은 나를 좋아했다. 앞이 아예 안 보이는 사람과 희미하게 사물을 겨우 보는 사람들도 있었다. 나는 그들이 그림을 그릴 때 눈은 보이지 않지만 마음의 눈으로 그리고 싶은 것을 상상하게 했다. 그들은 자신도 모르고 있던 잠재력을 끌어내어 멋있는 작품들을 완성했다. 그들은 내가 밝은 에너지를 가지고 있어서 자신들을 행복하게 해 준다고 말했다.

내가 그곳의 일을 그만두던 날, 사람들은 내가 자신의 인생에서 만난 사람들 중 최고였다고 말해 주었다. 집에 오니, 그 사람들이 준 연락처에 20달러가 꾸겨져 들어 있었다. 지금도 그 20달러는 내 보물 1호다. 지치고 힘들 때면 그것을 보면서 마음을 다잡는다.

하지만 이 분야에서 내가 지금처럼 사명감을 가지고 일을 계속하기 위해서는 경제적인 부분을 말하지 않을 수 없다. 미술치료사들은 경제적으로 풍요롭지 못하다. 먼저 파트타임으로 일하는 경우가 많고 시간당 임금이 높지 않다. 하루에 일하는 곳까지의 왕복 시간을 계산하면 많은 일들을 할 수 없다. 그리고 일하면서 에너지의 소비가 많기 때문에 쉽게 지치기도 한다. 일하는 것만큼 경제적으로 풍요롭지 못해 투 잡을 뛰는 사람들도 많다. 온전히 이 일에 집중하면 좋겠지만 그럴 수가 없는 실정이다.

나는 내가 좋아하는 이 일을 오래 하고 보다 많은 사람들에게 선한 영향력을 주기 위해 잘나가는 미술치료사가 되고 싶다. 다시 말해 돈 잘 버는 미술치료사가 되고 싶은 것이다. 물론 사람들은 돈보다는 소명이 있어야 미술치료사를 할 수 있다고 한다. 하지만 내가 좋아하는 내 일이 나를 경제적으로도 여유롭게 만들어 준다면 그 얼마나 멋진 일인가. 그렇게 내담자들에게 온전히 집중할 수 있는 환경이 만들어진다면 내담자들에게는 그보다 더 좋은 일은 없을 것이다. 그렇다면 어떻게 해야 할지 생각해 봤다. 말은 간단한다. 먼저 나라는 사람을 브랜드화해서 보다 많은 수입을 창출하는 것이다.

그래서 나는 책을 쓰기로 했다. 나의 전문분야에 대해서 책을 쓰기로 한 것이다. 내가 이 길을 계속 걸어갈 것이니 이 분야에서 전문가임을 알리려는 것이다. 책을 통해서 나는 경험과 지식을 사람들에게 전해 줄 수 있을 것이다. 그리고 그로 인해 나를 '퍼스널 브랜딩' 할 수 있을 것이다. 또한 그것은 나중에 내가 1인 기업을 만들었을 때 상당한 효과를 거두게 해 줄 수 있다.

내가 시간을 5년이라고 정해 놓은 것은 5년이란 시간이 내가 앞으로 달리기에 길지도 짧지도 않은 시간이기 때문이다. 5년 안에 많은 것을 할 수 있다. 책을 쓰고 그것을 통한 자기계발로 1인 기업가가 될 수 있다.

《한 권으로 끝내는 책쓰기 특강》의 임원화 작가는 대학병원 간호사였다. 그녀는 책을 쓰며 5년이라는 자기계발 시간을 거쳐 퍼스널 브랜드를 구축하고 1인 기업가로 성공했다. 그녀의 책에는 이런 말이 담겨 있다. "시간에 비례하는 것이 아니라 가치에 비례하는 일을 하고 있다."라는. 나도 내 일이 가치에 비례할 수 있는 일이 되었으면 좋겠다.

5년 후에 나는 어떤 사람이 되어 있을까? 버킷리스트에 '5년 안에 잘나가는 미술치료사, 사업가로 성공하기'를 적고 생각해 본다. 머릿속에 큰 그림이 있다. 아직 그 그림이 구체적으로 그려지는 것은 아니다. 지금 그 그림을 스케치하려고 준비 중이다.

그 스케치 중 하나가 책 쓰기다. 물론 그 과정이 쉽지는 않을 것이다. 나는 많은 책을 읽는 사람이 아니다. 그렇다고 글을 많이 써 본 것도 아니기 때문이다. 그런 내가 책을 쓴다는 건 굉장한 도전이 아닐 수 없다. 하지만 소명을 가지고 그것을 이루기 위해 나아간다면 분명 5년 안에 그 큰 그림이 완성되리라 믿는다. 나는 내가 5년 후 잘나가는 미술치료사, 사업가로 성공해 있을 것을 확신한다. 그 확신을 가지고 오늘도 나는 목표를 향해 달려 나갈 것이다.

1인 센터 창업으로 치료사들 양성 및 치유의 메신저 되기

나의 궁극적인 목표는 '1인 센터 창업'이다. 직장생활을 할 때 디자이너가 나 혼자였기 때문에 디자인의 콘셉트를 구상하는 것부터 인쇄물이 나오기까지 모든 과정을 혼자 처리해야 했다. 여러 사람들에게 디자인 콘셉트를 승인받아야 했으며, 인쇄소 선정부터 인쇄물 검토까지 처리해야 할 과정들이 많았다. 일이 쌓여 있는 상황에서도 인쇄물이 빨리 나와야 한다고 독촉받는 일도 부지기수였다. 디자인 인쇄물이 나오기까지 불필요하게 거쳐 가야 하는 곳들이 많다 보니 중간에서 나의 입장이 곤란할 때가 많았다. 모든 것들을 총괄 책임지면서 나는 체계적이지 않은 일이 사람을 얼마나 무력하게 만드는지 알 수 있었다.

이런 상황 속에서, 만약 내가 오너가 된다면 회사 시스템을 어떻게 해야 간단하게 일하면서 더 많은 수입을 창출할 수 있을지를 고민해 보기도 했다. 하지만 내가 목소리를 낼 수 있는 상황이 아니었다. 신입사원이었기 때문에 목소리를 낸다는 것이 쉬운 일은 아니었다. 건의할 상황들을 말하면 '나이도 어린 사람이 말이 많다'는 말만 돌아올 뿐이었다. 그때부터 언젠가는 꼭 내가 회사의 오너가 되어 좋은 시스템으로 많은 이윤을 낼 수 있게 하겠다고 결심했다.

하지만 내 사무실을 차린다는 것, 1인 창업을 한다는 것은 말처럼 쉽지 않았다. 막연하게 꿈꿨던 것들은 나이가 들면서 자신이 없어지고 희미해졌다. 무엇보다도 나를 믿고 사람들이 따라올 수 있도록 영향력 있는 사람이 되어야 하는데 그렇지 못했다. 어떻게 해야 그런 사람이 될 수 있는지 알 방법이 없었고 주위에 그런 사람도 없었다.

그러던 중, 한 권의 책을 접하게 되었다. 바로《나는 직장에 다니면서 1인 창업을 시작했다》라는 책이었다. 김태광 작가는〈한책협〉을 만들고 굉장한 시스템들을 구축하면서 막대한 수입을 창출하고 있다. 처음부터 그가 그런 영향력을 가진 사람은 아니었다. 가난과 낮은 학력, 아버지의 자살뿐만 아니라 돈이 없어 밥 한 끼 넉넉히 먹지 못했다고 한다. 그런 환경이었음에도 불구하고 그는 자신의 꿈을 이루기 위해 참 많은 노력을 했다고 한다.

우리 대부분이 지금의 시련을 견디지 못해 꿈을 포기하거나 현재의 삶에 안주해서 살기도 한다. 꿈은 있지만 그걸 실행할 용기가 없는 것이다. 나도 그런 사람들 중의 하나였다. 그래서 포기할까 라는 생각도 해 보고 그냥 이렇게 살아도 되지 않을까 하며 하루하루를 살아갔다. 하지만 그는 누구든 포기하지 않고 노력한다면 꿈은 이루어질 수 있다고 말했다. 그리고 그 방법들에 관해 말해 주었다.

그의 책을 읽고 나는 내가 경험했던 버킷리스트의 힘을 다시한번 느끼게 되었다. 그는 버킷리스트를 주머니에 넣어 가지고 다니면서 힘들 때마다 버킷리스트를 꺼내 보며 마음을 다잡았다고 했다. 그리고 마침내 그는 그 꿈들을 다 이루었다. 나도 그와 비슷한 경험을 한 적이 있다.

내가 중학교 2학년 때 담임선생님이 버킷리스트를 적어 보라고 했다. 어린 나이에 아무 생각 없이 내 꿈들을 적었다. 적고 나니, 정말 이루어질 수 있을 거라는 생각이 들었다. 그것을 책상 앞에 붙이고 볼 때마다 이루겠다고 다짐했다. 그리고 현재, 그때 내가 버킷리스트에 적은 꿈들을 다 이루었다. 정말 신기한 일이 아닐 수 없다. 그래서 지금 나는 버킷리스트를 다시 쓰고 있다. 다시한번 도약을 준비하는 것이다.

그 버킷리스트들 중의 하나가 '1인 센터 창업으로 치료사들

양성 및 치유의 메신저 되기'다. 나는 1인 센터를 차리고 여러 가지 프로그램을 만들고자 한다. 그리고 그것을 시스템화해 여러 사람들이 편리하게 이용할 수 있게 할 것이다. 그 프로그램들 중의 하나는 치료사 양성 프로그램이다. 치료사들이 이 프로그램을 통해 더 나은 치료사로 거듭날 수 있게 할 것이다.

미국에 있을 때 일하면서 운 좋게 좋은 슈퍼바이저를 만났다. 그는 내가 미술치료사로 일 할 수 있게 도움을 주었을 뿐 아니라 나의 인생을 바꾸었다. 그는 많은 말보다도 행동으로 나에게 배움을 주었다. 내가 지금 미술치료사로서 사람들을 만날 수 있게 된 데 가장 큰 역할을 한 사람이다. 그가 내게 보여 준 것들을 치료사를 준비하는 사람들에게 프로그램을 통해 알려 주고 싶다.

또한 부모를 위한 프로그램을 만들 것이다. 마음이 아픈 부모들도 많기 때문에 그들에게도 상담이 필요하다. 어쩌면 아이들보다 상담이 더 필요한 경우도 많다. 부모의 변화가 아이의 변화를 이끌기 때문이다. 하지만 아이들에게 돈을 쓰느라 정작 자신들에게는 돈을 쓰지 못하는 게 부모들이다. 나는 부모들을 위한 프로그램을 만들어 그들이 온전히 자신들만의 시간을 프로그램을 통해서 쓸 수 있게 만들 것이다. 그 밖에 가족치료 프로그램, 집중력 향상을 위한 도예 프로그램 등 다양한 프로그램들을 구상하고 있다.

1인 센터를 창업하고 다양한 프로그램들을 만들어 사람들의 마음을 치유할 수 있는 메신저가 될 것이다. 그래서 마음이 아픈 사람들에게 선한 영향력을 줄 수 있는 사람이 될 것이다. 그 과정이 만만치 않고 힘들 거라는 것은 알고 있다. 하지만 나는 예전과는 다르게 그것을 견딜힘과 주위에 조력자들이 있다.

내가 나의 꿈을 위해 구체적인 계획을 세울 수 있는 것은 누군가에게서 배웠기 때문이다. 그렇지 않았다면 힘들었을 것이다. 나는 현재 〈한책협〉에서 책 쓰기에 대해 배우고 있다. 또한 자기계발을 위한 다양한 프로그램도 들을 예정이다. 그곳의 시스템화된 프로그램들은 나중에 내가 센터를 차릴 때 큰 도움이 될 것이라고 확신한다.

누구든 꿈을 향해 갈 때는 잠시 멈추고 싶은 순간들이 찾아온다. 이상하게 꿈을 이룰 때면 시련도 많이 찾아온다. 우리는 그럴 때마다 잠시 쉬기도 한다. 그러다 쉼 없이 달려간다면 분명 꿈을 이룰 수 있을 거라는 막연한 생각을 해 본다. 그러나 그렇게 하지 못하는 나 자신이 무능하게 느껴져 현재에 주저앉아 버리거나 포기하게 된다. 그럴 때면 나를 이끌어 주는 그 무언가가 절실해진다. 내가 갈 길을 잃었을 때 빛을 보여 주며 여기로 오라며 끌어 줄 사람이 필요하다. 나는 지금 〈한책협〉에서 그런 힘을 받고 앞으로 나아가고 있다.

나는 버킷리스트에 적은 것들이 이루어질 것이라 믿는다. 치유의 메신저가 되어서 선한 영향력을 사람들에게 주는 사람이 될 것이라고 믿는다. 또한 아이들에게, 그 부모들에게 조언을 해 줄 수 있는 그들의 멘토가 될 것이다. 그것을 이룰 공간이 나의 센터가 될 것이며 많은 사람들이 마음의 치유를 위해 나를 찾게 될 것이다.

예전에는 어쩌다 보니 여기까지 왔다고 생각했다. 하지만 지금은 '이 결과가 과연 우연일까?'라는 생각을 한다. 꿈을 향해서 달려가다 보니, 이런 일들이 일어나는 게 아닐까 싶은 생각이다. 나는 사람들에게 꿈이 이루어지길 원한다면 무언가를 행하기에 앞서 버킷리스트를 먼저 적어 보라고 말하고 싶다. 종이 위에 버킷리스트를 적고 그것들을 반드시 이루겠다고 다짐하면 꼭 이루어진다. 나 또한 내가 적은 버킷리스트가 꼭 이루어질 것이라고 믿으며 오늘도 한 발자국 내딛는다.

05

무대 위에서 빛나는 내가 되기

사람은 자기 인생의 주인공이다. 대역이 있어 대신 살아 줄 수도 없고 인생의 모든 것들을 자신이 해야 한다. 연출과 각본, 모두 내가 만들어야 한다. 부모나 주위 사람들이 어느 정도 도와줄 수는 있지만 모든 선택은 결국 나에게 달려 있다. 어떤 사람은 주인공 역할을 톡톡히 해내면서 자신의 무대에서 빛난다. 하지만 자신의 무대에서 조연처럼 살고 있는 사람들도 있다. 하물며 엑스트라처럼 살다가 죽는 날만 기다리는 사람도 있다.

나는 어떻게 살고 있을까? 삶의 무대에서 빛난다는 건 자신의 꿈을 이루었느냐 못 이루었느냐에 달려 있는 것 같다. 누구나 꿈을 가지고 산다. 적어도 어렸을 땐 누구나 이루고 싶은 꿈들이 있었을 것이다. 나 역시도 그렇다. 꿈이 많은 아이였다. 어렸을 때부터 욕심도 많고 꿈도 많았다. 그것들을 다 이루면 언젠가는 내가 원하는 삶을 살 수 있을 거라 생각했다.

하나씩 치열하게 꿈을 이루어 가며 살았다. 넉넉지 않은 형편에 미국까지 가서 공부도 했다. 한국에 돌아와서 정신병원에서 일하다가 박사과정에 들어갔다. 낮에는 일하고 병원의 양해를 얻어 틈틈이 기본적으로 들어야 할 과목을 학교에 가서 듣고 와야 했다. 그게 너무 힘들어 2학기 때는 병원도 그만두고 박사 공부에 매진했다. 딸이 초등학교에 입학할 때 나도 박사과정에 입학했다. 지금은 5학년이 된 딸이지만 그때 잘 챙겨 주지 못한 것을 생각하면 많이 미안하다.

박사를 수료하고 주위를 돌아보니 허무함이 몰려왔다. 박사과정에 들어가고 얼마 후에 아빠가 돌아가셨다. 지병이 있으셨지만 그래도 생활을 잘하시던 아빠가 내가 학교에 들어가고 얼마 후에 갑자기 돌아가셨다. 돌아가시기 전날 아빠는 동생네 집에 들르셨다. 이상하게도 그날 우리는 동생네에 다 모여 있었다. 꼭 우리를 보고 가시려는 것처럼 아빠는 손주들 한 명 한 명 다 보고 가셨다.

미국에서 사느라 아빠 얼굴도 자주 못 뵈었는데 오자마자 일하고 공부하느라 딸 노릇도 제대로 하지 못했다. 장례식 때도 나는 발표 준비를 해야 했었다. 아빠가 돌아가시고 슬픔도 모르고 학교를 다녔다. 수료를 하고 나니 갑자기 모든 감정이 밀려왔다.

아빠한테 너무 죄송스러웠다. 그리고 너무 슬펐다.

학벌에 비해 돈을 많이 버는 것도 아니고 그렇다고 자존감이 높아져 당당한 것도 아니었다. 그동안 내가 고생했던 것들, 남들보다 더 노력해서 이루려고 했던 것들이 아무것도 아닌 것처럼 느껴졌다. 내가 사서 고생하며 사는 것을 싫어하시던 아빠한테 그렇게 떳떳한 모습도 아니었다. 그렇게 박사를 수료하고 하던 모든 것을 멈췄다. 그러곤 1년 동안 나는 내가 정말 원하는 삶이 뭔지 계속 생각했다. 어떤 날은 하루 종일 창밖을 보며 생각만 한 적도 있었다.

먼저 1년 동안 그동안 딸에게 못 해 주었던 것, 나 자신한테 못 했던 것을 하기로 결심했다. 딸의 소원이었던, 학교 앞에서 기다렸다 떡볶이를 사 먹고 오거나 딸이 친구네 놀러 갈 때 같이 가서 딸의 친구 엄마들과도 어울렸다. 비 오는 날에는 우산도 가져다주었다. 내가 학교 앞에 서 있을 때면 딸은 달려와 나를 힘껏 끌어안아 주었다. 좀 더 어렸을 때 그렇게 해 주지 못했던 게 미안했다.

나는 '크로스 핏'이란 운동을 시작했다. 나는 정말 운동이라곤 태어나서 해 본 적이 없는 사람이다. 몸을 쓰는 것을 좋아하지 않을뿐더러 힘든 것을 싫어한다. '크로스 핏'이란 운동은 굉장히 과격한 운동이다. 하지만 나는 그전에 했던 것과는 다른 것을 해 보고 싶어서 과감히 등록했다.

운동을 처음 시작한 날, 운동 자세가 제대로 잡혀 있지 않아 모든 것들이 힘들고 몸이 아파 죽을 것 같았다. 그래서 못 하겠다고, 이 나이에 선생님한테 떼를 썼다. 그리고 일주일 정도 나는 계단을 올라갈 때나 내려갈 때 온몸이 맞은 것처럼 너무 아파 말 그대로 기어 다녀야 했다.

1년이 지난 지금, 난 제법 잘하고 있다. 몸에 근육도 제법 생겼다. 이렇게 열심히 무언가를 한다는 것 자체가 참 뿌듯하다. 우리 엄마는 나를 볼 때마다 항상 "이게 무슨 일이냐, 네가 운동이란 걸 다하고."라고 하신다. 나에 대한 사람들의 인식을 변화시키는 것도 참 재미있는 일이었다. 모임이 있을 때면 사람들은 내 몸의 변화를 신기해하고 부러워했다.

여행도 많이 갔다. 비싸서 아직 유럽여행은 가지 못했지만 주변 나라를 여행했다. 1년 동안 해 보지 못했던 것을 다 하려고 노력했다. 남들은 내가 1년 동안 논문을 쓴 것도 아니고 그렇다고 일을 한 것도 아니니 그냥 놀았다고 생각할 수 있다. 하지만 나는 자기점검 시간을 가졌던 것이라고 생각한다.

1년은 아픔도 휴식도 있었지만 내 인생에서 가장 오래 나에 대해서 생각해 본 시간이었다. 올해를 시작하면서 나는 1년간 잘 쉬었으니 내 꿈을 향해 다시 달려가겠다고 결심했다. 꼭 다시 일어서고자 기도했다. 내 기도 제목은 다른 게 아니었다. 나 스스로 잘 일어나서 내가 원하는 삶의 주인공이 되어 살아가는 것. 조연도 엑스트라도 아닌 주인공이 되어서 내 인생의 무대에서 바로 서는 거였다.

그런 생각들을 어떻게 현실로 만들어야 하는지 고민하던 중 뜻하지 않게 기회가 왔다. 책을 쓰기로 결심하면서부터였다. 준비하면서 많은 비전들이 보이기 시작했다. 멀리서만 꿈꿨던 것들이 구체화되어 가기 시작했다. 머릿속에는 이루어질 수 있는 멋진 생각들로 차기 시작했다. 신기한 일이었다. 불과 얼마 전까지만 해두 텅텅 비어 있던 머릿속에 말이다.

전문성이 담긴 나의 분야의 책을 써서 독자들이 나에 대해 신뢰를 가질 수 있도록 할 것이다. 그리고 또 그 책을 가지고 강연가가 될 것이다. 나의 삶의 무대에서뿐만 아니라 현실의 무대에서 강연을 하는 것이다.

TV에서 강연하는 사람들을 보면서 내가 만약 저 자리에 서 있다면 어떤 얘기를 할 수 있을까 상상해 보기도 하고, 내가 저 사람들처럼 할 수 있을까 생각해 보기도 한다. 그들은 굉장히 프로같이 보이고 멋있어 보였다.

예전에는 그런 사람들은 나와 다른 세계에 살고 있는 사람들이라고 생각했다. 저 자리에 서기에는 난 능력이 안 되는 사람이라 생각했다. 그 사람들의 말들은 정말 진솔하게 다가왔고 그들은 경험과 지식이 많아 보였다. 나도 저렇게 될 수 있다고 차마 꿈도

꿀 수 없었다.

지금 나에겐 그들처럼 무대에 설 수 있을 것 같다는 자신감이 생겼다. 그런 자신감을 가진다는 건 나한테 큰 의미가 있는 것이다. 나는 발표 울렁증이 있어 사람들 앞에 서면 떨면서 말한다. 박사과정에서도 발표할 일이 많아 그것을 이기기 위해서 많이 노력했지만 고쳐지지 않았다. 마음의 탓이었을까? 자신감 부족이 큰 원인이었던 것 같다.

자존감이 많이 낮아졌었다. 공부도 오래 하고 꿈을 향해 달려왔지만 가방끈만 긴 사람이 되어 있었다. 어딜 가나 내 존재감을 드러낼 수 없었다. 스스로가 작게 생각하니 어딜 가나 한없이 작아졌다. 내 학벌에 대해서는 어디에서나 말하기 좋았으나, 거기까지였다. 나 자신은 스스로에게 자신이 없었다. 하지만 지금은 삶의 공백 속에서 나를 생각할 시간을 가졌다. 그 시간을 통해 나는 더욱 성숙되었다. 그리고 지금 다시 전쟁터에 나가기 위해 총알들을 장착하고 있다.

사람들은 생각하는 만큼 이룬다. 그래서 버킷리스트를 적는 것이다. 자신들의 꿈을 구체화시켜 머리에 각인시키는 것이다. 자신의 꿈들을 시각화해 본 적이 없는 사람들은 막연히 자신의 꿈들을 떠올리며 언젠간 이룰 수 있을까? 아님 말고, 라고 생각한다.

나는 버킷리스트에 '무대 위의 빛나는 나'를 적었다. 내 삶의 무대에서 빛나고 현실의 무대에서도 빛나고 싶어서다. 나는 나의 전문성이 담긴 책을 쓰고 그 책을 기반으로 강연가의 삶을 살 것이다. 그리고 그 무대 위에서 빛날 것이다.

인생의 삶의 공백은 나뿐만 아니라 누구에게나 있을 수 있는 시간이다. 누가 그 시간을 견디고 못 견디고의 차이인 것 같다. 그 시간을 버텨 내고 나는 내 꿈을 이루기 위해 다시 일어섰다. 그리고 버킷리스트를 새롭게 적고 있다. 나는 이 꿈들이 이루어질 것을 확신한다. 그리고 그 믿음으로 오늘도 열심히 꿈을 향해 달려갈 것이다.

버킷리스트 15

초판 1쇄 인쇄 2018년 5월 8일
초판 1쇄 발행 2018년 5월 15일

지 은 이   허갑재 서동범 이선범 이경진 김민지 안서현
          김희랑 이은정 이인해 박은지 김소정
펴 낸 이   권동희
펴 낸 곳   위닝북스
기   획   김태광
책임편집   유관의
디 자 인   김하늘
마 케 팅   강동혁

출판등록   제312-2012-000040호
주   소   경기도 성남시 분당구 수내동 16-5 오너스타워 407호
전   화   070-4024-7286
이 메 일   no1_winningbooks@naver.com
홈페이지   www.wbooks.co.kr

ⓒ위닝북스(저자와 맺은 특약에 따라 검인을 생략합니다)
ISBN 979-11-88610-55-6 (03190)

이 도서의 국립중앙도서관 출판도서목록(CIP)은 서지정보유통지원시스템
홈페이지(http://seoji.nl.go.kr)와 국가자료공동목록시스템(http://www.nl.go.
kr/kolisnet)에서 이용하실 수 있습니다.(CIP제어번호: CIP2018013107)

위닝북스는 독자 여러분의 책에 관한 아이디어와 원고 투고를 설레는
마음으로 기다리고 있습니다. 책으로 엮기를 원하는 아이디어가 있으신 분은
이메일 no1_winningbooks@naver.com으로 간단한 개요와 취지, 연락처
등을 보내주세요. 망설이지 말고 문을 두드리세요. 꿈이 이루어집니다.

※ 책값은 뒤표지에 있습니다.
※ 잘못 만들어진 책은 구입하신 서점에서 교환해 드립니다.